职业教育·铁道运输类专业教材

Tielu Xinhao yu Tongxin Shebei Yunyong
铁路信号与通信设备运用

吴文英　孙　莉　主　编
卢柏蓉　杨雪蓉　冯琳玲　副主编
　　　　　　　贾毓杰　主　审

人民交通出版社股份有限公司
北京

内 容 提 要

本书为职业教育·铁道运输类专业教材。全书共分 7 个模块，主要内容包括：信号基础设备、联锁设备、闭塞设备、列车运行控制系统(CTCS)、列车调度指挥系统和分散自律调度集中系统、驼峰信号、铁路通信设备等。全书内容主要针对职业院校技能型人才培养的特点，以铁路信号与通信设备运用的技能培养为目标，每个模块按任务实施来组织教学内容，使学生能够在理解设备原理及功能的基础上掌握设备的操作方法，达到灵活运用的目的。

本书为职业院校铁道运营管理专业教材，可作为铁道运输相关岗位培训教材，也可作为铁路行业从业人员参考用书。

* 本书配有教学课件，读者可通过加入职教铁路教学研讨群(教师专用 **QQ 群：211163250**)获取。

图书在版编目(CIP)数据

铁路信号与通信设备运用 / 吴文英，孙莉主编. — 北京：人民交通出版社股份有限公司，2020.2（2024.12重印）
ISBN 978-7-114-15860-5

Ⅰ. ①铁… Ⅱ. ①吴…②孙… Ⅲ. ①铁路信号—信号设备—高等职业教育—教材②铁路通信—通信设备—高等职业教育—教材 Ⅳ. ①U284.7②U285

中国版本图书馆 CIP 数据核字(2019)第 211388 号

职业教育·铁道运输类专业教材
书　　名：**铁路信号与通信设备运用**
著 作 者：吴文英　孙　莉
责任编辑：司昌静
责任校对：张　贺　宋佳时
责任印制：刘高彤
出版发行：人民交通出版社股份有限公司
地　　址：(100011)北京市朝阳区安定门外外馆斜街 3 号
网　　址：http://www.ccpcl.com.cn
销售电话：(010)85285911
总 经 销：人民交通出版社股份有限公司发行部
经　　销：各地新华书店
印　　刷：北京武英文博科技有限公司
开　　本：787×1092　1/16
印　　张：14.25
插　　页：1
字　　数：328 千
版　　次：2020 年 2 月　第 1 版
印　　次：2024 年 12 月　第 5 次印刷
书　　号：ISBN 978-7-114-15860-5
定　　价：45.00 元

(有印刷、装订质量问题的图书由本公司负责调换)

前　　言

中国铁路的发展方兴未艾,其中高铁是一张靓丽的名片。随着铁路建设的不断发展,企业对铁路交通运营的技术人才、管理人才在数量和质量上都提出了新的更高的要求,需要大批理论基础扎实、专业实践操作能力强,具有发展潜力的技术技能型专门人才。

铁路运输是我国国民经济的大动脉和先行军,具有运量大、速度快、运输成本低、能耗小、污染轻、受气候条件影响小、安全准点等优点,而且载重质量大,制动距离长,因此,必须采取一定措施确保其对安全和效率的要求。铁路信号与通信设备对于保证行车安全,提高运输效率,改善运输人员的劳动条件等起到非常重要的作用。随着计算机技术、网络技术、现代通信技术、人工智能的发展,铁路信号与通信现代化、智能化越来越成为铁路现代化的重要标志,是实现铁路行车向高速度、高密度和重载化发展的重要保证。我国铁路信号新设备不断出现,有关规章不断更新完善,对主要行车岗位人员的专业素质和工作技能提出了更高要求。

本教材根据目前我国铁路信号与通信设备实际情况和新的《铁路技术管理规程》(以下简称《技规》)的要求,以职业教育的培养目标为指导,阐述了我国铁路信号与通信设备的基本知识,主要介绍了信号显示设备运用、联锁设备运用、区间闭塞设备运用、列车运行控制系统(CTCS)运用、列车调度指挥系统(TDCS)和分散自律调度集中系统(CTS)运用、驼峰信号设备运用、铁路通信设备运用等。

本教材在编写过程中,力求突出职业教育应用性和实用性的特点,注重对学生创新能力和实践能力的培养,全面贯彻素质教育的思想,注重新技术、新设备的运用。该教材力求做到图文并茂,方便自学。为提升学习效果,在每个模块后均附有课后习题。

本教材由武汉铁路职业技术学院吴文英和湖南高速铁路职业技术学院孙莉担任主编,由太原城市职业技术学院卢柏蓉和湖南高速铁路职业技术学院杨雪蓉、冯琳玲担任副主编,由河北轨道运输职业技术学院贾毓杰担任主审。编写分工如下:杨雪蓉编写模块1;吴文英编写模块2;孙莉编写模块3、模块6单元6.1、单元6.2;卢柏蓉编写模块4、模块5;冯琳玲编写模块6单元6.3和模块7。

本教材在编写过程中,得到了全国铁道运输专业教学指导委员会、武汉北编组站等部门的大力支持,也得到了方洁高级工程师和江汉大学谢正媛老师、武汉铁路职业技术学院曾毅老师的帮助,在此表示衷心感谢。

由于作者水平有限,书中不妥之处,敬请读者批评指正。

作　者
2020年1月

目 录

模块 1 信号基础设备 ... 1
  单元 1.1 铁路信号 ... 2
  单元 1.2 继电器 ... 19
  单元 1.3 转辙机 ... 23
  单元 1.4 轨道电路 ... 27
  模块小结 ... 33
  课后习题 ... 33

模块 2 联锁设备 ... 35
  单元 2.1 进路识别 ... 36
  单元 2.2 联锁及联锁图表识别 ... 41
  单元 2.3 6502 电气集中联锁设备使用 ... 56
  单元 2.4 计算机联锁设备使用 ... 75
  模块小结 ... 85
  课后习题 ... 85

模块 3 闭塞设备 ... 90
  单元 3.1 闭塞设备概述 ... 92
  单元 3.2 半自动闭塞设备 ... 96
  单元 3.3 自动闭塞设备 ... 102
  单元 3.4 移动闭塞设备 ... 111
  模块小结 ... 115
  课后习题 ... 115

模块 4 列车运行控制系统（CTCS） ... 117
  单元 4.1 列控系统概述 ... 118
  单元 4.2 普速铁路机车信号与列车运行监控记录装置 ... 123
  单元 4.3 CTCS-2 级列控系统 ... 127
  单元 4.4 CTCS-3 级列控系统 ... 132
  单元 4.5 国外高速列控系统 ... 141
  模块小结 ... 148
  课后习题 ... 148

模块 5　列车调度指挥系统和分散自律调度集中系统 150
　　单元 5.1　列车调度指挥系统(TDCS)使用 151
　　单元 5.2　分散自律调度集中系统(CTC)使用 165
　　模块小结 175
　　课后习题 175

模块 6　驼峰信号 176
　　单元 6.1　驼峰信号设备 177
　　单元 6.2　驼峰道岔自动集中控制 187
　　单元 6.3　驼峰自动化设备 197
　　模块小结 204
　　课后习题 204

模块 7　铁路通信设备 206
　　单元 7.1　铁路专业通信设备 207
　　单元 7.2　综合移动数字通信(GSM-R)设备 217
　　模块小结 219
　　课后习题 220

参考文献 221

模块 1　信号基础设备

模块描述

本模块介绍铁路车站及区间地面信号机、继电器、轨道电路、转辙机相关内容,在学习中以进站、出站、通过、预告、调车信号机和轨道电路的作用、划分、命名以及转辙机的作用、操作、显示为重点。

教学目标

知识目标

1. 了解铁路信号在铁路运输中的作用和信号机的基本结构。
2. 掌握铁路信号显示的基本要求。
3. 掌握地面固定信号机的设置要求。
4. 掌握轨道电路、转辙机工作原理。

技能目标

1. 能够熟悉继电器在铁路信号的应用,理解故障—安全原则的意义。
2. 能够理解轨道电路工作原理,了解轨道电路分路不良、红光带的危害和影响。
3. 能够掌握设备故障的典型现象以及对列车运行、调车作业的影响。

建议课时

16 课时

背景知识

1825 年,世界上第一列列车在英国运行时用一人持信号旗骑马前行,引导列车前进。1832 年,美国在纽卡斯尔—法兰西堂铁路线上开始使用球形固定信号装置,以传达列车运行的消息。如列车能准时到达则悬挂白球,如晚点则挂黑球。这种信号机每隔 5km 安装 1 架。铁路员工用望远镜瞭望,沿线互传消息。1839 年,英国铁路开始用电报传递列车运行消息。1841 年,英国铁路出现了臂板信号机。1851 年,英国铁路用电报机实行闭塞制度。1856 年,J. 萨克斯贝发明机械联锁机。1866 年,美国利用轨道接触器检查闭塞区间有无机车车辆。1867 年,点式自动停车装置出现。这种装置能强迫列车在显示停车信号的信号机前停车。1872 年,美国人 W. 鲁宾孙发明了闭路式轨道电路。1923 年,美国铁路研制了车内信号,并于 1925 年正式应用于铁路。1925 年,美国铁路协会(AAR)决定:美国各铁路公路平交道口必须装设标准化防护设备。此后,铁路公路平交道口防护设备发展起来。1927年,美国铁路采用了调度集中控制装置。随着电子计算机的出现和发展,调度集中控制正向着行车指挥自动化的方向发展;列车运行正向着列车自动控制和列车自动驾驶的方向发展。

单元1.1　铁　路　信　号

 任务目标

1. 信号的作用是什么?
2. 车站范围常用信号机的设置原则是什么?
3. 信号的分类有哪些?
4. 常用信号机的设置要求及显示意义是什么?

 任务实施

1. 下达任务目标,明确任务内容,学生课前按要求预习。
2. 教师先介绍相关知识点,学生分组讨论。
3. 学生自行理解知识点相关内容。

 知识准备

一、铁路信号概述

1. 信号的作用

《铁路技术管理规程(普速铁路部分)》(下称《技规(普速铁路部分)》)规定:"铁路信号是指示列车运行及调车作业的命令,有关行车人员必须严格执行。"

铁路信号有广义和狭义两种含义。广义的铁路信号,是在铁路运输系统中保证行车安全、提高区间和车站通过能力的手动控制、自动控制及远程控制技术的总称,包括车站信号、区间信号、运输调度指挥、列车运行控制系统、驼峰信号、道口信号等。狭义的铁路信号,是在行车、调车作业中对行车有关人员指示运行条件而规定的物理特征符号,包括固定信号、移动信号、手信号等。本单元主要介绍设置于车站和区间的各种地面固定信号机。

2. 信号的分类

(1) 铁路信号分为听觉信号和视觉信号两大类。

听觉信号又称音响信号,以发出不同强度、不同频率和不同时间长短的音响来表达信号的含义,如机车、轨道车鸣笛声及号角、口笛、响墩等发出的音响。

视觉信号是以颜色、形状、位置、显示数目和灯光状态等表达的信号,如地面信号机、手信号灯(旗)、信号牌、火炬及信号表示器等显示的信号。

视觉信号可分为固定信号、移动信号和手信号。手信号是手持信号旗、信号灯发出的信号,如图1-1所示。

移动信号是在地面临时设置的、可以移动的信号,如用于防护线路施工地点的圆形黄牌、方形红牌(图1-2)。固定信号是固定安装在一定位置,用于防护固定地点的信号,如信号机、信号表示器等,机车信号也属于固定信号。

图1-1　手信号　　　　　　　　图1-2　方形红牌

(2)信号装置一般分为信号机和信号表示器两类。

信号机按类型分为色灯信号机、臂板信号机和机车信号机。

3. 信号的显示

(1)颜色规定

我国铁路信号的基本显示系统由基本颜色和辅助颜色组成。基本颜色包括红色、黄色、绿色,其显示意义如下:

红色——停车。

黄色——注意或减速运行。

绿色——按规定速度运行。

基本颜色及其灯光组合构成的信号则主要构成列车信号,用于指示列车运行。

除基本颜色外,以蓝色、月白色、白色、紫色作为铁路信号的辅助颜色。其中,蓝色和月白色主要用于调车信号,分别表示禁止调车和允许调车;白色用于信号表示器;紫色目前仅用于非集中道岔表示器。

要求停车的信号,如红色灯光、蓝色灯光,叫作禁止信号,又称为信号的关闭状态;允许按照规定速度运行的信号,如绿色灯光、黄色灯光、双黄灯光、白色灯光,叫作允许信号,又称为信号的开放状态。

(2)亮灯状态

信号机一般以显示稳定灯光(例如红灯、黄灯、绿灯)及稳定灯光的组合(例如绿黄灯、双黄灯、引导信号)表示相应行车命令。

闪光信号是能够增加信号显示意义的一种简便、有效的手段。除原有驼峰信号外，我国铁路在车站的进站信号、机车信号及无线调车灯显设备中引入了闪光信号，如进站信号机的"黄闪黄"显示。

闪光信号既能满足增加信号显示信息量的要求，又可以克服由过多颜色灯光组合构成信号带来的不足，如不便于记忆、远距离难以辨认等。目前闪光信号虽未构成一个完整的信号显示系统，但已有一定的实践和使用经验，是解决信号显示数目不足问题的一个有效且比较容易实现的手段。

信号的显示方式及使用方法必须严格按照《技规（普速铁路部分）》要求执行。《技规（普速铁路部分）》规定："信号显示方式及使用方法，应按本规程规定执行。本规程以外的信号显示方式，须经铁路总公司❶批准，方可采用。"

(3) 图形符号

铁路信号常用颜色及信号机的图形符号见表 1-1。

铁路信号常用图形符号　　　　　　　表 1-1

名 称	图 形 符 号	文字符号	名 称	图 形 符 号	文字符号
红色灯光	●	H	稳定绿灯	○	—
黄色灯光	◐	U	稳定黄灯	◐	—
绿色灯光	○	L	绿灯闪亮	○	—
蓝色灯光	⊙	A	黄灯闪亮	◐	—
白色灯光	◎	B	一般高柱信号	⊢○ ○⊣	—
紫色灯光	Ⓩ	Z	一般矮型信号	○ ○	—
月白灯光	◐	—	接车性质信号	⊢○○ ○○⊣	—
空灯位	⊗	—			

(4) 基本要求

信号显示直接关系行车安全和运输效率，因此应满足以下基本技术要求：

①显示简单明了，易于辨认。

②有足够的显示数目，能反映各种不同运行条件。

③有足够的显示距离，便于司乘人员确认。

---

❶ 铁路总公司即中国铁路总公司，于 2018 年 12 月 6 日更名为中国国家铁路集团有限公司。

④有较高的可靠性,保证不间断使用。

⑤符合故障—安全原则,当信号设备发生故障后,能自动给出最大限制的信号显示。

4. 固定信号机

(1) 分类

①按信号机用途,可分为进站信号机、出站信号机、通过信号机、进路信号机、预告信号机、接近信号机、遮断信号机、驼峰信号机、驼峰辅助信号机、复示信号机、调车信号机。

②按信号机构成和形式,可分为色灯信号机、臂板信号机、机车信号机及信号表示器。

本单元重点介绍色灯信号机。色灯信号机按照安装方式的不同,主要有高柱信号机和矮型信号机两种形式。

高柱信号机的信号机构安装在信号机柱上,具有显示距离远等优点。为保证安全和提高效率,进站、正线出站、接车进路、通过、接近、预告等信号机必须采用高柱信号机,设置在岔线入口处。牵出线上的调车信号机等也应采用高柱信号机。除此之外,进站复示信号机及所有臂板信号机均应采用高柱信号机。

矮型信号机设置在位于建筑限界下部外侧的信号基础上,应用于显示距离要求不远的信号机上,一般情况下到发线出站、发车进路及调车信号机等采用矮型信号机。

(2) 设置要求

①地面固定信号机应设置于线路的左侧。

我国铁路采用左侧行车制,机车司机座位统一设在驾驶室左侧。为便于瞭望信号,规定固定信号机应设置在行车方向线路的左侧。如果两线路之间不足以装设信号机,可采用信号桥或信号托架,如图 1-3 所示。装设在信号桥或信号托架上的信号机,可设置于线路左侧,也可以设于所属线路的中心线上方。

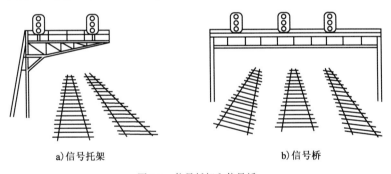

图 1-3 信号托架和信号桥

若遇有因曲线、隧道、桥梁等影响瞭望信号的情况,在确保司机不误认信号的条件下,经有关主管部门批准,也可设在线路右侧。

②任何信号机不得侵入铁路建筑限界。

高柱信号机突出边缘距离正线和允许通过超限货物列车的站线中心线 2440mm,距离其他站线中心线 2150mm,矮型信号机距离线路中心线 1875mm。在曲线上设置信号机时,要根据规定适当加宽尺寸。

③信号机的设置地点应避免影响行车安全和运输效率。

信号机设置地点不当对信号显示距离、行车安全和运输效率都有较大影响,因此应避免设置在造成机车乘务员误认信号的弯道、货物列车停车后起动困难的上坡道及凹形有害坡道等地点。此外信号机设置的地点还与轨道电路有关，所以装设信号机的地点要由电务(设计和施工)部门会同运输、机务及工务等有关部门共同研究确定。

二、站内信号机

1. 进站信号机

(1) 作用及设置

进站信号机设置于车站的入口处，用于防护车站，指示列车进站条件，并表示接车进路是否安全可靠。

单线和双线区间车站进、出站信号机示意分别如图 1-4 和图 1-5 所示，车站每一个接车方向必须设置一架进站信号机。规定进站信号机安装在距离进站第一组道岔尖轨尖端(顺向道岔为警冲标)不少于 50m 的地方。这是为了满足车站调车作业的需要，允许一台机车挂一节或两节货车在站内进行转线作业。车站办理越出站界调车有严格的限制条件，并有可能影响区间通过能力。因此，根据车站实际作业情况，该距离可以适当延长，从而减少越出站界调车。但该距离不宜超过 400m，否则影响车站通过能力，而且不便于设备的管理。

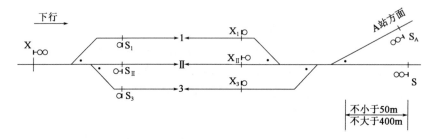

图 1-4　单线区间车站进、出站信号机设置示意图

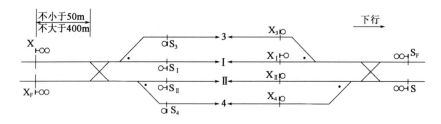

图 1-5　双线区间车站进、出站信号机设置示意图

(2) 名称及显示

进站信号机的名称是按运行方向命名的，用于指示上行列车运行的称为上行进站信号机，用 S 表示，下行进站信号机用 X 表示。在设有双向闭塞设备的自动闭塞区间，用 SF(或 SN)、XF(或 XN)表示车站的反方向进站信号机。

若同一咽喉有几个方向的线路接入车站，则根据该信号机所属区间线路连接的相邻车站，以其名称的汉语拼音字头作为 S 或 X 的下标。

进站信号机的灯光配列及显示如下。

①三显示自动闭塞、半自动闭塞、自动站间闭塞区段进站色灯信号机。

a. 一个绿色灯光——准许列车按规定速度经正线通过车站,表示出站及进路信号机在开放状态,进路上的道岔均开通直向位置,如图1-6a)所示;

图1-6 进站信号机

b. 一个绿色灯光和一个黄色灯光——准许列车经道岔直向位置,进入站内越过次一架已经开放的信号机准备停车,如图1-6b)所示;

c. 一个黄色灯光——准许列车经道岔直向位置,进入站内正线准备停车,如图1-6c)所示;

d. 一个黄色闪光和一个黄色灯光——准许列车经18号及以上道岔侧向位置,进入站内越过次一架已经开放的信号机且该信号机防护的进路经道岔直向位置或18号及以上道岔侧向位置,如图1-6d)所示;

e. 两个黄色灯光——准许列车经道岔侧向位置(但不满足上述第 d 项条件)进入站内准备停车,如图 1-6e)所示;

f. 一个红色灯光——不准列车越过该信号机,如图 1-6f)所示。

②四显示自动闭塞区段进站色灯信号机。

a. 一个绿色灯光——准许列车按规定速度经道岔直向位置进入或通过车站,表示运行前方至少有三个闭塞分区空闲,如图 1-6a)所示;

b. 一个绿色灯光和一个黄色灯光——准许列车按规定速度经道岔直向位置进入站内,表示次一架信号机经道岔直向位置开放一个黄灯,如图 1-6b)所示;

c. 一个黄色灯光——准许列车按限速要求经道岔直向位置进入站内正线准备停车,如图 1-6c)所示;

d. 一个黄色闪光和一个黄色灯光——准许列车经 18 号及以上道岔侧向位置,进入站内越过次一架已经开放的信号机且该信号机防护的进路经道岔直向位置或 18 号及以上道岔侧向位置,如图 1-6d)所示;

e. 两个黄色灯光——准许列车按限速要求越过该信号机,经道岔侧向位置(但不满足上述第 d 项条件)进入站内准备停车,如图 1-6e)所示;

f. 一个红色灯光——不准列车越过该信号机,如图 1-6f)所示。

图 1-7　引导信号

进站及接车进路、接发车进路色灯信号机的引导信号显示一个红色灯光及一个月白色灯光——准许列车在该信号机前方不停车,以不超过 20km/h 速度进站或通过接车进路,并须准备随时停车,如图 1-7 所示。

2. 出站信号机

(1)作用及设置

出站信号机的作用是防护区间,其允许显示作为列车占用区间的凭证,指示列车能否由车站进入区间。当显示禁止灯光时,指示列车在站内的停车位置。

出站信号机应设置在车站有发车作业的正线和到发线端部的适当地点,其设置位置应尽量不影响股道的有效长度。

①在设有轨道电路的车站,出站信号机应与股道轨道电路绝缘同一坐标,如图 1-4 和图 1-5 所示,以实现列车及调车车列越过信号机后信号能够自动关闭。

轨道电路绝缘与警冲标的关系在"联锁设备"部分进行说明。

②在无轨道电路的车站,出站信号机在不侵入限界的情况下,尽量缩短与警冲标的距离,以增加股道有效长度。

(2)名称及显示

出站信号机的名称按照运行方向命名,用于指示上行列车运行的称为上行出站信号机,用 S 表示,下行出站信号机用 X 表示,并以所属股道号码作为 S 或 X 的下标,如图 1-4 和图 1-5 所示。当有数个车场时,下标应先加车场号,再缀以股道号码。

出站色灯信号机显示及意义如下。

①半自动闭塞或自动站间闭塞区段。

a. 一个绿色灯光——准许列车由车站出发,如图1-8a)所示;

b. 两个绿色灯光——准许列车由车站出发,开往次要线路,如图1-8b)所示;

c. 一个红色灯光——不准列车越过该信号机,如图1-8c)所示;

d. 在兼作调车信号机时,一个月白色灯光——准许越过该信号机调车,如图1-8d)所示。

a) 一个绿色灯光

b) 两个绿色灯光

c) 一个红色灯光

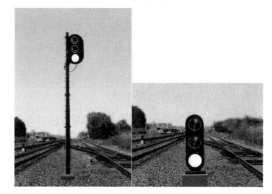

d) 一个月白色灯光

图1-8 非自动闭塞区段出站信号机

②三显示自动闭塞区段。

a. 一个绿色灯光——准许列车由车站出发,表示运行前方至少有两个闭塞分区空闲,如图1-9a)所示;

b. 一个黄色灯光——准许列车由车站出发,表示运行前方有一个闭塞分区空闲,如图1-9b)所示;

c. 两个绿色灯光——准许列车由车站出发,开往半自动闭塞或自动站间闭塞区间,如图1-9c)所示;

d. 一个红色灯光——不准列车越过该信号机,如图1-9d)所示;

e. 在兼作调车信号机时,一个月白色灯光——准许越过该信号机调车,如图1-9e)所示。

③四显示自动闭塞区段。

a. 一个绿色灯光——准许列车由车站出发,表示运行前方至少有三个闭塞分区空闲,如图1-10a)所示;

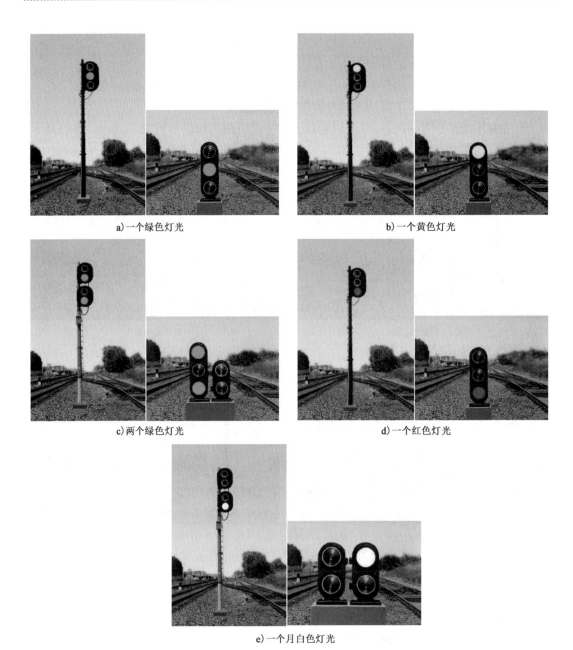

a)一个绿色灯光　　b)一个黄色灯光　　c)两个绿色灯光　　d)一个红色灯光　　e)一个月白色灯光

图1-9　三显示自动闭塞区段出站信号机

b. 一个绿色灯光和一个黄色灯光——准许列车由车站出发,表示运行前方有两个闭塞分区空闲,如图1-10b)所示;

c. 一个黄色灯光——准许列车由车站出发,表示运行前方有一个闭塞分区空闲,如图1-10c)所示;

d. 两个绿色灯光——准许列车由车站出发,开往半自动闭塞或自动站间闭塞区间,如图1-10d)所示;

e. 一个红色灯光——不准列车越过该信号机,如图 1-10e)所示;

f. 在兼作调车信号机时,一个月白色灯光——准许越过该信号机调车,如图 1-10f)所示。

图 1-10 四显示自动闭塞区段出站信号机

(3)进路表示器

当一架出站信号机需要指示两个及其以上的发车方向,而信号显示本身不能分别表示运行方向时(包括两个自动闭塞方向或双线区段反方向发车),为使有关行车人员在信号开放后知道列车开往方向,在该信号机上应装设进路表示器。进路表示器采用小型月白色灯光,显示距离不大于 200m,不能单独构成信号命令,只有在出站信号机开放后才能显示月白色灯光表示开往方向。

例如:一架出站信号机需要指示三个发车方向时,应在信号机下方装设并排三个月白色

11

灯光的表示器,用左、中、右三个灯光分别表示运行方向。

双线区段仅用于区分反方向发车时,办理正方向发车进路,表示器不着灯;办理反方向发车进路且出站信号机开放后,表示器显示一个白灯。

指示四个及以上发车方向的进路表示器参见《技规(普速铁路部分)》第十八章。

3. 调车信号机

采用集中联锁的车站,在经常进行调车作业的线路上(如车站咽喉区、到发线)及非联锁区(如调车场、机务段、货场、牵出线、专用线等)到联锁区的入口处应装设调车信号机,用于指示调车机车车列能否越过调车信号机进行调车作业。

(1) 设置

调车信号机是根据车站调车作业的实际需要而设置的,其设置原则是最大限度满足调车作业需要,尽量缩短机车车辆走行距离,最大限度满足车站内平行作业的要求,以提高车站作业效率。

调车信号机的设置一般有以下几种情况:

①调车起始信号机。设置于一个完整的调车作业的起点,由股道、牵出线、专用线、机待线、调车场及机务段等处向咽喉区调车时,都需在调车进路始端设调车起始信号机。

②调车阻拦信号机。用于增加平行作业,以提高车站通过能力,一般显示面向站内。

③调车折返信号机。用于指示调车车列折返作业,应设置在咽喉区折返道岔岔尖前,一般显示面向站外。按照设置情况,咽喉区调车信号机可以分为单置、并置、差置三种。

a. 在线路一侧单独设置的为单置调车信号机。

b. 在线路两侧并列设置,坐标相同,并且显示方向相反的为并置调车信号机。

c. 在线路两侧设置,显示方向相对,并且两调车信号机之间有不少50m的无岔区段时,为差置调车信号机。差置调车信号机之间的无岔区段,可以用来进行增减轴、机车待避等调车作业。

(2) 显示

调车信号机有蓝色和月白色两种灯光,显示蓝色灯光表示不准越过该信号机调车,显示月白色灯光表示准许越过该信号机调车。

不办理闭塞的站内岔线,在岔线入口处设置的调车信号机,可用红色灯光代替蓝色灯光。

集中联锁车站出站信号机或进路信号机上一般增设一个月白色灯光,该信号机即为出站兼调车信号机或进路兼调车信号机。其中显示红色灯光时禁止列车及调车车列越过该信号机,显示黄色、绿色等用于指示列车运行,显示月白色灯光表示允许越过信号机进行调车作业。

(3) 名称

调车信号机的名称以 D 表示,以数字序号作为下标,从列车到达方向起顺序编号,下行咽喉用单号,上行咽喉用双号。当车站包括几个车场时,每个车场的调车信号机用三位数表示,其中百位数表示场别。

4. 复示信号机

进站、出站、进路、调车等信号机因受地形、地物影响达不到规定的显示距离时,应在其前方适当地点设置复示信号机,以保证信号的连续显示。特殊情况下,进站信号机及其复示信号机的显示距离之和不足200m时,可增设第二架复示信号机。

复示信号机名称的第一个字母为F,后面缀以主体信号的名称。复示信号机均采用方形背板,主体信号关闭时复示信号机处于灭灯状态,不起信号作用。进站、接车进路、接发车进路信号机的复示信号机采用灯列式结构,由三个排成等边三角形的月白色灯光组成(图1-11),其具体显示意义如下:

①两个月白色灯光与水平线构成60度角显示——表示主体信号机显示经道岔直向位置向正线接车的信号;

②两个月白色灯光水平位置显示——表示主体信号机显示经道岔侧向位置接车的信号;

③无显示——表示主体信号机在关闭状态。

出站信号机及进路信号机的复示信号机只有一个绿色灯光(图1-12),其具体显示意义如下:

①一个绿色灯光——表示主体信号机在开放状态;

②无显示——表示主体信号机在关闭状态。

图1-11　进站信号机的复示信号机

调车信号机的复示信号机只有一个月白色灯光(图1-13),其具体显示意义如下:

①一个月白色灯光——表示调车信号机在开放状态;

②无显示——表示调车信号机在关闭状态。

图1-12　出站及发车进路信号机的色灯复示信号机

图1-13　调车色灯复示信号机

进站、出站、进路、驼峰及调车色灯复示信号机均采用方形背板,以区别于一般信号机。

5. 信号表示器

信号表示器是对行车人员传达行车或调车意图或对信号进行某些补充说明所用的设备,没有防护意义。除前面介绍的进路表示器之外,信号表示器还包括道岔表示器、脱轨表示器、发车表示器、发车线路表示器、调车表示器,以及设置于线路终端车挡上的车挡表示器等。以下主要介绍前三种。

(1)道岔表示器

道岔表示器(图1-14)设置于道岔旁,用于反映道岔开通位置。凡非集中操纵的联锁道岔都应设道岔表示器,以便有关行车人员确认道岔位置。道岔开通直向时,表示器昼间无显示,夜间显示紫色灯光;道岔开通侧向位置时,表示器昼间显示为中央划有黑线的黄色鱼尾形牌,夜间显示为黄色灯光。

在调车区为电气集中控制时,进行连续溜放作业的分路道岔应设道岔表示器。表示器平时无显示,在进行溜放作业时,道岔开通直向时表示器显示紫色灯光,道岔开通侧向时表示器显示黄色灯光。

(2)脱轨表示器

脱轨表示器(图1-15)设置于集中联锁以外的脱轨器及安全线、避难线的道岔上,用来表示线路在开通或遮断状态。当线路在遮断状态时,脱轨表示器昼间显示带白边的红色长方牌,夜间为红色灯光;线路在开通状态时,表示器昼间显示带白边的绿色圆牌,夜间为月白色灯光。

图1-14 道岔表示器

图1-15 脱轨表示器

(3)发车表示器

当车站设置于弯道上或车站客流量较大,辨认发车指示信号有困难时,可根据需要在便于司机瞭望的地点设置发车表示器,用于反映列车出发时,助理值班员是否向司机发出了发车信号。发车表示器平时无显示,只有出站信号开放后,助理值班员操纵专用按钮使其显示一个白灯,表示准许发车。

三、区间信号机

1. 通过信号机

(1)自动闭塞通过信号机

自动闭塞区段的闭塞分区入口设置通过信号机,用于指示列车能否进入信号机防护的闭塞分区。

自动闭塞区段通过信号机的设置位置是根据机车牵引重量、列车运行速度、列车运行间隔时间、线路条件,并考虑列车制动距离等多种因素,由牵引计算确定的,并应满足列车运行速度规定的制动距离和线路通过能力的要求。目前我国双线区段多采用四显示自动闭塞,闭塞分区的长度一般在1000m以上,四显示自动闭塞区段信号机设置如图1-16所示。

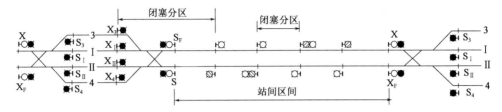

图1-16 四显示自动闭塞区段信号机设置示意图

(2)线路所通过信号机

为了提高区间通过能力,非自动闭塞区段的站间区间可设置线路所。当区间有分歧道岔时,无论是否是自动闭塞区段,均应设置线路所,办理列车经过分歧道岔的运行作业。

线路所一般无管辖地段,只有正线,没有侧线,不办理客货运业务,只办理列车的通过,所以应设置通过信号机。设置于线路所的通过信号机,具有进站和出站信号机的双重性质,即起指示接车和发车双重作用。

①当线路所设有分歧道岔时,其通过信号机应采用进站信号机的机构外形,但应封闭其引导灯光,不允许办理引导接车。显示红灯作为绝对停车信号,不准越过该信号机;显示两个黄色灯光,表示允许列车通过分歧道岔侧向运行;显示一个黄色闪光和一个黄灯,表示分歧道岔显示为18号及以上道岔,允许列车通过分歧道岔侧向运行。

②在非自动闭塞区段没有分歧道岔的线路所,通过信号机可以采用只有红色和绿色两种显示的信号机构,如图1-17所示。

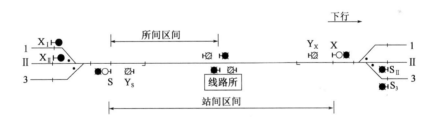

图1-17 单线半自动闭塞区段车站及区间信号机设置示意图

(3)名称及显示

为便于维修和节省投资,上、下行通过信号机在不影响行车效率和司机瞭望的条件下尽可能并列设置,通过信号机的编号是由其所在地点的坐标公里数和百米数组成。下行通过信号机编为奇数,上行通过信号机编为偶数。例如在"K100+350"下行方向的编号为1003,上行方向的编号为1004。

区间正线有分歧道岔的通过信号机,以T字命名,并以S和X作为下标表示指示列车运行方向,例如T_S、T_X。

四显示自动闭塞、半自动闭塞区段通过信号机显示意义见表1-2,其余可参见《技规(普速铁路部分)》第十六章。

通过信号机灯光配列及其主要显示意义　　表1-2

信号名称		灯光配列	信号显示	信号显示意义
通过信号机	四显示自动闭塞			准许列车按规定速度运行,表示运行前方至少有三个闭塞分区空闲
				准许列车按规定速度运行,要求注意准备减速,表示运行前方有两个闭塞分区空闲
				要求列车减速运行,按规定限速要求越过该信号机,表示运行前方有一个闭塞分区空闲
				列车应在该信号机前停车
	半自动闭塞			不准列车越过该信号机
				准许列车按规定速度运行

(4)容许信号

《技规(普速铁路部分)》规定:"自动闭塞区段的通过信号机不应设在停车后可能脱钩、牵引供电分相的处所,也不宜设在起动困难的地点。"

在自动闭塞区段,当货物列车在设置于上坡道上的通过信号机前停车后起动困难时,该信号机应装设容许信号,如图1-18所示,当信号机显示红灯同时再显示一个蓝灯,准许列车在该通过信号机显示红灯的情况下不停车,以不超过20km/h的速度通过,运行到次一架通过信号机并随时准备停车。

进站信号机前方第一架通过信号机不得装设容许信号,以免前方列车机外停车时发生尾追事故。

2.预告信号机和接近信号机

(1)作用及设置

在非自动闭塞区段的进站信号机、线路所通过信号机及遮断信号机前方应装设预告信号机,其作用是预告主体信号的显示。为满足列车制动距离要求,预告信号机与其主体信号机间的距离不得少于800m。当预告信号机的显示距离不足400m时,规定与其安装距离不得少于1000m,确保列车司机有足够的确认信号的时间。

图1-18　带有容许信号的通过信号机

在列车运行速度超过120km/h的非自动闭塞区段,车站进站信号机外方设置两段轨道电路,分别称为第一接近区段和第二接近区段,两接近区段的分界处设置接近信号机,如图1-19所示,用于预告进站信号机显示。

自动闭塞区段进站信号前方的第一架通过信号机已经起到预告信号的作用,不再设预告信号机,为区别于其他通过信号机,该信号机机柱上涂三道黑色斜线。

图 1-19　接近信号机设置示意图

(2) 名称及显示

预告信号机名称的第一个字母为 Y,后面缀以主体信号的名称,如图 1-17 中的 Y_X 和 Y_S。

接近信号机名称的第一个字母为 J。后面缀以主体信号的名称,如图 1-19 中的 J_X 和 J_S。

预告信号机只有黄灯和绿灯两种显示,接近信号机增加了"绿黄灯"显示,而且其显示意义与预告信号机相比也有所不同。预告信号机和接近信号机的灯光配列及显示意义见表 1-3。

预告信号机、接近信号机灯光配列及其主要显示意义　　　表 1-3

信 号 名 称	信 号 结 构	信 号 显 示	信 号 显 示 意 义
预告信号机	![]	![]	表示主体信号机在关闭状态
		![]	表示主体信号机在开放状态
	![]	![]	表示遮断信号机显示红色灯光
		无显示	不起信号机作用
接近信号机	![]	![]	表示进站信号机开放一个绿色灯光
		![]	表示进站信号机开放一个黄色灯光或一个黄色闪光和一个黄色灯光
		![]	表示进站信号机在关闭状态或显示两个黄色灯光

3. 遮断信号机

作用:在繁忙道口,有人看守的桥梁、隧道,以及可能危及行车安全的塌方落石地点进行防护。

设置位置:距离防护地点大于 50m 处。采用方形背板,并在机柱涂黑白相间的斜线。

显示意义:显示一个红色灯光表示不准列车越过该信号机;不点灯时,不起信号作用,如图 1-20 所示。

图 1-20 遮断信号机

知识拓展

《铁路技术管理规程》中信号机内容摘录

一、《技规(普速铁路部分)》

第 69 条 各种信号机及表示器,在正常情况下的显示距离:
1. 进站、通过、接近、遮断信号机不得小于 1000m;
2. 高柱出站、高柱进路信号机,不得小于 800m;
3. 预告、驼峰、驼峰辅助信号机,不得小于 400m;
4. 调车、矮型出站、矮型进路、复示信号机,容许、引导信号及各种表示器,不得小于 200m。

在地形、地物影响视线的地方,进站、通过、接近、预告、遮断信号机的显示距离,在最坏的条件下,不得小于 200m。

第 83 条 进站及接车进路色灯信号机,均应设引导信号。

第 365 条 出站信号机发生故障时,除按规定交通行车凭证外,对通过列车应预告司机,并显示通过手信号。装有进路表示器或发车线路表示器的出站信号机,当该表示器不良时,由办理发车人员通知司机后,列车凭出站信号机的显示出发。

第 410 条 铁路沿线及站内,禁止设置妨碍确认信号的红、黄、绿色的装饰彩布、标语和灯光。如已装有妨碍确认信号灯光的设备时,应拆除或采取遮光措施。

在规定的信号显示距离内,不得种植影响信号显示的树木。对影响信号显示的树木,其处理办法由铁路局规定。

第 411 条 进站、出站、进路、调车、驼峰辅助信号机均以显示停车信为定位;线路所的通过信号机以显示停车信号为定位,其他通过信号机以显示进行信号为定位。

接近信号机、进站预告信号机、非自动闭塞区段通过信号机的预告信号机及通过臂板,以显示注意信号为定位。

遮断、遮断预告、复示信号机以无显示为定位。

在自动闭塞区段内的车站(线路所),如将进站、正线出站信号机及其直向进路内的进路信号机转为自动动作时,以显示进行信号为定位。

二、《技规(高速铁路部分)》

第75条 进站、接车进路及线路所通过信号机,均应设引导信号。出站、发车进路信号机可设引导信号。

第464条 区间不设通过信号机、在闭塞分区分界处设置区间信号标志牌的CTCS-2/CTCS-3级区段车站的进站、出站、进路信号机及线路所的通过信号机常态灭灯,仅起停车位置作用。遇下列情况上述信号机应转为点亮状态:

1. 接发未装设列控车载设备的列车时;
2. 接发列控车载设备故障的动车组列车时;
3. 需越出站界调车时。

单元1.2 继 电 器

任务目标

1. 继电器的工作原理是什么?
2. 继电器在铁路信号中有什么作用?

任务实施

1. 下达任务目标,明确任务内容,学生课前按要求预习。
2. 教师先介绍相关设备,学生分组讨论。
3. 学生自行理解设备原理、作用的相关内容。

知识准备

一、继电器原理

继电器是一种电磁开关,能以较小的电信号控制执行电路中大功率的设备,是实现自动控制和远程控制的重要设备。

继电器类型很多,性能各不相同,结构形式多种多样,但一般由电磁系统和接点系统两部分组成。电磁系统是继电器的感受机构,主要包括线圈、铁芯及可动的衔铁等;接点系统是继电器的执行机构,由动接点和静接点组成。

继电器工作原理如图1-21所示,当线圈中通入规定的电流后,根据电磁原理,线圈中产生磁性,衔铁被吸起[图a)];当线圈中没有电流时,衔铁由于重力作用被释放[图b)]。衔铁上的接点称为动接点,随着衔铁的动作,动接点与静接点接通或断开,从而实现对其他设备的控制。

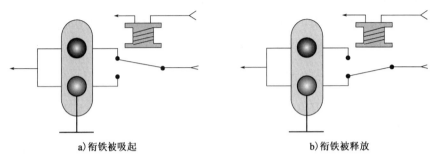

a) 衔铁被吸起　　　　　　　　b) 衔铁被释放

图1-21　继电器工作原理

二、继电器分类

1. 按动作原理分类

①电磁继电器:是利用电流通过线圈产生磁场来动作的继电器。铁路信号中使用的大多是这类继电器。

②感应继电器:是利用电流通过线圈产生的交变磁场与其翼板中的另一交变磁场所感应的电流相互作用,使翼板转动而动作的继电器。例如:用于电化区段的25Hz相敏轨道电路所使用的交流二元继电器。

2. 按动作电流分类

①直流继电器:是由直流电源供电的继电器。大部分信号继电器都是直流继电器。

②交流继电器:是由交流电源供电的继电器。例如:信号点灯电路中用于监督信号是否灭灯的灯丝继电器,用于信号灯泡主、副灯丝转换的灯丝转换继电器等。

3. 按动作时间分类

①正常动作继电器:衔铁动作时间0.1~0.3s,大部分信号继电器属于此范围。

②缓动继电器:衔铁动作时间超过0.3s,用于满足信号电路要求线圈断电后延时释放衔铁。

4. 按工作可靠程度分类

①安全型继电器:依靠自身结构满足系统的安全要求,主要是依靠重力实现释放衔铁,我国铁路信号使用的是我国自行设计和制造的AX系列安全型继电器。

②非安全型继电器:断电后依靠弹力保证继电器落下,又称为弹力式继电器。

三、安全型继电器

我国铁路信号中应用最为广泛的是AX系列继电器,其基本结构是直流无极继电器,其他类型继电器由无极继电器派生而出。下面以直流无极继电器为例说明信号继电器的原理和应用。

1. 结构

安全型直流无极继电器外观如图1-22a)所示,结构如图1-22b)所示。安全型直流无极继电器由直流电磁系统和接点系统两部分构成。电磁系统由线圈、铁芯、轭铁等组成。线圈通电后产生磁场,吸起衔铁;线圈断电时依靠重力作用使衔铁可靠释放。

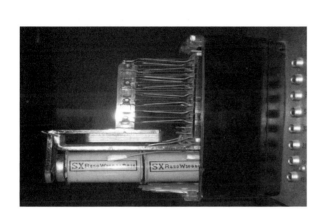
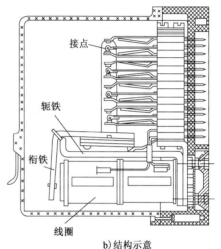

a) 外观   b) 结构示意

图1-22 安全型直流无极继电器

接点系统包括拉杆和接点组,接点组分为静止的前接点、后按点和固定在拉杆上的动接点。接点的接通情况可以反映继电器的状态,同时用于控制其他设备。直流无极继电器共有8组接点,动作一致但彼此绝缘。

2. 工作原理

当线圈通以直流电流后,产生磁通,经铁芯、轭铁、衔铁和气隙,形成闭合磁路,因而使铁芯对衔铁产生吸引力。当此吸引力增大到足以克服重锤片和拉杆等重力时,就能将衔铁吸向铁芯,于是衔铁带动拉杆推动动接点向上动作,使动接点与前接点闭合,此时称为励磁状态(又称为吸起状态)。

当线圈中的电流减少或断电时,磁路的磁通随之减少,铁芯对衔铁的吸引力相应减少,当吸引力不足以克服重锤片和拉杆的重力,衔铁即释放,使动接点与前接点断开并与后接点闭合,此时称为失磁状态(又称为落下状态)。

这种继电器的电源使用直流电,同时继电器的动作与通入线圈的电流方向无关,故称直流无极继电器。

四、继电器的应用

故障—安全原则是铁路信号设备必须遵循的原则,当系统任何部分发生故障时,应确保系统的输出处于安全状态。随着电子技术的迅速发展,电子器件尤其是计算机以其速度快、体积小、容量大、功能强等技术优势,在相当大程度上逐渐取代继电器,构成自动控制和远程控制系统,使技术水准大大提高。但与电子器件相比,继电器仍存在一定优势,尤其是具有故障—安全性能,因此不仅现在,而且在未来一定时期内,继电器在铁路信号领域仍将起着重要的作用。例如,在计算机联锁设备中,尽管电子器件所占比例相当大,但还需要将继电器电路作为系统主机与信号机、轨道电路、转辙机的接口电路。

目前,铁路信号设备中,继电器的作用主要表现在以下几方面。

1. 表示功能

利用不同继电器表示线路的占用和空闲、信号的开放和关闭、道岔是否在规定位置、区间是否闭塞等。例如,车站每组联锁道岔均设置定位表示继电器(DBJ)和反位表示继电器(FBJ),当有关继电器吸起时,表示该道岔在定位或在反位,进而实现控制台的表示及有关设置间的相互控制关系。

2. 驱动功能

目前铁路信号设备中主要被控对象是信号机和转辙机,不论车站采用继电联锁还是计算机联锁,均利用继电器控制相应设备。例如,车站的联锁道岔控制电路中设置有定位操纵继电器(DCJ)和反位操纵继电器(FCJ),当满足条件有关继电器吸起时,能够驱动道岔向定位或反位转换。

3. 实现逻辑电路

在继电式车站联锁设备及继电式区间半自动闭塞设备中,利用继电电路实现有关逻辑关系,以保证车站和区间的列车、调车作业安全。例如:当单线半自动闭塞区间有列车运行时,利用继电半自动闭塞电路控制两相邻车站的有关出站信号机不能开放,使车站不能再向区间发出其他列车,保证列车在区间的行车安全。

知识拓展

继电器名称与定位状态

一、继电器的名称

继电器一般按照其作用来命名,例如反映信号灯丝状态的继电器称为灯丝继电器,记作DJ;控制信号的继电器称为信号继电器,记作XJ。

同一继电器的线圈和接点可能用在不同电路中,必须用该继电器的名称符号来标记,以免混淆。同一继电器的各接点组还需注明其组号,防止重复使用。

二、继电器的定位状态

继电器有两种状态:吸起状态和落下状态,电路图中继电器所标注的状态称为定位状态。

在信号系统中应遵循以下原则规定定位状态:

①继电器的定位状态应与设备的定位状态相一致。例如一般信号机以关闭为定位状态,轨道电路以空闲为定位状态。

②根据故障—安全原则,继电器的落下状态必须与设备的安全侧相一致。例如信号继电器的落下应与信号关闭相一致,轨道继电器的落下应与轨道的占用相一致。

电路图中,当继电器以吸起为定位状态时,其线圈和接点处均应标记"↑",当继电器以落下为定位状态时,其线圈和接点处均应标记"↓"。

单元1.3 转 辙 机

任务目标

1. 转辙机的作用是什么？
2. 对转辙机的基本要求有哪些？

任务实施

1. 下达任务目标,明确任务内容,学生课前按要求预习。
2. 教师先介绍相关设备,学生分组讨论。
3. 学生自行理解设备作用及相关内容。

知识准备

转辙机(图1-23)是道岔控制系统的执行机构,用于转换、锁闭道岔,实现对道岔的集中控制,是重要的信号基础设备,是直接关系行车安全的关键设备。

图1-23 转辙机

一、转辙机的作用

转辙机用以转换道岔,锁闭道岔尖轨,表示道岔所在位置,具体作用表现为:
①根据操作要求,将道岔转换至定位或反位。
②道岔转换至规定位置且密贴后,自动实行机械锁闭,防止外力改变道岔位置。
③当道岔尖轨与基本轨密贴后,正确反映道岔位置,并给出相应表示。
④发生挤岔及道岔长时间处于"四开"位置(两侧尖轨与基本轨均不密贴)时,及时发出报警。

二、对转辙机的基本要求

①作为转换器,应具有足够大的拉力,以带动尖轨作直线往返运动;当尖轨受阻不能转换到底时,应随时通过操作使尖轨回复原位。

②作为锁闭器,当尖轨和基本轨不密贴时,不应进行锁闭;锁闭后不至于因车辆通过道岔时的震动而错误解锁。

③作为监督器,应能正确反映道岔的状态。

④道岔被挤后,在未修复前不应再使道岔转换。

三、转辙机的分类

我国目前使用的转辙机主要有:ZD6 型、S700K 型、ZY 系列、ZD(J)9 型、ZK 系列等。

①按动作能源和传动方式分为电动转辙机、电动液压转辙机、电空转辙机。

电动转辙机由电动机提供动力,采用机械传动方式,例如 ZD6 型电动转辙机。

电动液转辙机由电动机提供动力,采用液压传动方式,简称电液转辙机,例如 ZY(J)7 型电液转辙机。

电空转辙机以压缩空气作为动力,由电磁换向阀控制,主要用于驼峰分路道岔,例如 ZK4 型电空转辙机。

②按供电电源分为直流转辙机和交流转辙机。

直流转辙机采用直流电机,目前大量使用的 ZD6 型电动转辙机就是直流转辙机。

交流转辙机采用 380V 三相交流电源,电动机为三相异步电机目前推广的提速道岔转辙机大多为交流转辙机,如 ZY(J)7 型、S700K 型、ZD(J)9 型等。

③按锁闭方式分为内锁闭转辙机和外锁闭转辙机。

内锁闭转辙机锁闭机构设置在转辙机内部,尖轨通过锁闭杆与锁闭装置连接,ZD6 型等电动转辙机大多采用内锁闭方式,缺点是锁闭可靠程度较差,列车对转辙机的冲击大。

外锁闭转辙机依靠转辙机外的锁闭装置直接锁闭密贴尖轨和基本轨,锁闭可靠程度较高,列车对转辙机几乎没有冲击,提速道岔大多采用外锁闭方式,例如 ZY(J)7 型转辙机。

④按是否可挤分为可挤型转辙机和不可挤型转辙机。

可挤型转辙机内部设有挤切或挤脱装置,道岔被挤时,动作杆解锁,保护转辙机。

不可挤型转辙机内部不设置挤岔保护装置,道岔被挤时,挤坏动作杆与整机连接结构,只能更换整机。

四、转辙机的设置

一般情况下,每组联锁道岔的尖轨处设置一台转辙机,联动道岔的两组尖轨分别由一台转辙机牵引。

提速道岔进一步加长了尖轨,用于提高列车过岔速度。需采用多机牵引方式,以满足多点牵引、多点检查的要求。

12 号提速道岔尖轨采用 2 台转辙机;18 号提速道岔尖轨采用 3 台转辙机;30 号提速道

岔公轨采用 6 台转辙机,38 号以上提速道岔尖轨处可设置 9 台转辙机。

如果提速道岔采用可动心轨,则心轨还需转辙机牵引,如 18 号提速道岔心轨处设 2 台转辙机,30 号及其以上提速道岔心轨处设 3 台转辙机。

五、典型转辙机

下面选择两种典型的转辙机进行介绍,其他类型设备可参阅有关使用手册。

1. ZD6 型电动转辙机

ZD6 型电动转辙机是我国铁路使用最为广泛的电动转辙机,它用于非提速区段及提速区段的侧线上。

ZD6 型电动转辙机由电动机、减速器、摩擦联结器、转换锁闭装置、自动开闭器、挤岔保护及报警装置等部件组成,由动作杆和表示杆连接道岔尖轨,其结构如图 1-24 所示。

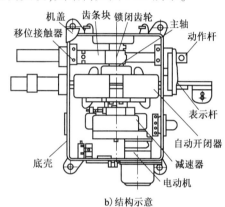

a) 外观   b) 结构示意

图 1-24　ZD6 型电动转辙机

电动机为电动转辙机提供动力,采用直流串激电动机。驱动电动机正转和反转可以带动尖轨改变道岔开通方向。

减速器用于降低转速以获得足够的转矩,并完成传动。

摩擦联结器由弹簧和摩擦制动板组成,道岔转换过程中当尖轨遇阻时,能够保护电机。

转换锁闭装置由锁闭齿轮和齿条块组成,将转动变为平动,通过动作杆带动尖轨运动,转换到位后进行锁闭。

自动开闭器通过表示杆与尖轨连接,表示杆随尖轨移动。只有当尖轨密贴并锁闭后,才能接通道岔表示电路,并断开道岔的转换电路。

挤岔保护及报警装置包括挤切销和移位接触器等。挤切销把动作杆和齿条块连接成一体,道岔在定位或反位时,通过锁闭齿条块间接地锁闭了道岔。挤岔时,来自尖轨的挤岔力推动动作杆,当力量超过挤切销能承受的机械力时,挤切削被切断,使动作杆和齿条块分离,避免机件损坏,并利用移位接触器断开道岔表示电路,13s 后挤岔报警。挤岔后利用移位接触器接通挤岔报警电路,只要更换挤切销即可恢复使用。

遮断器(又称为安全接点),位于电机一侧,用于断开电动机的电路。只有打开遮断器,才能插入手摇把人工转换道岔或打开机盖进行检修。

2. ZY(J)7型电动液压转辙机

ZY(J)7型电动液压转辙机及其配套的安装装置与外锁闭装置,是为满足我国提速线路需要而研制的新型道岔转换系统。它能转换、锁闭国内现有各种规格、型号的内、外锁闭道岔,并能正确反映尖轨及可动心轨辙叉的位置和状态。

ZY(J)7型电动液压转辙机有ZY(J)7型电液转辙机(亦称主机,用于第一牵引点)和SH6型转换锁闭器(亦称副机,用于第二、第三等牵引点)组成,主机与副机共用一套动力系统,两者之间靠油管连接传输动力。

ZY(J)7型电动液压转辙机主要由动力机构、转换锁闭机构、表示锁闭机构等组成。

①动力机构的作用是将电能变为液压能,它由电机、联轴器、油泵、油管、单向阀、滤芯、溢流阀及油箱等组成。

②转换锁闭机构的作用是转换锁闭尖轨在密贴位置,该机构锁闭尖轨后能承受100kN的轴向锁闭力,它由油缸、推板、动作杆、锁块、销轴、加强板及锁闭铁等零部件组成。

③表示锁闭机构的作用是正确反映尖轨状态并锁闭尖轨在终端位置,该机构锁闭尖轨后能承受30kN的轴向锁闭力。它由接点组、锁闭杆等零部件组成。

④手动安全机构(遮断器)的作用是手摇电机扳动道岔时,切断电机启动电源后,才能够插入手摇把,并且非经人工恢复,不能接通电机启动电源。

六、转辙机操纵方式

转辙机有电动转换和人工转换两种方式。

设备正常运行时,操作人员利用控制台(或显示器)有关按钮进行集中操纵,停电、转辙机故障及相关轨道电路故障时,可使用手摇方式转换道岔。

手摇转辙机时,先打开遮断器,露出手摇把插孔,插入手摇把,摇动规定圈数使道岔转换至所需位置。转换完毕抽出手摇把,但安全接点被断开,转辙机电路也被断开,必须由电务维修人员打开机盖,合上安全接点,转辙机电路才恢复正常。

遇有多动道岔或多台电动转辙机牵引的道岔,必须摇动各台转辙机使道岔至所需位置。它们在集中操纵时是联动的,但手摇转换时必须一一摇动。

由液压转辙机牵引的道岔,转辙机内无齿轮传动装置,各牵引点之间依靠油路连接,手摇道岔时转数不固定,约200圈。对于分动外锁闭道岔,由于两尖轨动作不一致,须确认两尖轨均转换到位才能停止摇动。

手摇把关系行车安全,要实行统一编号,集中管理,建立登记签认制度。

知识拓展

《铁路技术管理规程》摘录

一、《技规(普速铁路部分)》

第88条 站内正线及到发线上的道岔,均须与有关信号机联锁。区间内正线上的道岔,须与有关信号机或闭塞设备联锁。

第237条　车站集中操纵的道岔,应由车站值班员负责,未设车站值班员的由信号长(员)负责。驼峰集中操纵的道岔,应由驼峰值班员负责。

道岔组、道岔区的范围划分,人工扳动道岔的清扫分工,道岔加锁的钥匙、电动转辙机手摇把管理办法,均应在《站细》内规定。电动转辙机手摇把,要实行统一编号、集中管理,建立登记签认制度。集中操纵道岔的清扫分工由铁路局规定。

第359条　在无联锁的线路上接发列车时,车站值班员除严格按接发列车手续办理外,并应将进路上无联锁的有关对向道岔及邻线上防护道岔加锁。进路上无联锁的分动外锁道岔无论对向或顺向,均应对密贴尖轨、斥离尖轨和可动心轨加锁。具体加锁办法由铁路局规定。

二、《技规(高速铁路部分)》

第370条　进站(接车进路)信号机故障或接车进路上道岔失去表示、轨道电路非列车占用红光带。

(1)列车调度员(车站控制时为车站值班员)通知设备管理单位进行检查处理,在"行车设备检查登记簿"内登记。

(2)设备故障修复,列车调度员(车站控制时为车站值班员)根据设备管理单位的销记,开放进站(接车近路)信号办理接车。

(3)设备故障暂时无法修复,具备放行列车条件时,列车调度员(车站控制时为车站值班员)根据设备管理单位登记的行车限制条件组织行车。

单元1.4　轨　道　电　路

任务目标

1. 轨道电路设备组成及工作原理是什么?
2. 轨道电路划分原则及名称是如何规定的?
3. 轨道电路常见故障的成因及对车站作业的影响有哪些?

任务实施

1. 下达任务目标,明确任务内容,学生课前按要求预习。
2. 教师先操作演示,学生分组讨论。
3. 学生自行理解设备工作原理、作用等相关内容。

知识准备

以钢轨作为导体,两端加以机械绝缘(或电气绝缘),接上送电和受电设备构成的电路称为轨道电路。轨道电路是实现铁路信号设备自动化、现代化的重要基础设施。

一、轨道电路的组成

轨道电路组成如图 1-25 所示。

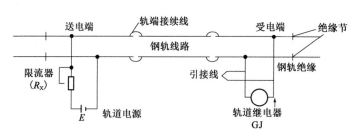

图 1-25　轨道电路组成

注:钢轨的作用是传送电信息;绝缘节的作用是划分各轨道区段;轨端接续线的作用是保持电信息延续;轨道继电器的作用是反映轨道的状况。

1. 导体

铁路的两条钢轨是传输轨道电流的导体,在两节钢轨的接头处为了减少钢轨与钢轨夹板间的接触电阻,用连接线连接。目前,现场运用最广泛的是塞钉式钢轨接续线。引接线用于送电设备、受电设备与钢轨的连接。

2. 钢轨绝缘

钢轨绝缘安装在相邻两个轨道电路衔接处,以保证相邻轨道电路在电气上可靠隔离。铁路上多采用机械强度高、绝缘性能好的绝缘材料,在钢轨与夹板间垫有槽形绝缘板,夹板螺栓与夹板之间装有绝缘套管和绝缘垫圈,在两个钢轨衔接的断面间还夹有与钢轨断面相同的轨端绝缘。为使轨道电路适应于无缝线路,目前在干线的区间利用电路构成电气绝缘来分隔轨道电路。

3. 送电设备

在车站内,轨道电路的送电设备是电源,用来向轨道电路供电。

在自动闭塞区段,轨道电路的送电设备是能够发送一定信息的电子设备。

4. 受电设备

车站内轨道电路的受电设备是轨道继电器(GJ),用于反映轨道电路内有无机车车辆占用和钢轨是否完整。

自动闭塞区间轨道电路的受电设备还包括能够接收并鉴别电流特性的电子设备,能够根据接收到的不同特性的电流,动作有关继电器。

5. 轨道电阻

轨道电阻是一个可调电阻器,连接在轨道电路电源端,用来调整轨道电路的电压,当轨道电路被机车车辆的轮对分路时,能够防止输出电流过大而损坏电源。

二、轨道电路工作原理

轨道电路有三种工作状态:调整状态、分路状态、断轨状态。

1. 调整状态

平时轨道电路完好又没有车占用时,轨道电流从电源正极经钢轨、轨道继电器线圈回到负极而构成回路。继电器处于励磁吸起状态,表示轨道区段内无车占用,称为轨道电路的调整状态。

2. 分路状态

当轨道区段内有车占用时,因为车辆的轮对电阻比轨道继电器线圈电阻小得多,所以轨道电路被轮对分路,这时流经继电器线圈的电流很小,不足以使衔铁保持吸起,继电器失磁落下,表示该区段有车占用,称为分路状态。

3. 断轨状态

当轨道区段内发生断轨或断线等故障时,流经继电器线圈的电流中断,使继电器失磁落下,称为断轨状态。

三、轨道电路的作用

1. 监督列车占用

利用轨道电路监督列车、调车车列在站内及列车在区间的占用,是最常用的方法。当站内轨道电路处于调整状态时,车站控制台上相应轨道区段光带熄灭,办理好进路时显示"白光带";当轨道电路处于分路状态或断轨状态时,控制台上相应轨道区段显示"红光带"。

利用轨道电路反映线路是否空闲,轨道继电器的接点作为开放信号、建立进路、构成闭塞等的控制条件,又可用于实现信号开放后随着列车、调车车列的运行而自动关闭,从而把信号显示、线路状态、列车及调车车列位置结合起来。

2. 传输行车信息

在区间轨道电路中,根据前行列车的位置而传输不同频率的信息以控制通过信号机显示,并传输至机车上控制机车信号显示。随着信号设备的进一步发展,这些行车信息中还包括了运行前方线路条件、当前允许运行速度、列车运行目标速度等,为利用设备控制列车运行提供了支持。

四、轨道电路分类

1. 按动作电源分类

按动作电源分类可分为直流轨道电路和交流轨道电路。

直流轨道电路一般采用蓄电池浮充供电方式,目前已很少使用。

目前使用的交流轨道电路种类很多,除站内常用的 50Hz 轨道电路、应用于电化区段的 25Hz 相敏轨道电路外,还包括应用于区间的国产移频轨道电路、UM71 轨道电路、ZPW-2000A 轨道电路等。

2. 按工作方式分类

按工作方式分类可分为闭路式轨道电路和开路式轨道电路。

闭路式轨道电路平时构成回路,轨道继电器保持吸起,利用轨道继电器的落下及时反映轨道区段车占用或者发生断轨、断线故障。

开路式轨道电路平时处于开路状态,有车占用时通过车辆轮对构成回路,使继电器吸起。开路式轨道电路的不足是不能进行断轨检查,而且断轨后有车占用轨道继电器也不能可靠吸起,不符合故障—安全原则,除特殊位置外,已基本没有应用。

3. 按分割方式分类

按分割方式分类可分为有绝缘轨道电路和无绝缘轨道电路。

有绝缘轨道电路利用钢轨绝缘将相邻的轨道电路相互隔离。

无绝缘轨道电路应用于无缝线路,目前国内采用谐振方式实现相邻轨道电路间的隔离。ZPW-2000A 轨道电路是国内应用比较广泛的无绝缘轨道电路。

4. 按使用处所分类

按使用处所分类可分为站内轨道电路和区间轨道电路。

站内轨道电路用于车站内,主要用于监督轨道区段是否空闲,一般不发送控制信息。站内轨道电路分为无岔区段轨道电路和道岔区段轨道电路。

区间轨道电路主要用于自动闭塞区段,不仅监督区间是否空闲,而且能够传输包含有信号显示、线路状态、限制速度等内容的信息。

五、站内轨道电路的划分与命名

车站内采用钢轨绝缘把两个轨道电路划分为互不干扰的独立电路单元,称为轨道电路区段,其划分原则如下。

① 凡有信号机的地方,均装设钢轨绝缘,将信号机的内、外方应划分为不同区段。

② 凡能平行运行的线路,其间应设钢轨绝缘隔开,例如渡线道岔上的钢轨绝缘。

③ 在一个轨道电路区段内包含的道岔,原则上不应超过三组。

④ 为了提高咽喉区使用效率,应将轨道区段适当划短,使道岔区段能及时解锁后办理其他进路。

车站范围内包含有道岔的轨道电路称为道岔区段轨道电路,根据所包含的道岔编号来命名:

① 包含一组道岔。如图 1-26 中包含 1 号道岔的轨道区段为 1DG。

② 包含两组道岔。如图 1-26 中包含 15、17 号道岔的轨道区段为 15—17DG。

③ 包含三组道岔。如图 1-26 中包含 11、23、27 号道岔的轨道区段为 11—27DG。

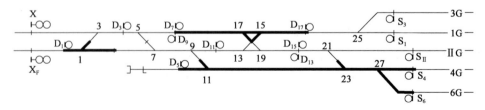

图 1-26 道岔区段轨道电路举例

车站咽喉区内不包含有道岔的轨道电路称为无岔区段轨道电路,主要有以下几种命名方式:

①进、出站口处的无岔区段。根据衔接的股道编号加上 A（下行咽喉）或 B（上行咽喉）表示。
②牵出线、机待线等处调车信号机外方的接近区段。在调车信号机名称后加 G 表示。
③位于咽喉区的无岔区段。以两端道岔编号写成分数形式加 WG 表示。
④半自动闭塞进站信号机外方的接近区段。以进站信号机名称加 JG 表示。
除上述外，股道轨道电路以股道编号命名，例如图 1-26 中的 3G、IG、ⅡG。

六、轨道电路常见故障

1. 非占用"红光带"

非占用"红光带"指的是轨道区段没有车占用时，控制台相对应的区段显示红色光带。造成这种故障的主要原因有：轨道电路送电低、道床潮湿肮脏使得漏泄电流大、轨道电路断线断轨、轨道电路绝缘破损等。

由于显示"红光带"的区段内所有道岔均不能正常转换，不能经过有"红光带"的区段正常办理接车、发车进路、不能正常开放信号，因此，发生非占用"红光带"主要影响车站的作业效率，部分行车安全依靠人工保障，有关工作人员必须严格执行非正常情况下的接发列车作业办法。

2. 分路不良故障

分路不良故障指的是轨道区段有车占用时，有关轨道继电器不落下，控制台相对应的区段不显示红色光带。造成这种故障的原因，除了轨道电路本身达到"分路状态最不利条件"以外，还包括轻车（如单机、轨道车等）、轨面不清洁（如生锈、有砂粉、冰雪等）、高阻轮对车（即车辆轮对自身电阻大）等原因。

分路不良对车站作业的影响主要在安全方面，由于不能利用轨道继电器检查出轨道区段有车占用，存在道岔中途转换、向占用线路接车等危险，因此发生分路不良问题后必须严格执行有关要求，确保办理接、发车作业安全。分路不良同样也会影响车站作业效率，由于不能可靠地分路有关轨道区段，造成列车进站或出站后，接、发车进路不能正常解锁，控制台上遗留有"白光带"，需人工操作才能解锁有关区段。

 知识拓展

一、轨道电路应用举例

三显示自动闭塞曾经是我国双线区段的主要闭塞方式，自动闭塞区段每一个闭塞分区均装设有轨道电路，用轨道继电器的状态表示闭塞分区的占用和空闲，通过信号机的控制电路中不仅连接有本闭塞分区轨道继电器接点，还连接有下一闭塞分区轨道继电器接点。通过轨道电路，将列车运行和信号显示结合起来，实现了地面信号机的显示随列车运行而自动变化。

需要说明的是，上述仅为自动闭塞原理，在实际应用中，我国的自动闭塞区段主要采用移频轨道电路以解决机车信号、绝缘破损的防护、抗干扰等问题。

二、道岔区段轨道电路

1. 道岔区段轨道电路特点

①轨道电路内部增设道岔绝缘,用于防止轨道电路在调整状态下被分路。

②在尖轨与基本轨及两外侧的基本轨之间增设道岔跳线,用于保证调整状态下构成闭合回路。

③具有分支电路,轨道电路不仅包括道岔的直向部分线路,还包括侧向部分线路,如图1-27所示。

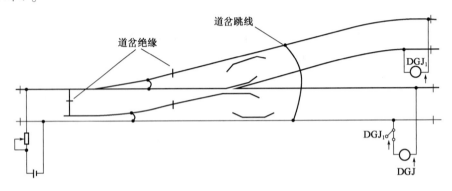

图1-27 道岔区段轨道电路示意图

2. 道岔区段轨道电路工作原理

①调整状态:道岔区段设备完好、没有车占用时,DGJ处于吸起状态。

②分路状态:道岔区段有车占用时,DGJ处于落下状态。

③断轨状态:道岔区段断线或直股断轨时,DGJ处于落下状态;弯股断轨时,由于DGJ_1落下,使DGJ处于落下状态。

从以上内容看出,尽管道岔区段轨道电路具有分支,仍然是利用一个继电器(即DGJ)表示轨道电路的工作状态。

3. 道岔区段轨道电路的作用

设置道岔区段轨道电路的主要作用是监督道岔区段是否有车占用,将DGJ接点应用于车站联锁电路和道岔控制电路中,从而确保有车占用或有列车及调车车列通过时,道岔区段内所有的道岔均处于锁闭状态,避免列车、调车车列运行过程中由于道岔中途转换造成脱轨或进入异线的事故。

另一方面,道岔区段轨道电路与车站联锁设备的表示灯电路相结合,在监督占用的同时,使控制台显示的"红光带"或"白光带"能够表示相应轨道区段内道岔的开通方向,为操作人员提供了更直观的道岔状态信息。

4. 道岔区段绝缘与警冲标的距离

在集中联锁车站道岔区段,设置于警冲标内方的钢轨绝缘。其安装位置距离警冲标不得小于3.5m,如图1-28所示。

由于车辆最外方的车轴至车钩端部的最大距离小于3.5m，在集中联锁车站，当利用控制台的光带确认车轮越过绝缘时，这种设置要求可以确保车辆也全部进入了警冲标内方。但如果钢轨绝缘距离警冲标过远，则影响到发线有效长，因此该距离应大于4m。

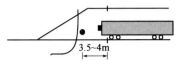

图 1-28　钢轨绝缘与警冲标

当钢轨绝缘只能装设于警冲标内方小于 3.5m 处，即构成了"侵限绝缘"，又称为"超限绝缘"，在图中该绝缘符号外画圆圈，侵限绝缘的存在影响有关信号、道岔、轨道电路的联锁关系，有关运输人员，如调车人员、信号员等，应熟悉现场侵限绝缘位置，涉及侵限绝缘的作业，应严格执行有关规定，避免由于停车位置不当造成行车事故或影响列车运行。

模块小结

本模块介绍了铁路车站及区间地面信号机的设置位置、命名规则和显示意义，在学习中以进站、出站、通过、预告及调车信号机为重点。通过学习应能够看懂典型车站信号平面布置图中与信号机相关的内容，并能够从外观及设置位置识别各种信号机。

本模块还介绍了继电器、轨道电路、转辙机的结构、工作原理及在铁路信号中的应用，在学习中以轨道电路的作用、划分、命名以及转辙机的作用、操作、显示为重点。轨道电路、转辙机是完成铁路运输工作的重要基础设备，因此在学习中不仅要掌握设备的工作原理，还应学习设备故障的典型现象以及对列车运行、调车作业的影响，初步理解《非正常接发列车作业标准》中关于轨道电路、转辙机故障时接发列车的要求。

课后习题

一、多项选择题

1. 以下哪些属于固定信号？（　　）
   A. 信号表示器　　B. 进站信号机　　C. 机车信号　　D. 手信号
2. 以下哪些属于允许信号？（　　）
   A. 蓝色灯光　　B. 绿色灯光　　C. 紫色灯光　　D. 黄色灯光
3. 以下哪些信号机的显示距离不得小于 1000m？（　　）
   A. 进站　　B. 出站　　C. 通过　　D. 预告
4. 以下哪些信号机的显示距离不得小于 800m？（　　）
   A. 进站　　B. 高柱出站　　C. 高柱进站　　D. 矮型出站
5. 以下哪些信号机的显示距离不得小于 200m？（　　）
   A. 引导　　B. 预告　　C. 调车　　D. 驼峰
6. 设于警冲标内方的钢轨绝缘，其安装位置距离警冲标不得小于（　　）。
   A. 2000mm　　B. 1750mm　　C. 3500mm　　D. 2440mm

二、基础题

1. 画出一个单线三股道车站，并给股道、道岔及信号机编号。

2. 什么是"非占用红光带"故障？对作业有何影响？

三、简答题

1. 地面信号机按用途分为哪两大类？各包括哪些？
2. 哪些信号机应采用高柱信号机？哪些信号机应采用矮型信号机？
3. 地面固定信号机的设置原则有哪些？
4. 画图说明进站信号机的设置位置，并说明其作用及显示意义。
5. 画图说明出站信号机的设置位置，并说明其作用及显示意义。
6. 画图说明通过信号机的设置位置，并说明其作用及显示意义。
7. 画图说明预告信号机的设置位置，并说明其作用及显示意义。
8. 画图说明复示信号机的设置位置，并说明其作用及显示意义。
9. 信号机和表示器有什么不同？
10. 简述《铁路技术管理规程》对各种常用信号机在正常情况下的显示距离的规定。
11. 简要说明继电器在铁路信号中的作用。
12. 简要说明故障—安全原则的基本要求。
13. 对转辙机的基本要求有哪些？
14. 控制台上道岔表示灯有哪些显示？分别表示什么含义？
15. 说明轨道电路的组成及工作原理。
16. 轨道电路的作用是什么？
17. 站内轨道电路区段的划分原则是什么？
18. 站内轨道电路区段怎样命名？
19. 简要说明轨道电路的"非占用红光带"及"分路不良"对行车的影响。

模块 2　联　锁　设　备

模块描述

通过本部分的学习,学生能了解联锁的基本概念,掌握联锁的基本内容,熟悉使用车站联锁设备完成各种行车作业,保证行车安全,提高设备的使用效率。

教学目标

知识目标
1. 掌握进路的基本概念。
2. 掌握联锁的基本概念。
3. 了解 6502 电气集中联锁设备的特点、设备组成。
4. 掌握进路的办理方法。
5. 了解计算机联锁设备的特点、设备组成和办理方法。

技能目标
1. 能够正确识别进路的起止。
2. 能够正确理解联锁关系。
3. 能够熟练操作联锁设备。

建议课时
30 课时

背景知识

控制车站的道岔、进路和信号,并实现它们之间联锁关系的设备,称为联锁设备。联锁设备可以采用机械的、机电的或电气的方法来实现。目前我国铁路联锁设备为集中联锁(计算机联锁和继电联锁)和非集中联锁(色灯电锁器联锁和臂板电器联锁)。

电气集中联锁把全部道岔、进路和信号集中起来控制和监督,在一定程度上实现了站内行车指挥的自动控制,能准确及时地反映现场行车情况,不再需要分散控制时所需的联系时间,而且完全清除了因联系错误而引起的事故,因而大大提高了行车安全程度和作业效率,并且极大地改善了行车人员的劳动条件。

计算机联锁利用计算机实现车站的联锁关系,用继电电路作为计算机主机与室外信号机、转辙机、轨道电路的接口设备,操作人员通过显示器、鼠标等设备实现对现场设备的控制和监督。

通过本模块的学习,使学生具有以下工作认知:

掌握联锁系统对进路的控制；

掌握6502电气集中各组成部分的作用及控制台的操作；

掌握不同计算机联锁的结构及其操作。

单元2.1 进 路 识 别

任务目标

1. 什么是进路？如何划分？举例说明接车进路、发车进路、通过进路、调车进路的范围。
2. 基本进路与变通进路有何区别？
3. 何为敌对进路，如何辨别？

任务实施

1. 下发任务目标，明确任务内容及考核方式，学生课前按要求预习。
2. 教师先介绍相关设备，演示操作，确定任务实施方式和人员分工，学生分组讨论并操作。
3. 学生自行总结基本知识。

知识准备

进路是列车或调车车列在车站内安全运行的关键，把好"进路关"是接发列车非常重要的一环。车站值班人员如果发生"错办进路"，就会导致挤岔、脱轨、开错方向，甚至发生冲突事故。所以车站值班人员必须正确识别不同进路，正确办理进路，保证列车或调车车列运行安全。

一、进路的划分及范围

1. 进路概念

进路是在车站范围内列车或调车车列由一点运行至另一点的径路。进路上包括数个轨道区段。进路要求其包括的道岔必须处在规定的位置上，在列车或调车车列经过的进路上应保证道岔位置正确、进路空闲等。

进路分为列车进路和调车进路。列车进路是指列车在站内所运行的进路，包括接车进路(含延续进路)、发车进路和通过进路。调车进路包括单元调车进路(短调车进路)和组合调车进路(长调车进路)。短调车进路是指调车信号机开始，至同方向次一架调车信号机(或股道、站界标、车挡表示器等)为止的线路。

2. 进路的范围

明确了进路范围，就能知道列车或调车车列走行的径路，更好地把握行车安全。进路的范围一般由防护该进路的信号机起至同一方向限制列车或调车车列运行的信号机(或站界标、或车挡表示器)为止的一段线路,如图2-1所示。

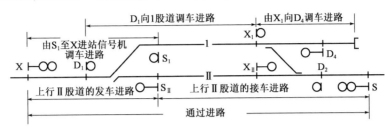

图2-1　进路的划分

(1) 接车进路起止

接车进路是从进站信号机起至接车线末端计算该线有效长的警冲标或出站信号机之间的一段线路。是列车进入车站所经过的进路,由进站信号机防护,始于进站信号机,终于另一咽喉的出站信号机。如图2-2所示,1道下行接车进路就是从下行进站信号机X起至1道下行出站信号机X_1之间的一段线路。

(2) 发车进路起止

发车进路是从所防护的出站信号机起至相对方向的进站信号机之间的一段线路。发车进路是列车由车站出发进入区间所经过的进路,由出站信号机防护,始于出站信号机,终于发车口。值得注意的是,在发车进路中,只有出站信号机至相对方向的进站信号机之间部分显现一条白光带,而在列车头部至出站信号机之间则无白光带,但其间的道岔仍然是锁闭的。如图2-3所示,1道上行发车进路中,只有出站信号机S_1至下行进站信号机X之间显现白光带,而列车头部至S_1之间则无白光带,但其间的21号道岔仍是锁闭的。

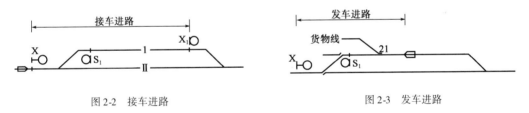

图2-2　接车进路　　　　　　　图2-3　发车进路

调车进路的接近区段为调车信号机外方的第一段轨道电路。

(3) 通过进路起止

通过进路是从接车端进站信号机起至相对方向的进站信号机之间的一段线路。很显然,通过进路包括接车进路和发车进路两部分,如图2-4所示。

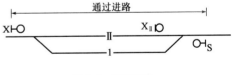

图2-4　通过进路

通过进路是列车经正线不停车通过车站所经过的进路,由同方向的正线接车进路和正线发车进路组成。例如下行正线通过进路即从进站信号机X至下行站界标为止的线路,由X和X_{II}防护。

(4) 延续进路

在进站信号机外制动距离内,进站方向为超过6‰的下坡道(换算下坡道)的车站,为了防止列车因制动不当而冲出接车线,有必要将接车进路加以延长,这延长的部分就叫延续进路。在光带显示上延续进路紧接接车进路的末端,和接车进路组成一条连续的光带。

延续进路根据各站线路的具体情况,可以有多条。如图2-5所示,车站上行接车延续进路就有3条(各股道均如此):第一条向牵出线延伸;第二条向正线出口延伸;第三条向专用线、牵出线延伸。究竟选用哪一条,应根据当时的作业情况决定。

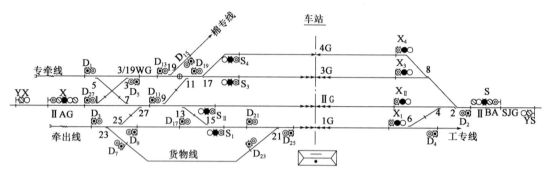

图2-5 延续进路

延续进路未建立之前,接车进路上只有一条白光带,进站信号表示灯不能点亮绿灯(表示进站信号机没有开放)。

延续进路的白光带点亮后,进站信号表示灯也随着点亮绿灯,表示进站信号表示灯机已经开放。如果延续进路被占用,进站信号表示灯立即被打灭。

(5)调车进路起止

短调车进路是指由一架调车信号机所防护的一段进路,如图2-1所示。

长调车进路由两条及以上的短调车进路组成,与调车进路的长度无关。如图2-5所示,从D_3至4G就是一条长调车进路,它由D_3-D_{11}、D_{11}-D_{19}和D_{19}-4G三条短调车进路组成。值得注意的是,从S_4D(上行4道出站兼调车信号机)至牵出线只是一条短调车进路,不可认为是由S_4D-D_{19}、D_{19}-D_{11}和D_{11}-D_3组成,因为D_{19}、D_{11}和D_3与S_4D的显示方向是不同的,起不到阻挡作用,整条进路虽然包括多个区段,但只能由S_4D防护,所以仍是一条短调车进路。

二、进路的性质

进路的性质,取决于作业的性质。而我们又是从行车安全的角度来看待这一问题的。因为客车上有旅客且行车速度高,故列车进路比调车进路更为重要、在技术要求上更为严格。如以接车进路为例,列车由区间以最大允许速度驶向车站时,为了保证行车安全迫切需要了解:列车接近车站否、允许接车否、进站后列车经由直股还是弯股。这些有关信息通知司机的时机越早越好,因为它不仅涉及行车安全,且直接影响运输效率。

各种不同性质的进路,应有不同用途的信号机进行防护。如接车进路应有进站信号机防护,发车进路应有出站信号机防护,转场进路有进路信号机防护;调车进路应有调车信号机进行防护等。根据进路的性质不同,不但这些信号机显示和数目不同,且开放信号机所应满足的技术条件也不相同。

1. 列车进路和调车进路

凡是进站、出发及通过列车经过的进路,称为列车进路。由于列车在不同车站进行的作业不同,如在有的车站需要停车,进行旅客上下车作业,列车先要接进来,待旅客上下完毕后再发出去;在有的车站没有旅客上下,就不需要停车。由此列车在车站作业可分为接车作业、发车作业和通过作业等。接车进路是为实现接车作业而形成的进路;发车进路是为实现发车作业而形成的进路;通过进路是为实现通过作业而形成的进路。

凡是调车车列为完成调车作业所经过的进路,称为调车进路。调车作业是指车站为完成列车的解体、编组、取送、摘挂等作业,调车车列有目的的移动。车站办理调车作业时,由于不同作业的需要,调车车列须由一点运行至另一点。在调车车列移动的过程中,均应保证调车车列的安全。

2. 基本进路和迂回进路(变通进路)

依次按下进路的始、终端按钮后所选定的一条进路叫基本进路。基本进路是运行条件最好、走行距离最短、对其他进路作业影响最小的较合理的一条进路。

有的站场由于线路配置的原因,除了基本进路之外还可能有第二条(甚至第三条)通路可走,第二条(第三条)就叫迂回进路或变通进路。如图2-5所示,车站4道下行方面的接车进路即有两条通路,第一条经由1/3、5/7、25/27 号道岔定位,9/11 号道岔反位,17 号道岔定位;第二条经由1/3 号道岔反位,19、9/11 及 17 号道岔定位。第一条被确定为基本为基本进路,第二条就是迂回进路或变通进路。办理第一条进路时,只需依次按下下行列车进路按钮XLA 和上行 4 道列车进路按钮 SLA;办理第二条进路时,还需要附加一些手续,否则进路就不能排出。

变通进路按照其形状可分为三种:

①平行变通进路,如图2-6所示,经由(9/11)改为 (1/3)号道岔进4 道的进路。

②八字形变通进路。如图2-6所示,经由(1/3)、(5/7)号道岔进Ⅱ道的进路。

③"～"形变通进路,如图2-6 所示,经由(1/3)、(5/7)、(9/11)、(13)号道岔进4 道的进路。

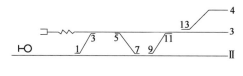

图 2-6　变通进路

设计变通进路的目的是为了提高作业效率,增加列车或调车车列运行的灵活性。当基本进路上的道岔发生故障、道岔被挤、有机车车辆占用或轨道电路发生断轨等原因,不能开通基本进路时,可以开通变通进路,使列车或调车车列迂回前进而不致受阻。当基本进路不能使用时,就要考虑选用变通进路,但必须考虑列车或调车车列运行的安全。第②种、第③种变通进路方式,存在危险,规章规定不允许使用。

3. 敌对进路

车站办理进路,就是将有关道岔转换到进路要求的位置并锁闭,开放防护进路的信号。

但是有些进路如果同时建立会造成列车或调车车列冲突的危险,这样的进路互为敌对进路。两条敌对进路一定有重叠部分,而且不能用道岔位置区分开。下列进路规定为敌对进路:

①同一到发线对向的列车进路。如图 2-5 所示,上行 1 道的接车进路与下行 1 道的接车进路,下行 1 道的发车进路与上行 1 道的接车进路。

②同一到发线对向的接车进路与调车进路。

③同一咽喉区对向重叠的列车进路或调车进路。如图 2-5 所示,Ⅱ道下行发车进路与由 Ⅱ 道向 D_2(顺向重叠),或由 D_2 向 Ⅱ 道(对向重叠)的调车进路;从 D_2 向 4G 与 D_5 向 D_1 的调车进路(对向重叠)。

④同一咽喉区对向重叠或顺向重叠的列车进路与调车进路。如图 2-5 所示,下行Ⅱ道的接车进路与由 D_2 向 Ⅱ 道的调车进路。

⑤当进站信号机外方制动距离内接车方向为超过 6‰ 下坡道,而该下坡道方向的接车线终端没有隔开设备时,该下坡道方向的接车进路与另一咽喉的接车进路、调车进路、非同一到发线顺向的发车进路。如图 2-7 所示,Ⅰ道上行的接车进路与Ⅱ、3 道下行的接车进路或Ⅱ、3 道上行的发车进路均构成敌对进路。

图 2-7 进站信号机外方制动距离内接车方向为超过 6‰ 下坡道

⑥防护进路的信号机设置在侵限绝缘处,禁止同时开通的进路。

侵限绝缘是指在设有轨道电路的线路上,当一个绝缘节距警冲标的距离小于 3.5m 时,这个绝缘节称为侵限绝缘。这是因为当侵限绝缘附近轨道上停留机车车辆时,虽然轮对未压上轨道绝缘,但机车车辆端部可能已经超过了警冲标,进入邻线的机车车辆限界。如防护进路的信号机设置在此,与此信号机处相关的进路会互为敌对进路,信号机不允许同时开放。

如图 2-8 所示,由于 D_{10} 处为侵限绝缘,则 $S_Ⅲ$ 至 D_8 调车进路与 D_2 至 D_{10}、D_4 至 D_{10} 调车进路为敌对进路。

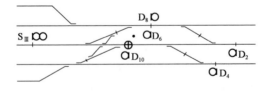

图 2-8 侵限绝缘

因车辆停留在 D_{10} 信号机前方时,如建立 $S_Ⅲ$ 至 D_8 或 D_6 至 ⅢG 调车进路,均可能会发生侧面冲突事故。

⑦当无岔区段较短时,由两端向该无岔区段的调车进路为敌对进路。此种情况常出现

在货物线、联络线及中岔前后。如图 2-5 所示，由 D_{25} 向 S_1D 与由 D_{17} 向 D_{21}、由 D_3 向 D_{17} 与 S_1D 向 D_9 的进路均属敌对进路。是否准许由两端同时向货物线调车，各站情况有所不同，有个别站能同时排出从两端向货物线的调车进路，有的铁路局《车站行车组织规则》规定划区的同一线路上，禁止两端同时对向调车作业。

单元 2.2　联锁及联锁图表识别

  任务目标

1. 什么是联锁？联锁技术条件有哪些？
2. 简述联锁基本内容。
3. 联锁设备有哪几种？它们有哪些主要区别？
4. 简述确定道岔定位的原则。
5. 什么是联锁表？在车站控制台上如何辨别联锁关系？

  任务实施

1. 下发任务目标，明确任务内容及考核方式，学生课前按要求预习。
2. 教师先介绍相关设备，演示操作，确定任务实施方式和人员分工，学生分组讨论并操作。
3. 学生自行总结基本知识。

  知识准备

一、联锁及联锁设备的基本条件

1. 联锁

如图 2-9 所示，当开放 X_{II}，由 Ⅱ 道发车时，如果 2 号道岔在开通 Ⅰ 道的位置就必然会挤道岔。接车时，如果进站信号 X 和 S 都同时向 Ⅱ 道开放，就会造成正面冲突。所以为了保证行车安全，要求在开放信号前，首先必须保证道岔位置正确，且与之有敌对关系的所有信号都不能开

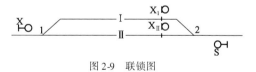

图 2-9　联锁图

放；反之，信号开放以后，进路上的道岔也不能再被扳动，与其敌对的信号也不能开放。换句话说，为了保证行车安全，车站上的道岔与信号机之间、信号机与信号机之间必须建立一种互相依存、互相制约的关系，这种关系就叫联锁。实现联锁关系的技术装备就叫联锁设备。

2. 联锁的基本条件

联锁的基本条件包括：防止建立会导致机车车辆相冲突的进路；必须使列车或调车车列经过的所有道岔均锁闭在与进路开通方向相符合的位置；必须使信号机的显示与所建立的

进路相符。

进路上各区段空闲时才能开放信号,这是联锁最基本的技术条件之一。如果进路上有车占用,却能开放信号,则会引起列车、调车车列与原停留车冲突。这是绝对不容许的。

进路上有关道岔在规定位置才能开放信号,这是联锁最基本的条件之二。如果进路上有关道岔开通位置不对却能开放信号,则会引起列车、调车车列进入异线或挤坏道岔。信号开放后,其防护的进路上的有关道岔必须被锁闭在规定位置,而不能转换。

敌对信号未关闭时,防护该进路的信号机不能开放,这是联锁最基本的技术条件之三。否则列车或调车车列可能造成正面冲突。信号开放后,与其敌对的信号也必须被锁闭在关闭状态,不能开放。

二、联锁关系的基本内容

进路是由道岔的位置所决定的,在进路的入口处设有信号机进行防护。所谓建立进路,就是把进路上的道岔扳到进路所要求的位置上,然后再将该进路的防护信号机开放。若道岔位置不对,则不准信号机开放。但一旦信号机开放后就不准许进路上的道岔再变换位置,直至信号机关闭,列车或机车车辆越过道岔,该道岔区段解锁为止。

上行或下行列车进路,它们分别由上下行两架信号机防护。在开放上行信号机以前,下行信号机必须在关闭状态。一旦上行信号机开放,就要防止下行信号机再开放,直至上行列车驶入进路且上行信号机关闭以后,机车车辆本身将这条进路控制住,才能解除对下行信号机的控制。

所谓联锁必然存在于两个对象之间。例如上述道岔和信号机之间有联锁、上行信号机与下行信号机之间有联锁等。联锁既然存在于两个对象之间,且又是相互制约的,所以在一般情况下是互锁的。如道岔不扳在规定位置,把信号机锁在关闭状态,而一旦信号机开放,信号机又把道岔锁在规定位置上。这样做的理由很简单,若信号机不锁道岔,在信号机开放后,道岔仍可变换位置,则道岔锁信号机就没有意义了。因为在信号机开放以前道岔位置虽然正确,但信号开放以后,道岔仍可扳到错误的位置上去。

三、联锁设备

1. 联锁设备分类

控制车站的道岔、进路和信号,并实现它们之间联锁关系的设备,称为联锁设备。联锁设备可以采用机械、机电或电气的方法来实现,可以分散控制也可以集中控制。按照对道岔和信号机的操纵方式不同,联锁设备可分为非集中联锁和集中联锁两大类。

(1)电锁器联锁

电锁器联锁是一种非集中联锁设备,它由电锁器和继电器电路实现主要联锁关系,人工利用带电锁器的道岔握柄在现场就地操纵道岔,信号机采用色灯信号机或臂板信号机。这种联锁设备作业效率低,行车人员劳动强度大,无法与现代化信号系统结合,因此大部分已被集中联锁设备代替。

(2)继电联锁

用电气的方法集中控制和监督全站的道岔、进路和信号机,并实现它们之间的联锁,称为电气集中联锁。若是用继电器组成的电路来进行控制并实现联锁,称为继电式电气集中联锁,简称继电联锁。继电联锁采用色灯信号机,道岔由转辙机转换,进路上所有区段均设有轨道电路,在信号楼进行集中控制和监督。

电气集中联锁把全部道岔、进路和信号集中起来控制和监督,在一定程度上实现了站内行车指挥的自动控制,能准确及时地反映现场行车情况,不再需要分散控制时所需的联系时间,而且完全清除了因联系错误引起的事故,因而大大提高了行车安全程度和作业效率,并且极大地改善了行车人员的劳动条件。电气集中联锁具有操作简便、办理迅速、表示完善、安全可靠等优点。

继电联锁具有操作简便、办理迅速、安全可靠等优点,但由于其功能不够完善,不便于与现代化信息系统联网,不适应铁路现代化的需要,正逐步被计算机联锁取代。

(3)计算机联锁

计算机联锁利用计算机实现车站的联锁关系,用继电电路作为计算机主机与室外信号机、转辙机、轨道电路的接口设备,操作人员通过显示器、鼠标等设备实现对现场设备的控制和监督。

计算机联锁充分发挥了计算机的特长,在安全性、可靠性和经济性方面超过了电气集中联锁,操作表示功能完善,便于与TDCS、CTC等系统连接,便于实现信号设备的远程监督、远程控制和自动控制,是车站联锁设备的发展方向。

2.联锁设备功能

联锁设备能够响应来自CTC或车站值班员的进路命令,在满足安全的前提下,控制进路、道岔和信号机,并将进路、轨道电路、道岔和信号机的状态信息提供给列车运行超速防护系统(ATP)等设备。

联锁功能如下:

①联锁逻辑运算:接收CTC或车站值班员的进路命令,进行联锁逻辑运算,实现对道岔和信号机的控制。

②轨道电路信息处理:处理列车检测功能的输出信息,以提高列车检测信息的完整性。

③进路控制:设定、锁闭和解锁进路。

④道岔控制:解锁、转换和锁闭道岔。

⑤信号机控制:确定信号机的显示。

3.联锁设备的基本要求

联锁设备应符合下列规定:

①确保进路上进路、道岔、信号机之间的联锁。联锁条件不符时,禁止进路开通。敌对进路必须相互照查,不得同时开通。

②装设引导信号的信号机因故不能开放时,应通过引导信号实现列车的引导作业。

③应能办理列车和调车进路,根据需要设置相应的防护进路。

④联锁设备宜采用进路操纵方式。根据需要联锁设备可实现车站有关进路的自动排列。

⑤进路解锁宜采用分段解锁方式。锁闭的进路应能随列车正常运行自动解锁、人工办

理取消进路和限时解锁并应防止错误解锁。限时解锁时间应确保行车安全。

⑥联锁道岔应能单独操纵和进路选动。影响行车效率的联动道岔宜采用同时启动方式。

⑦联锁设备的操纵宜选用控制台。控制台上应设有意义明确的各种表示,用以监督线路及道岔区段占用、进路锁闭及开通、信号开放和挤岔、遥控和站控等。

⑧车站联锁主要控制项目包括列车进路、引导进路、进路的解锁和取消、信号机关闭和开放、道岔操纵及锁闭等。

四、联锁图(表)作用及识别

联锁图(表)是说明车站联锁关系的图表,它由一张车站信号、道岔配置关系示意图和一份说明其相互关系的联锁表组成。从表上可以看出办理进路时,应先按哪个按钮,后按哪个按钮,哪些道岔在什么位置,信号机显示什么灯光,哪些信号是敌对的,以及该进路建立时必须空闲的轨道区段等。

1. 信号平面布置图

信号平面布置图是编制联锁表的主要依据,主要包括以下内容:

①正线和到发线接车方向,区间线路及机车走行线的运行方向。

列车运行方向原则上以开往北京方向为上行。信号平面图中自左向右为下行方向,自右向左为上行方向。区间线路正方向用实心箭头表示,反方向用空心箭头表示。

②线路布置及股道编号。

股道编号:单线区段内的车站,从靠近站舍的线路起,向远离站舍的方向顺序编号。双线区段内的车站,从正线起顺序编号,上行为双号,下行为单号。编号时,正线使用罗马数字,到发线使用阿拉伯数字。如附图1所示(见插页),全站有五股道,Ⅰ、Ⅱ、Ⅲ股道为正线,4、5股道为到发线。

车站股道应用箭头表明其允许接车的方向。

除股道外,车站线路还包括调车线、货物线、安全线、避难线、专用线、机待线、机车走行线、段管线等。

③道岔及其编号。

排列进路的目的之一就是改变进路上有关道岔的位置。每个道岔有定位和反位两个位置,道岔经常向某一线路开通的位置称为定位,为排列进路向另一线路开通的位置称为反位。

对道岔定位规定如下:

a. 单线车站正线进站道岔,为由车站两端向不同线路开通位置。

b. 双线车站正线进站道岔,为各该正线开通的位置。

c. 区间内正线道岔及站内正线上其他道岔(引向安全线、避难线的除外),为正线开通的位置。

d. 引向安全线、避难线的道岔,为开通安全线、避难线的位置。

e. 其他由车站负责管理的道岔,由车站规定。

道岔的编号由上行列车到达方向起顺序编为双号,由下行列车到达方向起顺序编为单号,编号使用阿拉伯数字,联动道岔必须连续编号。

每个车站的道岔编号及定位的规定在《车站行车工作细则》(简称《站细》)中有具体说明。

④信号机编号。参见模块1。

⑤轨道电路区段编号。参见模块1。

⑥车站名称。

⑦信号楼(或车站值班员室)。

⑧信号楼(或车站值班员室)中心公里数、联锁道岔和信号机距信号楼(或车站值班员室)中心的距离。

⑨进站信号机外方制动距离内有超过6‰下坡道时的换算坡度数。

⑩道岔类型及股道有效长度统计表。

2. 联锁表

为了识别联锁图表,结合附图1将一些规定的符号说明如下。联锁表见表2-1。

(1)方向栏。填记进路性质(接车、发车、通过及调车)和运行方向。

(2)进路栏。逐条列出车站范围内的全部基本进路,在较大的车站,列车进路可能同时存在两种以上方式,除列出基本进路外,还应列出一条推荐的变通进路,填写方式如下:

①将列车接入×股道时记作:"至×股道"。例如,北京方面接车至5股道。

②将列车由×股道发车时记作:"由×股道"。例如,由4股道向东郊方面发车。

③通过进路记作:"经×股道向××方向通过"。例如,北京方面经Ⅲ道向天津方面通过。

④由D××信号机调车记作"由D××",其中:调车至另一顺向调车信号机时,记做"至D××",例如由D_1至D_9调车;调车至股道记作"至×股道",例如由D_{11}至5股道调车;向尽头线、专用线、机务段、进站口及出站口等处调车时,填记该处向集中区调车的调车信号机名称,记作"向D××",例如由D_5向D_1调车;当进站信号机内方仅能作调车终端时,应记做"至×进站信号机",例如由D_{17}向X_D信号机调车。

(3)进路方式栏:在有变更进路的情况下,基本进路为方式1,变更进路为方式2。

(4)排列进路按下按钮栏。顺序填写排列该进路所需按下的按钮名称。本栏列出了排列该条进路时应顺序按压的按钮名称。按钮的名称由汉语拼音的第一个字母组成。

字母的基本含义是:

X-下行,S-上行;L-列车,D-调车,A-按钮,T-通过,Z-终端。

下标表示股道,如S_1表示上行1道。

由此可知,XLA表示下行列车按钮;SDZA表示上行调车终端按钮;S_1DA表示上行1道调车按钮。

(5)确定运行方向道岔栏。在有迂回进路的情况下,列出决定进路方向的道岔位置。

(6)信号机栏。列出了进路建成后防护该进路的信号机的显示状态。表示方式为L-绿灯;B-白灯;U-黄灯;UU-两个黄灯。

(7)道岔栏。列出了进路建立后,进路中各道岔以及防护道岔的位置。无"( )"表示道岔定位,加"( )"表示反位;加"{ }"表示将××道岔带动到定位;加"{( )}"表示将××道岔带动到反位。

联锁表

表 2-1

列车进路			进路方式	排列进路按下按钮	确定运行方向道岔	信号机名称	信号机显示	表示器	道岔	敌对信号	轨道区段	迎面进路 列车	迎面进路 调车	其他联锁	进路号码
东郊方面	接车	至5股道		X_DLA, S_5LA		X_D	U, U		5/7, 9/11, 13/15, (21)	D_{11}, S_5	7DG, 11-13DG, 21DG, (23/25)25DG, 5G	5G	5G		1
		至Ⅲ股道		$X_DLA, S_ⅢLA$		X_D	U		5/7, 9/11, 13/15, 21, 23/25	$D_{11}, S_Ⅲ$	7DG, 11-13DG, 21DG, 25DG, ⅢG	ⅢG	ⅢG		2
		至Ⅰ股道		$X_DLA, S_ⅠLA$		X_D	U, U		5/7, [9/11], (13/15), 17/19, 23/25	$D_{11}, D_{13}, S_Ⅰ$	7DG, 11-13DG, 9-15DG, 17-23DG, ⅠG	ⅠG	ⅠG		3
		至Ⅱ股道		$X_DLA, S_ⅡLA$		X_D	U, U		5/7, [9/11], (13/15), [17/19], {23/25}, 27	$D_{11}, D_{13}, S_Ⅱ$	7DG, 11-13DG, 9-15DG, 17-23DG, ⅡG	ⅡG	ⅡG		4
		至4股道		X_DLA, S_4LA		X_D	U, U		5/7, [9/11], (13/15), [17/19], {23/25}, (27)	D_{11}, D_{13}, S_4	7DG, 11-13DG, 9-15DG, 17-23DG, 4G	4G	4G		5
	发车	由5股道		S_5LA, X_DLA		S_5	L	B-C	(21), 13/15, 9/11, 5/7	D_{11}, S_5D	21DG, ⟨23/25⟩25DG, 11-13DG, 7DG			BS	6
		由Ⅲ股道		$S_ⅢLA, X_DLA$		$S_Ⅲ$	L 或 LU	B-C	23/25, 21, 13/15, 9/11, 5/7	$D_{11}, X_D, S_ⅢD$	25DG, 21DG, 11-13DG, 7DG			BS	7
		由Ⅰ股道		$S_ⅠLA, X_DLA$		$S_Ⅰ$	L	B-C	23/25, 17/19, [13/15], [19/17], 5/7	$D_{13}, D_{11}, X_D, S_ⅠD$	17-13DG, 9-15DG, 11-13DG, 7DG			BS	8
		由Ⅱ股道		$S_ⅡLA, X_DLA$		$S_Ⅱ$	L	B-C	27, (17/19), (23/25), [13/15], 5/7	$D_{13}, D_{11}, X_D, S_ⅡD$	19-27DG, 17-23DG, 9-15DG, 11-13DG, 7DG			BS	9
		由4股道		S_4LA, X_DLA		S_4	L	B-C	(27), (17/19), {23/25}, [9/11], [13/15], 5/7	$D_{13}, D_{11}, X_D, S_4D$	19-27DG, 17-23DG, 9-15DG, 11-13DG, 7DG			BS	10
北京方面	正方向发车	由5股道	1	S_5LA, X_FLA	(23/25)	S_5	L 或 LU	B-A	(2.), [13/15], (9/11), (1/13)	$D_{13}, D_{11}, X_F, S_5D$	21DG, ⟨21⟩21DG, 11-13DG, 9-15DG, 9-15DG, ⟨5/7⟩5DG, ⅡAG			BS	11
		由Ⅲ股道		$S_ⅢLA, X_FLA$		$S_Ⅲ$	L 或 LU	B-A	(25/25), 17/19, 13/15, 9/11, (1/3)	$D_{13}, D_{11}, X_F, S_ⅢD$	25DG, 3DG, 1DG, ⟨5/7⟩5DG, ⅡAG			BS	12
		由Ⅲ股道	2	$S_ⅢLA, BA, X_FLA$	23/25	$S_Ⅲ$	L 或 LU	B-A	23-25, 21, [13/15], 9/11, (./3)	$D_9, D_7, D_1, X_F, S_ⅢD$	25DG, 21DG, 11-13DG, 9-15DG, 3DG, 1DG, ⟨5/7⟩DG, ⅡAG			BS	13

模块2 联锁设备

续上表

方向		进路	进路方式	排列进路按下按钮	确定运行方向道岔	信号机名称	信号机显示	表示器	道岔	敌对信号	轨道区段	迎面进路 列车	迎面进路 调车	其他联锁	进路号码
列车进路	北京方面 正方向发车	由Ⅰ股道		S_ILA, X_FLA		S_I	L或LU或U	B-A	23/25, 17/19, 13/15, 9/11, 1/3	$D_{13}, D_9, D_7, D_1, X_F, S_ID$	17-23DG, 9-15DG, 3DG, 1DG, ⅡDG			BS	14
		由Ⅱ股道		$S_{Ⅱ}LA, X_FLA$		$S_Ⅱ$	L或LU或U	B-A	27, 17/19, 1/3	$D_{15}, D_5, D_1, X_F, S_ⅡD$	19-27DG, 1/19WG, 1DG, ⅡAG			BS	15
		由4股道		S_4LA, X_FLA		S_4	L或LU或U	B-A	(27), 17/19, 1/3	$D_{15}, D_5, D_1, X_F, S_4D$	19-27DG, 1/19WG, 1DG, ⅡAG			BS	16
		由5股道	1	S_5LA, XLA	(5/7)	S_5	L	B-B	(21), 9/11, 13/15, (5/7)	D_{11}, D_3, S_5D	21DG, 〈23/25〉25DG, 11-13DG, 7DG, 5DG, 3DG, ⅠAG			BS	17
		由5股道	2	S_5LA, D_7A 或 D_9A, XLA	5/7	S_5	L	B-B	(21), [13/15], (9/11), 1/3, 5/7	D_9, D_7, D_3, XS_5D	21DG, 〈23/25〉25DG, 11-13DG, 9-15DG, 3DG, 5DG, ⅠAG			BS	18
	反方向发车	由Ⅲ股道	1	$S_ⅢLA, XLA$	(23/25)	$S_Ⅲ$	L	B-B	(23/25), 17/19, 13/15, 9/11, 1/3, 5/7	$D_{13}, D_9, D_7, D_3, X, S_ⅢD$	25DG, 〈23/25〉25DG, 17-23DG, 9-15DG, 3DG, 5DG, ⅠAG			BS	19
		由Ⅲ股道	2	$S_ⅢLA, BA, XLA$	23/25	$S_Ⅲ$	L	B-B	23/25, 21, [13/15], (9/11), 1/3, 5/7	$D_9, D_7, D_3, XS_ⅢD$	25DG, 21DG, 11-13DG, 9-15DG, 3DG, 5DG, ⅠAG			BS	20
		由Ⅰ股道		S_ILA, XLA		$S_Ⅰ$	L	B-B	23/25, (17/19), 13/15, 9/11, 1/3, 5/7	$D_{13}, D_9, D_7, D_3, X, S_ID$	17-23DG, 9-15DG, 3DG, 5DG, ⅠAG			BS	21
		由Ⅱ股道		$S_ⅡLA, XLA$		$S_Ⅱ$	L	B-B	27, (17/19), 13/15, 9/11, 1/3, 5/7	$D_9, D_7, D_7, D_3, X, S_ⅡD$	19-27DG, 17-23DG, 9-15DG, 3DG, 5DG, ⅠAG			BS	22
		由4股道		S_4AL, XLA		S_4	L	B-B	(27), (17/19), 13/15, 9/11, 1/3, 5/7	$D_{13}, D_9, D_7, D_3, X, S_4D$	19-27DG, 17-23DG, 9-15DG, 3DG, 5DG, ⅠAG			BS	23
	正方向接车	至5股道	1	XLA, S_5LA	(5/7)	X	U, U		(5/7), 9/11, 13/15, (21)	D_3, D_{11}, S_5D	ⅠAG, 5DG, 〈1/3〉3DG, 7DG, 11-13DG, 21DG, 〈23/25〉25DG, 5G	5G			24
		至5股道	2	XLA, D_7A 或 D_9A, S_5LA	5/7	X	U, U		5/7, 1/3, (9/11), [13/15], (21)	D_3, D_7, D_9, S_5D	ⅠAG, 5DG, 3DG, 〈23/25〉25DG, 5G	5G			25
		至Ⅲ股道	1	$XLA, S_ⅢLA$	(23/25)	X	U, U		5/7, 1/3, 9/11, 13/15, 17/15, (23/25)	$D_3, D_7, D_9, D_{13}, S_ⅢD$	ⅠAG, 5DG, 3DG, 9-15DG, 17-23DG, 〈21〉21DG, ⅢG	ⅢG			26

47

续上表

进路号码	其他联锁	迎面进路		轨道区段	敌对信号	道岔	表示器	信号机		确定运行方向道岔	排列进路按下按钮	进路方式	进路		方向
		列车	调车					名称	显示						
27		ⅢG	ⅢG	ⅠAG,5DG,⟨1/3⟩3DG,7DG,11-13DG,21DG,25DG,ⅢG	D_3,D_{11},$S_{Ⅲ}$D	(5/7),13/15,9/11,17/19,21,23/25		X	U,U	(5/7)	XⅢLA,D_{11},A,$S_{Ⅲ}$LA	2	至Ⅲ股道	正方向接车	北京方面 列车进路
28		ⅠG	ⅠG	ⅠAG,5DG,3DG,9-15DG,17-23DG,ⅠG	D_3,D_7,D_9,D_{13},$S_{Ⅰ}$D	5/7,1/3,9/11,13/15,17/19,23/25		X	U		XⅠLA,$S_{Ⅰ}$LA		至Ⅰ股道		
29		ⅡG	ⅡG	ⅠAG,5DG,3DG,9-15DG,17-23DG,19-27DG,ⅡG	D_3,D_7,D_9,D_{13},$S_{Ⅱ}$D	(17/19),9/11,13/15,(27)		X	U,U		XⅡLA,$S_{Ⅱ}$LA		至Ⅱ股道		
30		4G	4G	ⅠAG,5DG,3DG,9-15DG,17-23DG,19-27DG,4G	D_3,D_7,D_9,S_4D	5/7,1/3,9/11,13/15,(17/19),23/25		X	U,U		XⅢLA,S_4LA		至4股道		
31		5G	5G	ⅡAG,1DG,3DG,⟨5/7⟩5DG,9-15DG,11-13DG,21DG,⟨23/25⟩25DG,5G	D_1,D_7,D_9,S_5D	(1/3),(9/11),[13/15],⟨21⟩		X_F	U,U		X_FⅠLA,S_5LA	1	至5股道	反方向接车	
32		ⅢG	ⅢG	ⅡAG,1DG,3DG,⟨5/7⟩5DG,9-15DG,11-13DG,21DG,25DG,ⅢG	D_1,D_7,D_9,$S_{Ⅲ}$D	(1/3),(9/11),13/15,17/19,(23/25)	23/25	X_F	U,U	(23/25)	X_FⅢLA,BA,$S_{Ⅲ}$LA	2	至Ⅲ股道		
33		ⅠG	ⅠG	ⅡAG,1DG,3DG,⟨5/7⟩5DG,9-15DG,11-13DG,21DG,25DG,ⅠG	D_1,D_7,D_9,$S_{Ⅰ}$D	(1/3],2,23/25	23/25	X_F	U,U	23/25	X_FⅠLA,$S_{Ⅰ}$LA		至Ⅰ股道		
34		ⅡG	ⅡG	ⅡAG,1DG,3DG,⟨5/7⟩5DG,9-15DG,17-23DG,ⅠG	D_1,D_7,D_9,D_{13},$S_{Ⅰ}$D	(1/3),9/11,13/15,17/19,23/25		X_F	U,U		X_FⅠLA,$S_Ⅰ$LA		至Ⅱ股道		
35		ⅢG	ⅢG	ⅡAG,1DG,1/19WG,19-27DG,ⅡG	D_1,D_5,D_{15},$S_{Ⅱ}$D	1/3,17/19,27		X_F	U		X_FⅢLA,S_4LA		至Ⅲ股道		
36		5G	5G	ⅡAG,1DG,1/19WG,19-27DG,4G	D_1,D_5,D_{15},S_4D	1/3,17/19,(27)		X_F	U		X_FⅠLA,S_4LA		至4股道		
28/81	BS		ⅠG	ⅠAG,5DG,3DG,ⅠG,9-15DG,17-23DG,ⅠG,16-18DG,8-10DG,4DG	D_1,D_5,D_7,D_9,D_{13},$S_Ⅰ$D,X_1D,D_{12},D_{10},D_8	5/7,1/3,9/11,13/15,17/15,23/25,16,6/8,10/12,2,2-4		X_1/X_1	L或LU/L或LU	/B-B	XTA,S_FLA		经Ⅰ股道向天津方面	通过	

模块 2 联锁设备

续上表

方向		进路	进路方式	排列进路按下按钮	确定运行方向道岔	信号机名称	信号机显示	表示器	道岔	敌对信号	轨道区段	迎面进路 列车	迎面进路 调车	其他联锁	进路号码
方向															
列车进路	北京方面		经Ⅱ股道向天津方面通过	X_FLA、SLA		$X_F/X_Ⅱ$	L/L	/B-A	1/3、17/19、27、14、10、12、6、8	D_1、D_5、D_{15}、$S_ⅡD$、$X_ⅡD$、D_6	ⅡAG、1DG、1/19WG、19-27DG、ⅡG、14DG、6-12DG、ⅡDG		ⅡG	BS	35/85
		D_1 至 D_9		D_1A、D_7A		D_1	B		(1/3)	D_7、〈(1/3)〉S_5L、$S_ⅡL$、S_4L	1DG、3DG、〈(5/7)〉5DG				37
		D_3 至 D_{15}		D_1A、D_5A		D_1	B		1/3	D_5、〈(19)〉$S_Ⅱ$、S_4	1DG				38
		D_5 至 D_9		D_3A、D_7A		D_3	B		5/7、1/3	D_7、X	5DG、3DG				39
		D_7 至 D_{11}		D_3A、$D_{11}A$		D_3	B		(5/7)	X、〈(5/7)〉S_5D、$S_ⅡD$、S_4D	5DG、7DG、〈(1/3)〉3DG				40
		D_9 向 D_1		D_5A、D_1A		D_5	B		1/3	D_1〈(19)〉$S_ⅡL$、S_1L、$S_ⅡL$、S_4L	1DG				41
		向 D_1		D_7A、D_1A		D_7	B		(1/3)	D_1、〈(1/3)〉S_5L、$S_ⅢL$、S_1L、$S_ⅡL$、S_4L、X_F	3DG、1DG、〈(5/7)〉5DG				42
		向 D_3		D_7A、D_3A		D_7	B		1/3、5/7	D_3、X	3DG、5DG				43
调车进路		至 5 股道		D_9A、S_5DA		D_9	B		(9/11)、[13/15]、(21)	D_{17}、〈9〉X、$S_Ⅲ$、S_1、S_4	9-15DG、11-13DG、21DG	5G			44
		至 5 股道		$D_{11}A$、S_5DA		D_{11}	B		9/11、13/15、(21)	S_5、X_D、〈13〉X	9-15DG	5G			45
		至 Ⅲ 股道		$D_{11}A$、$S_ⅢDA$		D_{11}	B		9/11、13/15、21、23/25	S_5、X_D、〈13〉X	11-13DG、21DG、〈23/25〉25DG		ⅢG		46
		至 Ⅲ 股道		$D_{11}A$、$D_{13}A$		D_{11}	B		[9/13]、〈13/15〉	$S_Ⅲ$、X_D、25DG	11-13DG、21DG、25DG		ⅢG		47
		至 D_{13}		$D_{13}A$、$S_ⅢDA$		D_{13}	B		17/19、(23/25)	X_D、〈(13/15)〉$S_Ⅲ$、S_1、$S_Ⅱ$、S_4	11-13DG、9-15DG		ⅢG		48
		至 Ⅲ 股道		$D_{13}A$、S_1DA		D_{13}	B		17/19、23/25	$S_Ⅲ$、〈17〉X_D、X	17-23DG、25DG、〈21〉21DG		ⅢG		49
		至 Ⅰ 股道							17/19、23/25	S_1、〈17〉X_D、X	17-23DG		ⅠG		50

续上表

方向	进路	进路方式	排列进路按下按钮	确定运行方向道岔	信号机名称	信号机显示	表示器	道岔	敌对信号	轨道区段	迎面进路 列车	迎面进路 调车	其他联锁	进路号码
D_{13}	至Ⅱ股道		$D_{13}A、S_{II}DA$		D_{13}	B		(17/19)、(23/25)、27	$S_{II}、⟨17⟩X_D、X$	17-23DG,19-27DG	ⅡG			51
	至4股道		$D_{13}A、S_4DA$		D_{13}	B		17/19、(23/25)、(27)	$S_4、⟨17⟩X_D、X$	17-23DG,19-27DG	4G			52
D_{15}	至Ⅱ股道		$D_{25}A、S_{II}DA$		D_{15}	B		17/19、27	S_{II}	19-27DG	ⅡG			53
	至4股道		$D_{15}A、S_4DA$		D_{15}	B		17/19、(27)	S_4	19-27DG	4G			54
调车进路	至X_D		$S_5DA、X_DDZA$		S_5	B		(21)、13/15、9/11、5/7	$X_D、D_{11}、S_5L$	21DG、⟨23/25⟩、25DG、11-13DG、7DG				55
S_5D	向D_3		$S_5DA、D_3A$		S_5	B		(21)、13/15、9/11、(5/7)	$X_D、D_{11}$	21DG、⟨23/25⟩、25DG、⟨1/3⟩3DG				56
	至D_7		$S_5DA、D_9A$		S_5	B		(21)、[13/15]、(9/11)	$D_9、S_5L、X、⟨(1/3)⟩X_F$	21DG、⟨23/25⟩、25DG、9-15DG				57
$S_{III}D$	至D_7		$S_{III}DA、S_5DZA$		S_{III}	B		23/25、21、13/15、9/11	$D_9、D_{11}、S_{III}L$	25DG、21DG、11-13DG、9-15DG				58
	至X_D		$S_{III}DA、D_9A$		S_{III}	B		⟨23/25⟩、17/19、13/15、9/11	$D_9、D_{13}、S_{III}L、⟨5⟩X、⟨(1/3)⟩X_F$	25DG、⟨21⟩、21DG、17-23DG、11-13DG、9-15DG				59
	至D_7		$S_1DA、D_7DZA$		S_1	B		23/25、17/19、13/15、[9/15]、5/7	$D_9、D_{11}、D_{13}、S_1L$	17-23DG、9-15DG、11-13DG、7DG				60
$S_{II}D$	至D_7		$S_{II}DA、D_7A$		S_1	B		23/25、17/19、13/15、[9/15]、5/7	$D_9、D_{13}、⟨5⟩X、⟨(1/3)⟩X_F$	17-23DG、9-15DG				61
	至X_D		$S_{II}DA、D_9A$		S_{II}	B		27、(17/19)、(23/25)、(13/15)、5/7	$D_9、D_{13}、S_{II}L$	17-23DG、17-23DG、11-13DG、9-15DG				62
	至X_D		$S_{II}DA、X_DDZA$		S_{II}	B		27、(17/19)、(23/25)、13/15、9/11	$D_9、D_{13}、S_{II}L、⟨5⟩X$	19-27DG、17-23DG、9-15DG				63
	至D_5		$S_4DA、D_{15}DZA$		S_4	B		27 17/19	$D_{15}、S_4L、⟨1/3⟩D_1、⟨1/3⟩X_F$	19-27DG				64
S_4D	至X_D		$S_4DA、D_9A$		S_4	B		(27)、(17/19)、(23/25)、[9/11]、5/7	$X_D、D_{11}、D_{13}、S_4L、⟨5⟩X$	19-27DG、17-23DG、11-13DG、7DG				65
	至D_7		$S_4DA、D_9A$		S_4	B		(27)、[13/15]、9/11	$D_9、D_{13}、S_4L、⟨(1/3)⟩X_F$	19-27DG、17-23DG、9-15DG				66
	至D		$S_4DA、D_{15}A$		S_4	B		(27)、17/19	$D_{15}、S_4L、⟨1/3⟩D_1、⟨1/3⟩X_F$	19-27DG				67

例如:1/3,表示将1/3号道岔锁闭在定位;(5/7),表示将5/7号道岔锁闭在反位。

进路中包括防护道岔、带动道岔时,应填写有关道岔的编号和位置。

① 联动道岔。

排列进路时,几组道岔要定位都要在定位,要反位都要在反位,这些道岔称为联动道岔。渡线两端的道岔,例如站场的1号和3号道岔,1号定位时3号必须在定位,1号反位时3号也必须在反位,即1号道岔和3号道岔是联动道岔,记为1/3,它们必须同时转换,否则不能保证安全。

② 防护道岔。

为了防止侧面冲突,将不在进路上的道岔锁闭在规定位置,这种道岔称为防护道岔。对防护道岔必须进行联锁条件的检查,防护道岔不在防护位置,进路不能建立。

例如,图2-10 a)中办理东郊至4道的接车进路时,为了禁止办理与之交叉的进路,进9/11道岔防护在定位位置,记做[9/11]。

③ 带动道岔。

为了满足平行作业的需要,排列进路时把某些不在进路上的道岔带动到规定位置,并对其锁闭,这种道岔称为带动道岔。对带动道岔无须进行联锁条件检查,即便不能带动到规定位置也不影响进路的建立,它不涉及行车安全,只是影响效率。

例如,图2-10 b)中办理北京至4道的接车进路时,由于17和23道岔均在17-23DG区段中,为了提高车站作业效率,同时将23/25道岔带动至定位,记做|23/25|,这样不影响东郊方面与Ⅲ道之间的接、发车进路的办理。

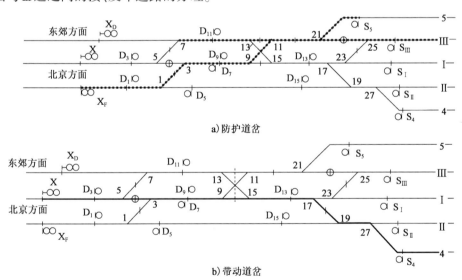

图2-10 防护道岔和带动道岔

(8)敌对信号栏。列出了与本进路相敌对的信号机名称。

(9)轨道电路区段栏。列出了本进路建立时必须空闲的轨道区段名称。

WG表示无岔区段(轨道电路),15/21WG即表示15号道岔和21号道岔之间的无岔区段(轨道电路)。

DG表示道岔区段(轨道电路),3-5DG表示包含3号和5号道岔在内的轨道区段。

G 表示轨道电路,3G 表示 3 道轨道区段轨道电路(两端出站信号机之间的一段)。

(10)迎面进路栏。填写同一到发线上对向列车、调车进路的敌对关系,以线路区段名称表示。

(11)其他联锁栏:

闭塞:BS,表示所排发车进路与邻站间的闭塞关系。

非进路调车:F,表示所排进路与非进路调车敌对。

得到同意:T,表示本联锁区向其他区域排列进路需得到对方同意。

延续进路:Y,表示所排接车进路延续至另一咽喉线路末端。

(12)进路号码栏:本栏将所有进路按顺序编号,先编列车进路,后编延续进路,最后编调车进路。正线通过进路则以接车进路编号作分子、发车进路编号作分母表示。

知识拓展

一、道岔与进路间的联锁

道岔有定位和反位两个工作位置,进路则有锁闭和解锁两个状态。道岔位置正确,进路才能锁闭,进路解锁后,道岔才能改变其工作位置。这就是存在于道岔和进路之间的基本联锁关系,这种关系如果用图表方式表达出来如图 2-11 所示。

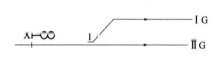

进路号	进路名称	道岔
1	Ⅰ道下行接车进路	(1)
2	Ⅱ道下行接车进路	1

图 2-11 道岔与进路间的联锁

在图 2-11 中,进路 1 是Ⅰ道下行接车进路,进路 2 为Ⅱ道下行接车进路。进路 1 要求道岔 1 在反位;进路 2 要求道岔 1 在定位。从图 2-11 右侧表中看出带括号的代表道岔在反位,不带括号的则表示道岔在定位。表中的意义是,进路 1 与道岔 1 之间有反位联锁关系,即道岔 1 不在反位进路 1 就不能锁闭,反过来进路 1 锁闭后,把道岔 1 锁在反位位置上,不准许道岔 1 再变位。进路 2 与道岔 1 存在着定位锁闭关系,即道岔 1 不在定位,进路 2 就不能锁闭,反之当进路 2 锁闭以后,把道岔 1 锁在定位位置上,不准许道岔 1 再变位。这种定位锁闭关系叫定位锁闭,反位锁闭关系叫反位锁闭。

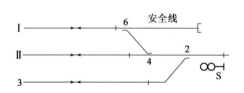

进路号	进路名称	道岔
1	Ⅰ道上行接车进路	2,(4/6)
2	Ⅱ道上行接车进路	2,4/6
3	3道上行接车进路	2,[4/6]

图 2-12 防护道岔

有时,进路范围以外的道岔也与该进路有联锁关系,把这样的道岔叫防护道岔。如

图 2-12 所示,在下行 1 道接车进路的延续进路中有一安全线,它是为接 1 道下行接车进路而设置的。因 X 进站信号机前方制动距离内有较大的下坡道(6‰以上),列车进站后可能停不住车,为防止与上行Ⅱ股道接车进路上的列车发生侧撞事故而考虑的。因此道岔 4/6 虽不在 1 道下行接车进路上,但如果允许在道岔 4/6 反位的情况下建立上行 3 道的接车进路的话,当列车进站,行驶在 2 号道岔期间有可能与下行 1 道的列车相撞,这是很危险的。因此,道岔 4/6 虽属上行 3 道接车进路以外的道岔,也要求道岔 4/6 与上行 3 道的接车进路发生联锁关系,即道岔 4/6 不在定位,禁止进路 3 锁闭(即禁止防护进路 3 的信号机开放),一旦进路 3 锁闭后,禁止道岔 4/6 变位,即把道岔 4/6 锁在定位位置上。很显然,把道岔 4/6 锁在定位后,就使进路 1 与进路 3 隔离开来了,就消除了上述的危险性。

防护道岔与进路的联锁关系,表中用中括号表示,如图 2-12 所示。[4/6]表示道岔与进路 3 为定位锁闭关系,若是反位锁闭,则用[(4/6)]表示。

二、道岔与信号机之间的联锁

因为进路是由信号机防护的,故道岔与进路之间的联锁也可以用道岔与信号机之间的联锁来描述。

如图 2-13 所示,信号机 X 防护着两条进路:一条是Ⅰ道下行接车进路,要求 1 号道岔在反位;另一条是Ⅱ道下行接车进路,要求 1 号道岔在定位。因此信号机 X 与道岔 1 之间的联锁关系,既有定位锁闭关系,又有反位锁闭关系,叫作定反位锁闭,应记作"1,(1)"。

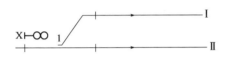

信号机	信号机名称	道岔
X	下行进站信号机	1,(1)

图 2-13 道岔与信号机之间的联锁

定反位锁闭就意味着道岔 1 在定位时,允许信号机 X 开放,在反位时也允许信号机 X 开放。那么可否不采取锁闭措施呢?不可以。因为道岔除定位和反位以外,还有一种非工作状态,即不在定位也不在反位的状态,如道岔不密贴或被挤等。就是说,道岔在不正常状态,是不允许信号机开放的。

三、进路与进路间的联锁

进路与进路之间存在着两种不同性质的联锁关系:一是抵触进路,二是敌对进路。

1. 抵触进路

抵触进路如图 2-14 所示。下行接车进路有三条,即进路 1、进路 2 和进路 3。这三条进路因为要求道岔位置各不相同,且在同一时间只能建立起一条进路来。任何一条进路锁闭以后,在其未解锁以前,由于把有关的道岔锁住了,不可能再建立其他两条进路了,把这样互相抵触的进路叫作抵触进路。

既然抵触进路不能同时建立,那么在抵触进路之间要不要采取锁闭措施呢?回答是不需要。不需要采用锁闭措施的联锁内容,没有必要列在联锁表内。但是,也有一种例外的情况,若信号机与道岔均由扳道员在两个咽喉区分别操纵,车站值班员仅仅用电话指挥,那么肩负行车安全责任的车站值班员无法对扳道员进行有效地控制和监督。因此,在上述情况下值班员室需安装一种用来发送建立进路命令的设备。当值班员操纵一个操纵元件,发出一个电信号。这样扳道员只能按着车站值班员的意图(即按着接收到的电信号)来建立进路,从而受到了控制和监督。但是设在值班员室内的设备必须具备一种功能,即不允许值班员有可能同时发出两个有抵触的进路命令。因为车站值班员若能同时发出两个有抵触进路的命令,例如建立进路1和进路3,则最后决定权还取决于扳道员,这就失去了设置此设备的目的。因此,在值班员室内的设备上要求在抵触进路之间应采取一定的锁闭措施,实施抵触进路之间的联锁。这时,在联锁表内(图2-14)必须把抵触进路也列出来。

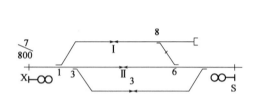

进路号	进路名称	敌对进路	抵触进路
1	Ⅰ道下行接车进路	6	2,3
2	Ⅱ道下行接车进路	4,5,6	1,3
3	3道下行接车进路	4,5,6	1,2
4	3道上行接车进路	2,3	5,6
5	Ⅱ道上行接车进路	2,3	4,6
6	Ⅰ道上行接车进路	1,2,3	4,5

图2-14　进路与进路间的联锁

2. 敌对进路

用道岔位置不能间接控制的两条进路,这两条进路又存在着抵触或敌对关系,称为敌对进路。如图2-14所示,进路5和进路2是敌对进路,进路5和进路3也是敌对进路。进路5是Ⅱ道上行接车进路,进路2是Ⅱ道下行接车进路。它们是同一股道不同方向的接车进路,不能用道岔位置间接控制,允许同时接车有危险,所以这两条进路为敌对进路是很明显的。有时,把进路5和进路2这两条敌对进路叫迎面敌对进路,又因为这两条进路分别属于两个不同的咽喉区,在设置两信号楼时所采取的锁闭措施分别设在两个咽喉区的信号楼内,故进路5和进路2之间锁闭,又称照查锁闭,意思是两信号楼间实行照查。

进路5和进路3虽不属于同一股道的接车进路。但从Ⅰ股道的上行端设有安全线这一点上来看,可知下行列车进站后,因为下坡道的坡度大,有可能到达股道后停不住车,因此,当考虑进路5与进路3是否是敌对进路时应涉及上述不安全因素。很明显,若下行进入3股道的列车停不住车,势必与进入Ⅰ道的上行列车相撞。因此,进路5和进路3是敌对进路。

如图2-15所示,在同一咽喉区也有敌对进路。不过这些敌对进路都属于同一咽喉区的,所以它们之间的锁闭不属于照查锁闭,它们之间实现锁闭比较容易。

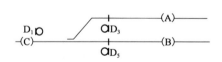

进路号	进路名称	敌对进路
1	由D_1至A	3
2	由D_1至B	4
3	由D_3至C	1
4	由D_5至C	2

图2-15　同一咽喉区的敌对进路

上述抵触进路和敌对进路之间的联锁关系如图 2-14 和图 2-15 所示,都属于定位锁闭而不存在反位锁闭关系。

四、进路与信号机之间的联锁

进路与进路之间的联锁关系如图 2-16 所示,可用进路与信号机之间的联锁关系来描述。因为进路较多时,这样描述较明显,不需要从进路号码中查找进路名称。

如图 2-16 所示,进路 1 是从 D_{21} 信号机至无岔区段 W 的调车进路,D_{23} 信号机所防护的进路与上述进路为敌对进路,所以把 D_{23} 为进路 1 的敌对信号,在联锁表进路 1 的敌对信号栏内记作"D_{23}"。

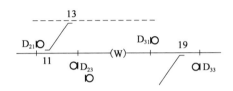

进路号	进路名称	敌对信号
1	D_{21} 至 W	D_{23},<19>D_{33}
2	D_{33} 至 W	D_{31},<11/13>D_{21}

图 2-16 进路与信号机间的联锁

D_{33} 信号机防护着两条进路:一条经由道岔 19 反位;另一条经由道岔 19 定位至无岔区段 W,由于无岔区段一般较短,故禁止同时由两个方向向该无岔区段内调车。即 D_{21} 至 W 的调车进路与 D_{33} 至 W 的调车进路是敌对进路。但这两条敌对进路,只是在道岔 19 在定位时才能构成,反之则构不成。这种有条件的敌对进路在进路 1 的敌对信号栏中记作"<19>D_{33}",如图 2-16 所示。如果记作"<(19)>D_{33}"则说明是反位条件。

同理,进路 2 与调车信号机 D_{21} 也存在着条件敌对关系,故在进路 2 的敌对信号栏内,记有"<11/13>D_{21}"。凡是两对象间存在着一个或几个条件才构成锁闭关系,就是条件锁闭,而这里的条件一般指道岔位置。

五、信号机与信号机间的联锁

既然进路与进路之间联锁可以用进路与信号机间的联锁关系来描述,当然也可以用信号机与信号机间的联锁关系来描述。若以图 2-16 中的四架调车信号机为例,则这四架信号机之间的联锁关系如图 2-17 所示。D_{21} 与 D_{23} 之间的关系是条件联锁,条件是道岔 11/13 定位和道岔 9 定位。

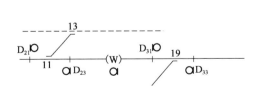

信号机编号	信号机名称	敌对信号 条件	敌对信号 锁闭
D_{21}	调车信号机		D_{23}
		19	D_{33}
D_{23}	调车信号机		D_{21}
D_{31}	调车信号机		D_{33}
D_{33}	调车信号机		D_{31}
		11	D_{21}

图 2-17 信号机与信号机间的联锁

联锁关系的基本内容可以归纳为以下几点:

①当进路上各轨道区段空闲、有关道岔锁闭在规定位置、其敌对信号处于关闭状态时,防护该进路的信号机才能开放;信号机开放后,该进路上的有关道岔不能转换,其敌对信号机不能开放。

②正线上的出站信号机未开放时,同方向的进站信号机不能开放通过信号;主体信号机未开放时,其预告信号机不能开放。

③信号机的显示必须与所防护的进路相符合。

④区间内正线上的道岔未开通正线时,两端站不能开放有关信号机。

单元2.3　6502电气集中联锁设备使用

任务目标

1. 电气集中联锁的室内、室外设备分别有哪些?
2. 什么是进路锁闭? 进路的预先锁闭和接近锁闭有什么不同?
3. 什么是进路的接近区段? 举例说明。
4. 举例说明怎样办理列车进路及其变通进路。
5. 举例说明怎样办理调车进路及其变通进路。
6. 举例说明进路怎样正常解锁。
7. 举例说明怎样办理进路的取消解锁和人工解锁。
8. 举例说明怎样办理区段故障解锁。
9. 什么情况下需要使用引导进路锁闭方式接车? 举例说明怎样办理引导进路锁闭。
10. 什么情况下需要使用引导总锁闭方式接车? 举例说明怎样办理引导总锁闭。

任务实施

1. 下发任务目标,明确任务内容及考核方式,学生课前按要求预习。
2. 教师先介绍相关设备,演示操作,确定任务实施方式和人员分工,学生分组讨论并操作。
3. 学生自行总结基本知识。

知识准备

一、电气集中主要技术特征

电气集中曾有过多种制式,经过多年的使用、改进、完善,6502电气集中被认为是较好的定型电路,得到广泛应用。

6502电气集中是组合式电路。即以道岔、信号机和轨道电路区段为基本单元设计成定型的单元电路,称为继电器组合,简称组合。将各种组合按站场形状拼装起来即成为组合式电路。组合式电气集中具有简化设计、加速施工、工厂预制、便于维修等优点。6502 电气集中几乎是用定型组合拼成的,只需设计少量零散电路。

6502 电气集中采用双按钮选路方式,只需按压两个进路按钮,就能转换道岔、开放信号,无论进路中有多少组道岔均能一次转换,简化了操作手续,提高了效率。

6502 电气集中采用逐段解锁方式。它把进路分为若干段,采用多次分段解锁的方式,即列车或调车车列出清一段解锁一段。

6502 电气集中电路动作层次清晰,各网路线和继电器用途明确。6502 电气集中原是为大站设计的定型电路,后因中、小站电气集中电路有较多缺陷,而 6502 电路较为成熟,为便于维修管理,现电气集中无论车站大小均采用 6502 型。

1. 基本操作原则

6502 电气集中采用双按钮操纵方式,办理进路、取消和人工解锁进路、单独操作道岔都要按压两个按钮才能动作设备,这样可以防止由于误操作按钮造成信号设备错误动作。

2. 接近区段的规定

进路的接近区段,一般指的是信号机外方的第一轨道电路区段。

双线三显示自动闭塞区段的车站,接车进路的接近区段为进站信号机外方的闭塞分区,即二接近区段,如图 2-18 所示。四显示自动闭塞区段的车站,接车进路的接近区段为进站信号机外方的两个闭塞分区。单线半自动闭塞区段,接车进路的接近区段即进站信号机外方的接近轨道电路,如附图 1 中,X_D 的接近区段为 X_DJG。

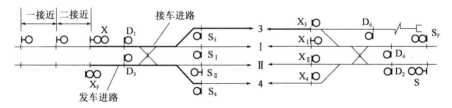

图 2-18 接近区段

发车进路的接近区段一般为股道,如图 2-18 所示,上行 4 道发车进路的接近区段为 4G。

当办理通过进路时,发车进路的接近区段应从前方列车信号机内方的第一个轨道区段开始。四显示自动闭塞区段的车站,发车进路的接近区段延伸到同方向进站信号机外方的第一个闭塞分区。

调车进路的接近区段为调车信号机外方的第一段轨道电路。

3. 进路锁闭

列车进路、调车进路均设置进路锁闭。进路锁闭指的是进路排通、防护进路的信号开放后,进路上有关道岔不能转换、有关敌对信号不能开放。控制台上办理好进路后,从防护进路的信号开始至进路的终端显示白光带,称该进路处于锁闭状态。集中联锁的道岔区段是锁闭的主要对象,进路锁闭的实质是由构成该进路的各轨道区段的锁闭构成的。

根据进路的接近区段占用状态不同,进路锁闭分为预先锁闭和接近锁闭。

（1）预先锁闭

进路排通、防护进路的信号开放后,接近区段空闲时的进路锁闭,又称为进路的预先锁闭。

（2）接近锁闭

进路排通、防护进路的信号开放后,接近区段有车占用时的进路锁闭,称为进路的接近锁闭,又称为完全锁闭。

当调车信号机未设接近区段时,调车信号开放后即构成接近锁闭。

进路的锁闭程度不同,主要影响人工办理进路解锁的方式。

4. 信号开放

控制台上操纵按钮办理进路后,满足下列条件信号即可自动开放：

①进路空闲。列车进路必须保证整条进路空闲,调车进路要保证道岔区段空闲。

②有关道岔转换至规定位置。

③敌对进路未建立并锁闭在未建立状态。

④进路锁闭。

信号机应设灯丝监督装置,不间断地检查正点亮灯泡的灯丝完整。进站、正线出站和接车进路信号机红灯灯丝断丝时不得显示进行信号。信号点灯电路应具有主、副灯丝自动转换功能,主灯丝断丝后能自动转换至副灯丝继续点亮灯光,室内控制台上有相应的灯光和声音报警。

5. 信号关闭

已经开放的信号,在下列情况应即时自动关闭：

①当列车进入列车信号机内方第一个轨道区段时。

②当调车车列全部越过开放的调车信号机,即出清调车进路接近区段。若接近区段留有车辆,则车列出清调车信号机内方第一个轨道区段时信号关闭。

③当信号显示与防护进路的条件不符合时(如进路上轨道电路故障或信号机灯丝断丝等)。

④办理取消或人工解锁进路时。

⑤当预告及复示信号机主体信号关闭时。

6. 进路的自动解锁

进路的自动解锁指的是进路锁闭信号开放后,随着列车的出发、到达、通过以及调车车列的牵出、折返,进路上有关轨道电路区段自动解锁,控制台上相应轨道区段的白光带自动熄灭。

进路的自动解锁根据电路动作的特点不同,包括正常解锁和调车中途返回解锁两种情况。

（1）正常解锁

即列车或调车车列顺序占用和出清进路的各轨道区段后,进路上的轨道电路区段自动顺序解锁。

（2）调车中途返回解锁

在车站咽喉区调车过程中,调车车列未占用或部分占用的轨道电路区段,能够随着调车车列的折返而自动解锁。

7. 人工办理解锁进路及解锁轨道电路区段

人工办理解锁进路指的是进路建立后,不经列车或调车车列运行,人为将进路解锁。

(1) 取消解锁

当进路处于预先锁闭时,办理"取消解锁",可将进路解锁。

(2) 人工解锁

当进路处于接近锁闭时,须办理"人工解锁",才能将进路解锁。

当进路处于接近锁闭办理人工解锁进路时,进路自动延时解锁,其中接车进路和正线发车进路延时3min,站线发车进路及调车进路延时30s。

设置延时解锁是为了防止解锁原有进路改办其他进路时,处于接近区段的列车或调车车列可能由于停车不及冒进信号而压上正在转换的道岔。延时3min或30s能够确保列车或调车车列有足够的停车时间。

(3) 区段故障解锁

当发生车站停电后恢复供电以及进路没有完全解锁等情况时,控制台上全部或部分轨道电路区段显示白光带,此时有关区段均处于锁闭状态,须办理"区段故障解锁"手续,才能将有关轨道区段解锁。

8. 道岔锁闭

除进路锁闭外,联锁道岔还有以下锁闭方式。

(1) 区段锁闭

道岔区段有车占用时,区段内有关道岔不能转换,称为区段锁闭,此时控制台上有关道岔区段显示红光带。

(2) 单独锁闭

利用控制台上道岔单独锁闭按钮断开道岔控制电路,使该道岔不能转换。对道岔进行单独锁闭后,控制台上该道岔表示灯显示红灯。

(3) 故障锁闭

在故障情况下道岔区段被锁闭,此时控制台上有关道岔区段显示白光带。例如:列车经过进路后,由于分路不良使部分轨道区段不能解锁,控制台遗留有白光带。

(4) 引导总锁闭

办理引导总锁闭时,锁闭了全咽喉的道岔。

(5) 其他锁闭

包括超过6‰下坡道的接车进路的延续进路锁闭、非进路调车锁闭等。

联锁道岔受到上述任一种锁闭时,应保证机车车辆通过道岔时,道岔不能启动。

上述锁闭方式均属于对道岔进行的电气锁闭,即通过断开转辙机的控制电路,使转辙机不能转换。除上述锁闭方式外,当设备故障时,为保证行车安全,使用钩锁器对道岔进行现场加锁以及钉固道岔等都是车务部门常用的锁闭道岔方式。

9. 道岔转换

在不受上述任何一种锁闭的条件下,联锁道岔允许进路操纵和单独操纵。单独操纵优先于进路式选动。在进路操纵过程中,如果尖轨转换遇阻不能转换到底时,为保护电机,允许单独操纵转回原来位置。

为保证行车和调车作业安全,联锁道岔一经启动,则不受列车或调车车列进入道岔区段的影响,应继续转换到底。

转换到位后控制台有相应定位或反位表示,联动道岔只有两端尖轨均转换到位才能构成表示。

10. 信号重复开放

信号因故障关闭后,未经人工办理,不能自动重复开放。

11. 引导接车

办理接车进路时,当有关信号机、轨道电路、道岔等故障时,进站信号机不能正常开放,应使用引导接车的方式,进站信号机开放引导信号将列车接入站内。

二、设备组成

电气集中联锁设备分为室内和室外两部分。室内设有控制台、继电器组合及组合架、电源屏、区段人工解锁按钮盘和分线盘;室外设有色灯信号机、电动(液压)转辙机、轨道电路和电缆及电缆盒。6502 电气集中联锁设备组成如图 2-19 所示。

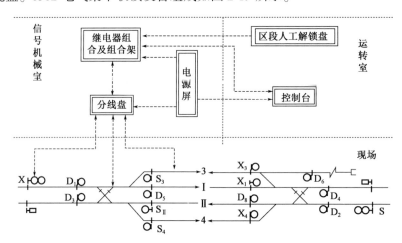

图 2-19　6502 电气集中联锁设备组成

1. 室内设备

(1) 控制台

控制台设置于车站运转室内,盘面由带有按钮及表示灯的单元块拼装而成,用光带组成模拟站场线路图形,是车站值班员指挥列车运行和调车作业的中心。车站值班员利用控制台盘面上的按钮操纵全站联锁区域内的道岔,排列列车进路及调车进路,开放和关闭信号,并且通过盘面上的表示灯,监督道岔位置、线路占用情况及信号机显示状态。

(2) 继电器组合及组合架

6502 电气集中联锁电路由若干种继电器定型组合构成,每个定型组合电路均由若干继电器组成,称为继电器组合。每个组合最多可以安装十个继电器,并将这些组合按设计要求安装在组合架上,如图 2-20 所示。

(3)区段人工解锁按钮盘

区段人工解锁按钮盘安装在车站运转室,盘面设有许多带铅封的事故按钮,每个按钮对应于车站的一个道岔区段或有列车经过的无岔区段,如图 2-21 所示。当轨道电路区段因故障不能按进路方式解锁时,可以利用有关按钮办理区段人工解锁。当采用取消解锁或人工解锁的办法也不能关闭信号时,可以利用它关闭信号。

图 2-20　继电器组合及组合架　　　　图 2-21　区段人工解锁按钮盘

区段人工解锁盘须与控制台隔开一定距离,操作时一人按压控制台上的总人工解锁按钮,另一人按压区段人工解锁按钮盘的按钮,避免单人操作危及行车安全。

(4)电源屏

电气集中联锁车站应有可靠的交流电源,以保证不间断的供电。电源屏提供电气集中联锁需要的各种交、直流电源及闪光电源等。有的车站设有区间电源屏,为区间信号设备供电。

(5)分线盘

分线盘是室内、室外电缆连接的地方。

除上述设备外,信号机械室还设有信号微机监测设备、TDCS 站机等,采用 CTCS-2 的区段设置有车站列控中心,采用调度集中的区段还设有调度集中分机。

2．室外设备

(1)色灯信号机

各种信号机均采用色灯信号机。

(2)电动(液压)转辙机

车站联锁区内的每个道岔都设置一台或多台转辙机。

(3)轨道电路

电气集中联锁车站的股道、联锁区道岔区段和无岔区段,均应装设轨道电路,反映列车、调车车列的占用情况。

(4)电缆及电缆盒

室内与室外信号设备间、室内控制台与继电器组合架间的联系都使用电缆连接。

室外电缆的分歧点、连接点以及终点设有电缆盒或变压器箱,用以实现电缆与电缆、电缆与设备之间的连接。

上述设备各自的功能如表 2-2 所示。

6502 电气集中联锁各设备的功能　　　　　表 2-2

设	备	功　　　　能
室内设备	控制台	值班员指挥列车运行和调车作业的控制中心,用来控制道岔转换、排列进路、开放和关闭信号,并对进路、信号、道岔进行监督
	区段人工解锁按钮盘	在故障锁闭时恢复电路的正常状态,办理故障解锁;特殊情况下可用于关闭信号
	继电器组合及组合架	构成逻辑电路,完成道岔、进路、信号之间的联锁关系,对道岔、信号机、轨道电路等设备进行控制和监督
	电源屏	供电装置,用以保证不间断供电,且不受外电网电压波动和负荷变化的影响
	分线盘	室外设备由电缆引至分线盘,室内设备也通过电缆引至分线盘,分线盘用于连接室内、室外设备,完成相互间的电气联系
室外设备	信号机	指挥列车及调车车列的运行,防护进路
	转辙机	可靠地转换道岔,改变道岔开通方向,锁闭道岔尖轨,表示道岔所在位置
	轨道电路	监督是否有车占用、线路是否完好、断轨与否
	电缆及电缆盒	电缆是室内与室外设备之间、室内设备之间传送信息的通道。室外电缆的分歧点、连接点及重点设电缆盒,用以实现电缆与电缆之间的接续、电缆与设备之间的连接

3. 调车信号机设置

调车信号机是根据调车作业实际需要设置的,要根据车站的技术作业过程和调车作业繁忙程度确定,并考虑站内必要的平行作业以及缩短机车走行距离的需要,一般有以下几种情况(以附图 1 为例)。

(1)按作用分类

咽喉区调车信号机可以分为起始、阻拦、折返调车信号机三种。

①调车起始信号机:设置于调车作业的起点,由股道、牵出线、专用线、机待线、调车线、机务段以及进站信号机内方、双线单向运行的发车口处等向咽喉区调车时,都需在调车进路始端设调车起始信号机,这类调车信号机统称为尽头线调车信号机,如图 2-22 中 S_5D、D_2、D_{20}。

②调车阻拦信号机:用于增加平行作业,以提高车站通过能力,如图 2-22 中 D_5。

③调车折返信号机:用于指示调车车列转线作业,应设置在咽喉区折返道岔岔尖前,如图 2-22 中 D_9、D_{11}。

(2)按照设置情况分类

咽喉区调车信号机可以分为单置、并置、差置调车信号机三种。

①在线路一侧、两道岔之间单独设置的为单置调车信号机,如图 2-22 中的 D_{11}、D_{13} 等。

②在线路两侧并列设置的为并置调车信号机,如图 2-22 中的 D_7 与 D_9、D_{10} 与 D_{12}。

③在线路两侧设置,并且两调车信号机之间有不短于 50m 的无岔区段时,为差置调车信

号机,如图2-22中的D_5与D_{15}、D_4与D_{14}。差置调车信号机之间的无岔区段,可以用来进行增减轴、机车待避等调车作业。

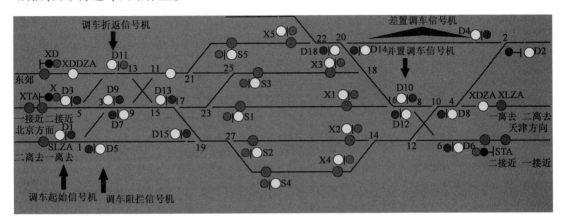

图2-22 调车信号机的设置位置

三、6502电气集中控制台盘面

6502电气集中采用控制和表示合用的控制台,附图2为6502电气集中控制台示意图。

控制台上设按钮和表示灯。按钮用来进行各种操作。

按钮均采用二位式。二位式按钮只有定位(平时所处位置)和按下两个位置。

按钮分为自复式和非自复式两种:自复式按钮带复位弹簧,按下时接通,松手后自动恢复定位;非自复式按钮无复位弹簧,按下后处于按下位置,恢复时需手动拉出。

控制台上涉及行车安全的按钮必须加铅封,必要时可装设计数器监督。

在控制台盘面上利用光带模拟站场线路,排列与取消进路时,控制台上有明显的表示,通过光带不同状态监督进路的开通、解锁以及轨道电路区段的占用、空闲和故障等,同时利用信号复示器和道岔表示灯监督现场信号机、道岔的状态。

1. 与排列进路有关的按钮和表示灯

(1)进路按钮

①列车进路按钮

列车进路按钮为二位自复式绿色按钮,设在对应进站及出站信号机处的光带上,办理列车进路时作为始、终端按钮。

列车进路按钮根据相应列车信号机命名,如对应X设置XLA、对应S_5设置S_5LA,在接、发车进路的终端处若没有信号机,也应设一个进路终端按钮,如SLZA。

②调车进路按钮

调车进路按钮为二位自复式白色按钮,设在对应调车信号机处光带旁边,办理调车进路时作为始、终端按钮,根据相应调车信号机命名,如D_1A、D_3A。

在出站兼调车信号处的光带上设一个列车进路按钮,在光带下方设一个调车进路按钮,分别作为办理列车和调车进路用,如S_4LA、S_4DA。

③变通按钮

在大站,咽喉道岔较多,从进路的始端至终端有几条进路时,一般根据作业需要规定其中一条为基本进路,其余均为变通进路。在变通进路与基本进路不重叠的位置上如果无调车进路按钮,则在相应位置的光带上增设变通按钮,为二位自复式绿色按钮,专门用于办理变通进路。

④通过按钮

对应有通过进路的进站信号机处设通过按钮,二位自复式绿色按钮,仅供办理正线通过进路使用,如 STA、XTA。

对于东郊方面,由于没有通过进路,因此对应 X_D 进站信号机处不设通过按钮。图 2-23 为按钮的设置。

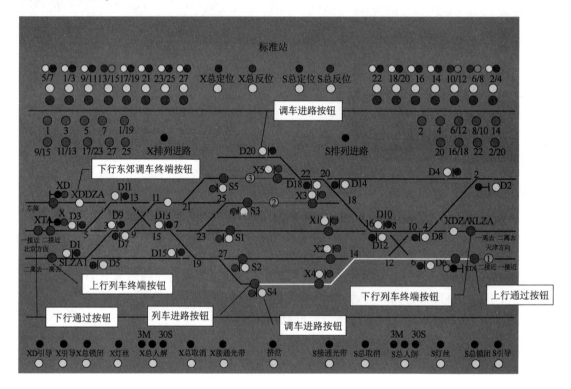

图 2-23 按钮的设置

(2)按钮表示灯

为了记录或监督按钮的按下,对应每个按钮设置表示灯,按钮表示灯显示闪光或稳定灯光时,表示进行了按下按钮的操作。

(3)光带

在控制台盘面上利用光带模拟站场线路,通过光带不同状态监督进路的锁闭和解锁、轨道电路区段的占用、空闲和故障以及道岔的开通方向等。

用于监督站内轨道电路的光带有三种状态:平时应处于灭灯状态;控制台显示红光带时,表示对应的轨道电路区段被占用或故障;当办理好进路时,控制台上该进路有关的轨道电路区段显示白光带。

(4)信号复示器

信号复示器用于监督信号机状态。除进站、接车进路信号机的复示器经常显示红灯外,其他信号复示器平时均处于熄灭状态,表示有关信号关闭。

①进站、接车进路信号复示器平时显示红灯表示相应信号机关闭;开放时,例如绿灯、一个黄灯及两个黄灯,其复示器均显示绿灯;开放引导信号时,复示器显示一个红灯和一个白灯。

②出站兼调车信号复示器平时灭灯表示相应信号机关闭;开放列车信号时,例如黄灯、绿灯、绿黄灯,其信号复示器显示绿灯;开放调车信号时,其信号复示器显示白灯。

③调车信号复示器平时灭灯表示相应信号机关闭;调车信号机开放后,其复示器显示白灯。

当信号复示器闪光时,表示相应信号灯丝断丝,灯光熄灭:

①红灯闪光表示其红灯主、副灯丝双断;进站信号复示器红灯点亮同时白灯闪光表示开放引导信号时白灯灯泡断丝。

②出站兼调车复示器白灯闪光表示出站信号机红灯主、副灯丝双断。

③调车复示器白灯闪光表示调车信号机蓝灯主、副灯丝双断。

2. 与操纵道岔有关的按钮和表示灯

每个咽喉区设道岔总定位按钮和总反位按钮各一个,均为二位自复式,总定位按钮上方有一个绿灯,总反位按钮上方有一个黄灯,按下按钮时点亮。

每组道岔设一个道岔单独操纵按钮和一个道岔单独锁闭按钮(双动道岔合用一个道岔按钮)。单独操纵按钮为自复式,用于单独转换该组道岔。道岔单独锁闭按钮为非自复式,按下时,按钮表示灯(红色)点亮,用于单独锁闭该组道岔。

每个道岔按钮上方设两个表示灯,亮绿灯表示道岔在定位,黄灯表示道岔在反位,道岔在转换中或挤岔时,其黄灯和绿灯均不亮。

3. 与闭塞有关的按钮和表示灯

单线半自动闭塞区段的车站,控制台上设置闭塞按钮、事故按钮、复原按钮以及接车表示灯、发车表示灯,用于与相邻站办理闭塞。

在半自动闭塞区段监督进站信号机外方接近区段的轨道电路,如东郊方面的 X_DJG 设光带表示灯。

在双线双向自动闭塞区段和单线自动闭塞区段,为改变区间运行方向,增设了允许改变方向按钮、接车辅助按钮、发车辅助按钮、总辅助按钮以及监督区间表示灯、辅助办理表示灯等,其应用将在"闭塞设备"项目中说明。

在四显示自动闭塞区段进站方向设置一接近、二接近、三接近表示灯,出站方向设置一离去、二离去、三离去表示灯。在三显示自动闭塞区段进站方向设置一接近、二接近表示灯,出站方向设置一离去、二离去表示灯。接近、离去表示灯只有两种状态,灭灯表示该区段空闲,显示红灯表示该区段被占用或故障。

还可设本站邻接的区间各通过信号机的复示器,以了解它们的状况。

除上述外,控制台上还设置有引导按钮、引导总锁闭按钮、总取消按钮、总人工解锁按钮等按钮及各种报警表示灯。

四、列车进路办理方法

6502 电气集中联锁由于设置了按钮在同一咽喉控制,所以同一咽喉同时只能办理一条进路,即在排列进路表示灯点亮时不能办理第二条进路。只有第一条进路已经选出,排列进路表示灯熄灭后才能办理第二条进路。进路上有车占用、轨道电路故障、正在进行人工解锁以及敌对进路已建立时,都不能办理进路。

排列进路的方法是按照列车或调车车列的运行方向顺序按压进路的终端按钮。以下办理进路方法均以附图 2 所示控制台为例说明。

1. 接车进路

办理接车进路时,以对应防护接车进路的进站信号机处的列车按钮为始端按钮,以股道入口处的列车按钮为终端按钮。

如图 2-24 所示为办理北京方面至 4 道的下行接车进路:

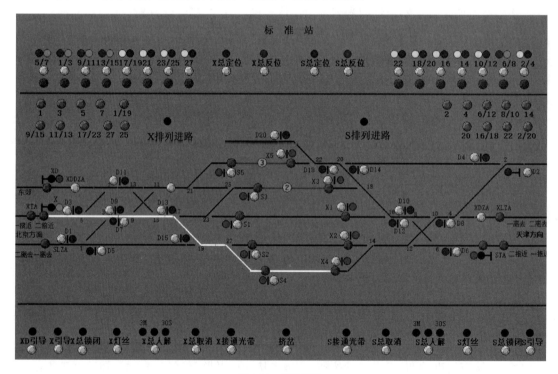

图 2-24　接车进路

①按下防护进路的信号机,即 X 进站信号机的列车按钮 XLA 作为始端按钮,其按钮表示灯闪光,本咽喉的排列进路表示灯显示红灯。

②按下 4 道入口处的列车按钮,即 S_4LA 作为终端按钮,其按钮表示灯闪光,开始选路。

③当排列进路表示灯红灯熄灭时,表示进路已选出,才可以选排本咽喉其他进路,此时始端按钮表示灯由闪光改点稳定灯,终端按钮表示灯熄灭。

④根据选出的进路,有关道岔顺序转换至要求位置,按照联锁关系的要求进行检查后,

控制台上从进站信号机 X 至 4 道下行出站信号机 X_4（即进路的始端至终端）显示白光带,表示实施了进路锁闭。

⑤进路锁闭后,控制台上相应的信号复示器显示绿灯,说明防护进路的信号机 X 开放,始端按钮表示灯熄灭,接车进路建立。

同样,办理东郊方面至 5 道的下行接车进路,顺序按下 X_D 进站信号机的 X_DLA 和 5 道入口处的 S_5LA 办理进路,有关表示灯显示同上。

2. 发车进路

办理发车进路时,以对应防护发车进路的出站信号机处的列车按钮为始端按钮,以对应发车进路终端处的列车按钮为终端按钮。

如办理 5G 向东郊方面的发车进路,由于其相接区间采用半自动闭塞,应在办好闭塞手续,区间开通后,先按压 S_5 出站信号机的列车进路按钮 S_5LA,再按压 X_D 进站信号机的进路按钮 X_DLA,进路选出后,控制台上显示白光带（从相应 S_5 处到 X_D 处）,S_5 出站信号机复示器显示绿灯,S_5 出站信号机显示两个绿灯,指示向次要方向,即东郊方面发车。

如办理 4G 向北京方面发车进路,需顺序按压 S_4LA 和 X_FLA 即可办理发车进路。由于向北京方面是四显示自动闭塞,出站信号显示受前行列车离去情况控制:若第一、第二、第三离去表示灯熄灭,即运行前方三个闭塞分区空闲,办理发车进路后出站信号机开放绿灯;若第三离去表示灯点亮,第一、第二离去表示灯熄灭时,即运行前方两个闭塞分区空闲,办理发车进路后出站信号机只能开放绿黄灯;若在第二离去表示灯点亮,第一离去表示灯熄灭,即运行前方有一个闭塞分区空闲,时办理发车进路,出站信号开放黄灯;若第一离去表示灯点亮,说明运行前方闭塞分区有车占用,出站信号机不能开放。

在办理接、发车进路时,应注意进路中有超限绝缘的情况。

例如,东郊方面向 5G 接车进路中 21DG 有超限绝缘,在 23/25 号道岔定位时,当其相邻区段 25DG 有车占用时,进路不能建立。只有在 23/25 号道岔反位时,才允许在 25DG 有车占用的情况下办理ⅢG 向北京方面发车进路。

进站信号机和有通过进路的正线出站信号机或进路信号机,红灯灭灯时,即信号复示器闪光时,不得开放信号,防止信号开放后突然关闭时不能点亮红灯而危及行车安全。

3. 通过进路

通过进路是由正线接车进路和同方向正线发车进路构成,可采用分段办理方式,即分别办理正线接车进路和发车进路,建立通过进路。

为了简化办理通过进路手续,凡有通过进路的车站增设通过按钮。例如:办理正线下行通过进路,只要顺序按压下行通过按钮 XTA 和另一咽喉的列车终端按钮 S_FLA,此时上、下行咽喉同时选路,当接、发车进路建立并锁闭后,整条通过进路亮白光带,信号机 X、X_1 开放。

对于东郊方面,虽然接车进路为直向,但没有直向的发车进路,故不能设通过按钮,不能办理通过进路。

4. 变通进路

在大站咽喉区内,进路的始端和终端之间往往有几条进路可走,根据作业需要,一般规定路径最短或对其他进路影响最小的进路为基本进路,其余为变通进路,又称作迂回进路。

如图 2-25 所示,北京方面至ⅢG 之间有三条进路:一条是经由道岔 23/25 反位的进路,对其他进路影响最小,规定其为基本进路;其他两条进路,即一条经由道岔 5/7 反位的进路,一条经由道岔 9/11 反位的进路,规定为变通进路。

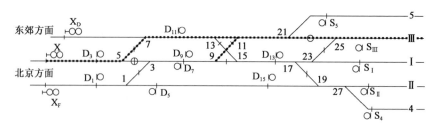

图 2-25　基本进路与变通进路

又如由ⅢG 向北京方面发车时有两条进路,一条是经由道岔 23/25 反位的进路,规定它为基本进路,另一条经过道岔 9/11 反位的进路,为变通进路。

采用双按钮方式选路时规定了一条原则,即顺序按压进路始、终端按钮之后,只准选出预先规定的基本进路,不准自动改选变通进路,保证选出的进路与操作人员的意图相符合。

如果需要选用变通进路时,必须在附加操作手续的情况下,即顺序按压始端的列车进路按钮、变通按钮和终端列车进路按钮,才能选出变通进路。列车进路变通按钮的确定方法是:

①在变通进路上的调车信号按钮,无论单置、并置、差置均可作为列车进路变通按钮。如果同时有几个调车信号按钮满足要求,办理时只需按压其中任意一个。

例如,办理由 4G 向北京方面发车变通进路,应顺序按压 S_4LA、$D_{13}A$(或 D_7A、或 D_9A)、X_FLA 三个按钮。

②在变通位置没有调车按钮时,应专门设置一个"变通按钮"(例如附图 2 中的 BA)作为进路的变通按钮。

例如,办理ⅢG 向北京方面发车的变通进路,应顺序按压 $S_{Ⅲ}LA$、BA、X_FLA 三个按钮。

五、调车进路办理方法

1. 基本进路

办理调车进路与办理列车进路的原则相同,只是按压调车进路按钮,其按钮为白色。调车进路的始端按钮,是防护进路的信号机的调车按钮,按不同情况确定调车进路的终端按钮。

①以单置调车信号机为进路终端时,其终端按钮即该调车信号机的调车按钮。

例如,办理 D_3 至 D_{11} 的调车进路,应以 D_3A、$D_{11}A$ 作为进路的始、终端按钮。

②以并置或差置调车信号机为进路终端时,终端按钮是与进路终端调车信号机构成并置或差置关系的另一架调车信号机的进路按钮,而不能使用终端调车信号机的进路按钮,这是由电路结构所决定的。

例如,办理 D_3 至 D_9 的调车进路,应以 D_3A、D_7A 作为进路的始、终端按钮。

又如顺序按压 S_4DA、$D_{15}A$,办理的是 S_4 至 D_5 的调车进路。

向进站或出站方向无岔区段以及牵出线等调车时,应以此处的尽头线调车信号机的进路按钮为终端按钮。

例如,由 D_5 向北京方面 X_F 调车(即 D_5 至 $ⅡAG$)时,应以 D_5A、D_1A 作为进路始、终端按钮。

③向东郊方面站界进行调车时,由于进路终端轨道电路区段包含道岔,需专设调车终端按钮(如 X_DDZA),用于办理调车进路。

例如,由 5G 向 X_D 调车时,应顺序按压 S_5DA、S_DDZA 办理调车进路。

2. 长调车进路

长调车进路可以分段办理,即一段一段地分别办理组成长调车进路的各短调车进路。

例如,办理 D_1 至 ⅠG 调车,先办理 D_{13} 至 ⅠG 调车进路;D_{13} 信号机开放后,再办理 D_9 至 D_{13} 的调车进路;D_9 信号机开放后再办理 D_1 至 D_9 的调车进路,开放信号机 D_1。要求由远及近办理各段进路,保证调车信号机由远及近开放,是为了保证作业安全,并提高作业效率。若是由近及远开放调车信号机,当 D_1 开放后,发生 D_9 或 D_{13} 不能开放的故障时,会造成调车车列运行后又停止,阻塞咽喉,影响作业效率。若 D_1、D_{13} 开放后,D_9 未能开放时,调车车列越过 D_1 后有可能冒进 D_9(尤其夜间容易发生误认信号)造成挤岔事故。

为了简化操作手续,长调车进路可以一次办理,只按下长调车进路的始、终端按钮,即可选出整条长调车进路,其终端按钮的确定原则同上所述。

例如,办理 D_1 至 ⅠG 调车进路,可先按压 D_1A,再按压 S_1DA,进路上调车信号机 D_{13}、D_9、D_1 自动由远及近顺序开放。如果中间调车信号机不能开放,则近端调车信号机不能开放。

3. 变通进路

办理调车变通进路与办理列车变通进路方法相似,即顺序按压始端的调车进路按钮、变通按钮和终端调车进路按钮选出变通进路。其中变通按钮确定方法如下:

①在变通位置上有专门设置的变通按钮(BA)时,可作为调车进路的变通按钮。

例如,办理 D_9 至 ⅢG 经由道岔 9/11 反位,21、23/25 定位的变通进路(基本进路规定经由道岔 9/11、13/15、17/19 定位,23/25 反位),应顺序按压 D_9A、BA、$S_ⅢDA$。

②在变通位置上的反向单置调车信号按钮,可作为调车进路变通按钮。

例如,办理 S_1 至 ⅠAG 经由道岔 13/15、5/7 反位的八字变通进路时,$D_{11}A$ 可作为变通按钮,顺序按压 S_1DA、$D_{11}A$、D_3A 即可选出该进路。

③在变通位置上的并置、差置及同向单置调车信号按钮不能作为调车变通进路的变通按钮。

例如,办理由 D_1 至 ⅡG 的变通进路,D_7A、D_9A、$D_{13}A$ 都不能作为变通按钮使用,此时必须分段办理该变通进路。

 知识拓展

一、引导接车办理方法

引导接车是车站联锁设备故障时采用的接车办法,采用引导接车时,进站信号机显示一个红灯和一个白灯,准许列车在该信号机前方不停车,以不超过20km/h的速度进入站内,并准备随时停车。

办理引导接车时,为了保证行车安全,也要锁闭进路上的道岔,叫引导锁闭。引导锁闭分为两种:一种是按照进路锁闭方式进行,称为引导进路锁闭;另一种是锁闭全咽喉的联锁道岔,称为引导总锁闭。

为办理引导进路锁闭及引导总锁闭,控制台下部的左右两端,对应每个进站信号机设置一个带有铅封的引导按钮。如附图2中的"X_D引导"、"X引导"、"X_F引导"、"S引导"、"S_F引导"按钮,按钮上方有白色表示灯。每咽喉设置一个带有铅封的非自复式引导总锁闭按钮,按钮上方有白色表示灯,如附图2中的"X引导总锁闭"、"S引导总锁闭"按钮。

1. 引导进路锁闭

当进站信号机或接车进路信号机因故障不能正常开放(例如允许信号灯泡断丝),以及接车进路上某一段轨道电路区段故障不能正常建立接车进路时,应使用引导进路锁闭方式接车。

引导进路锁闭的办理手续是:

①将进路上的有关道岔转换到规定位置开通进路,如果有道岔区段轨道电路故障,还要对该区段的道岔进行单独锁闭(防止故障排除后,该区段的道岔自动解锁)。

②在行车设备检查登记簿(即运统-46)上登记。

③破铅封按压相应的引导按钮,其上方白色表示灯点亮,沿道岔开通方向锁闭进路,控制台显示白光带,进站信号机开放引导信号。

④列车驶入进站信号机内方,引导信号自动关闭,引导进路不随列车运行而自动解锁,列车沿进路通过后,除股道显示红光带外,整条引导进路显示白光带,引导按钮上方表示灯不熄灭,进路仍继续处于锁闭状态。

⑤车站值班员确认列车全部驶入股道停妥后,办理引导进路解锁手续,即同时按压本咽喉总人工解锁按钮和接车进路始端按钮,进路不经延时立即解锁,白色光带熄灭。

引导信号开放后,如果需要关闭信号,可办理引导解锁手续,即步骤⑤,则进路解锁,引导信号关闭。

如果接车进路范围内轨道电路故障,而且故障区段内道岔需要转换,须在现场采用手摇道岔的方式,这将使道岔失去表示,不能按进路方式进行锁闭,只能采用引导总锁闭的方式办理接车。

2. 引导总锁闭

引导总锁闭用于接车进路上道岔失去表示时,以及向非接车线路接车或向无联锁线路接车(如向调车线、货物线接车),是将全咽喉联锁道岔全部进行锁闭的方式。这种方式由于没有进路锁闭,因此在控制台上没有白色光带。

引导总锁闭的办理手续是:

①在行车设备检查登记簿上登记。

②将进路上的有关道岔转换到规定位置开通进路。

③破铅封按下本咽喉的引导总锁闭按钮,其上方白色表示灯点亮,表示将全咽喉联锁道

岔锁闭。

④破除铅封按下相应的引导按钮,进站信号机开放引导信号,但没有白光带。

⑤列车驶入进站信号机内方,引导信号自动关闭,在控制台上可以通过红光带监督列车运行。

⑥车站值班员确认列车全部驶入股道停妥后,办理解锁手续,拉出引导总锁闭按钮,本咽喉道岔解锁。

采用引导总锁闭方式接车,不检查本咽喉的联锁条件,也不锁闭另一咽喉的敌对进路,此时应停止本咽喉区的一切其他接发车和调车作业,以及另一咽喉的敌对作业,行车安全完全由人工保证。

开放引导信号后,如果要关闭引导信号,拉出引导总锁闭按钮即可。

采用上述两种方式引导接车时,都是利用进站信号机内方第一轨道电路区段关闭引导信号。当进站信号机内方第一轨道电路区段故障时,引导信号不能保持,需一直按压引导按钮才能保证引导信号开放,待确定列车头部进站后才能松开。

需要说明的是,不论采用哪种方式,均要求进站信号机红灯完好,如果进站信号机红灯故障,则只能按照《站细》规定在指定地点采用手信号引导方式将列车引导进站。

二、进路的解锁

1. 进路的自动解锁

进路的自动解锁,就是进路锁闭、防护进路的信号开放后,随着列车的出发、到达、通过以及调车车列的牵出、折返,进路上有关轨道区段自动解锁,控制台相应轨道区段的白光带自动熄灭,无须任何操作。

(1) 正常解锁

信号开放后,列车顺序接近、占用、出清进路上各轨道电路区段,自进路的始端至终端,各轨道电路区段顺序解锁。

例如,附图1中从东郊方面下行接车至5道,列车按照X_D信号机显示的两个黄灯,进入5道停车。列车进入7DG后,X_D信号机自动关闭,列车依次占用11-13DG、21DG、5G,它们依次由白光带改为显示红光带,随着列车依次出清7DG、11-13DG、21DG,它们的红光带逐段熄灭。列车全部进入5道后,仅在5道显示二、三节红光带,表示有车占用。

调车进路的正常解锁与列车进路基本相同,只是调车信号要调车车列全部越过调车信号机后才自动关闭。

需要说明的是,进路中各区段逐段解锁的一个条件是前一个区段已经解锁,当由于轨道电路分路不良等原因造成某区段没有显示红光带时,该区段及其以后的各区段不能解锁,列车或调车车列经过后,这些区段又重新显示白光带,需要人工操作才能解锁各区段。

(2) 调车中途返回解锁

调车中途返回解锁是指调车中途折返时对原调车进路上不能正常解锁的区段,在调车车列折返后,也能使之自动解锁。

例如,办理从Ⅱ道向4道的转线作业,如图2-26所示,由于调车车列较长,调车车列从股道牵出时需办理$S_Ⅱ$至X_F的长调车进路,当调车车列越过D_{15}信号机19-27DG解锁后,即可

办理从 D_{15} 至4道的折返进路。此时,尽管ⅡAG没有被占用,1DG的前一区段没有解锁,但随着调车车列向4道折返,有关轨道区段,如1DG等均能自动解锁。这种解锁方式的优点是减少机车走行距离,提高作业效率。

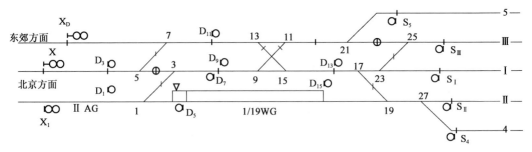

图 2-26　调车中途返回解锁

2. 进路的取消解锁

信号开放后,列车或调车车列尚未进入进路的接近区段,即进路处于预先锁闭时,如需解锁进路关闭信号,可使用取消的方法,同时按压进路始端按钮和本咽喉的总取消按钮,信号自动关闭,进路解锁,进路上白光带熄灭。

为了办理进路的取消,控制台下方每个咽喉设有一个总取消按钮,如附图2中X总取消按钮、S总取消按钮,按钮上方有红色表示灯。

例如,取消北京方面下行IG接车进路,在列车尚未进入第二接近区段时,同时按压XLA和X总取消按钮,X进站信号机自动关闭,进路解锁。

通过进路的取消必须分别办理接车进路和发车进路的取消,而不能采用一次办理的方法。

长调车进路的取消同样需分段取消各短调车进路。

3. 进路的人工延时解锁

列车或调车车列驶入进路的接近区段后一般不允许解锁进路,如特殊情况需解锁进路,必须使用人工解锁的方法。

为了办理进路的人工解锁,控制台下方每个咽喉设带有铅封的总人工解锁按钮,如附图2中"X总人工解锁"按钮,按钮上方有三个红色表示灯,分别标有"X30秒人工解锁"、"X总人工解锁"、"X3分人工解锁",用于表示当前正在实行的任务。

办理人工解锁的方法是:同时按压进路的始端按钮和本咽喉的总人工解锁按钮,信号随即关闭,进路延时锁。自信号机关闭时起,接车进路和正线发车进路延时3min解锁,此时总人工解锁按钮上方"3分人工解锁"表示灯点亮,到发线发车进路和调车进路延时30s解锁,此对总人工解锁按钮上方"30秒人工解锁"表示灯点亮。

同一咽喉区不能同时办理两条进路的人工解锁,只有前一条进路延时解锁后,才能办理另一条进路的人工解锁。

4. 区段解锁

在列车或调车车列沿进路通过后,某些区段因故不能正常解锁,或由于某种原因(如停电后恢复供电)引起错误锁闭时,应采用区段故障解锁的方法使有关轨道电路区段解锁。办理时需要两个人协同操作,一个人按压控制台上本咽喉的总人工解锁按钮,另一个人同时按压区段人工解锁盘上需解锁区段的故障按钮,光带熄灭,区段解锁。对于无列车通过的无岔区段,不设故障按钮,其两端道岔区段实施区段人工解锁后,其白光带即自动熄灭。

例如,附图2中办理从东郊方面至5道下行接车,列车进站停好后,21DG仍显示白光带。

解锁21DG的方法是:在行车设备检查登记簿上登记后,一个人破铅封按压总人工解锁按钮,另一个人同时按压区段人工解锁盘上21DG的故障按钮,控制台上21DG白光带熄灭,该区段解锁。

对于点亮红光带的区段,排除轨道电路故障前,该区段不能解锁。

三、控制台其他操作

1. 道岔的单独操纵

控制台上方对于每组道岔设一个道岔单独操纵按钮,每个咽喉设一个总定位按钮和一个总反位按钮。

当有关道岔区段未处于锁闭状态时,可以单独转换道岔,同时按下道岔单独操纵按钮和本咽喉的道岔总定位按钮,道岔转换至定位,道岔表示灯显示绿灯;同时按下道岔单独操纵按钮和本咽喉的道岔总反位按钮,道岔转换至反位,道岔表示灯显示黄灯。

2. 道岔的单独锁闭

当需要单独锁闭某组道岔时,只要按下道岔单独锁闭按钮,此时按钮内红灯亮,表示该道岔被单独锁闭,不能转换。解除单独锁闭时,再次按下道岔按钮即可使之恢复定位,按钮内红灯熄灭。

3. 重复开放信号

车站办理好进路信号开放后,由于进路上轨道电路瞬间显示红光带等原因,会造成防护进路的信号自动关闭。电气集中联锁设备要求,故障恢复后信号不能自动重复开放,需人工操作信号才能开放。

重复开放信号的方法是:经有关部门(如工务、电务部门)确认故障恢复并签认后,在已有进路处于锁闭状态(即白光带完好)的基础上,按下进路始端按钮,防护进路的信号即可重复开放。

例如办理好北京方面至4G的接车进路后,由于进路中瞬间显示红光带造成X进站信号机关闭。确认室外设备完好及进路锁闭完整后,在控制台按压XLA,即可重复开放X进站信号机。

4. 取消对进路按钮的误操作

6502电路能够自动记录对于进路按钮的按下操作。当由于误按某进路按钮造成按钮表示灯闪光时,控制台上本咽喉的排列进路表示灯也显示红灯。此时,只有取消对该按钮的操作,该咽喉才能办理其他进路。

取消对进路按钮误操作的方法是:按下本咽喉的总取消按钮,本咽喉所有进路按钮表示灯及排列进路表示灯均熄灭,取消对进路按钮的按下操作。

由于道岔、轨道电路故障等原因,按下进路的始、终端按钮后进路不能建立时,有关按钮的表示灯也处于闪光状态,按上述方法同样能够取消对按钮的操作。

5. 接通表示灯

(1) 接通光带

每咽喉区设置一个接通光带按钮,二位自复式,按下该按钮时,可使本咽喉区内按道岔开通位置点亮全部光带(但不说明进路已经建立),便于了解各道岔开通方向。

(2) 接通道岔

每咽喉区设置一个接通道岔按钮,二位非自复式,按下该按钮,使本咽喉区所有道岔表示灯按道岔所在位置点亮;拉出时,道岔表示灯熄灭。

6. 切断报警

当发生挤岔、跳信号、主灯丝断丝等故障时,6502电气集中控制台有声光报警,对于每种故障均设置有二位非自复式按钮用于切断声音报警。

(1) 挤岔报警

控制台下方中部设置挤岔按钮,按钮上方设置红色的挤岔表示灯监督全站道岔。

控制台上电铃鸣响,挤岔表示灯亮,相应道岔的定、反位表示灯均熄灭,其他道岔表示正常。说明无表示的道岔挤岔或失去表示超过13s。

车站值班员按下挤岔按钮使电铃暂停鸣响,并通知维修人员及时修复。修复后,电铃再次鸣响,通知车站值班员故障修复,拉出挤岔按钮后,电铃停止鸣响。

(2) 主灯丝断丝报警

控制台下方每个咽喉设置一个灯丝报警按钮,按钮上方设置红色的灯丝断丝报警表示灯。

控制台上电铃鸣响,主灯丝报警表示灯亮。说明本咽喉某一列车信号机正点亮的灯泡主灯丝故障,改点副灯丝。

车站值班员按下灯丝报警按钮使电铃暂停鸣响,并通知电务维修人员及时更换灯泡。修复后,电铃再次鸣响,通知车站值班员故障修复,拉出灯丝报警按钮后,电铃停止鸣响。

(3) 跳信号报警

控制台下方每个咽喉设置一个跳信号报警按钮,按钮上方设置红色的表示灯。

控制台上电铃鸣响,跳信号报警表示灯亮。说明本咽喉已开放的进站信号机或正线出站信号机在列车未接近时因故障自动关闭。

车站值班员按下跳信号报警按钮使电铃暂停鸣响,并通知电务维修人员及时维修。修复后,电铃再次鸣响,通知车站值班员故障修复,拉出跳信号报警按钮后,电铃停止鸣响。

(4) 区间报警

当区间为自动闭塞时,控制台下方设置一个区间移频报警按钮和一个区间灯丝报警按钮,按钮上方设置红色表示灯。

控制台上电铃鸣响,区间报警表示灯亮。说明相应方向的区间某信号点设备发生故障。

车站值班员按下区间报警按钮使电铃暂停鸣响,并通知电务维修人员及时维修。修复后,电铃再次鸣响,通知车站值班员故障修复,拉出区间报警按钮后,电铃停止鸣响。

区间灯丝报警的情况同区间移频报警。

（5）电码化报警

控制台下方设一个电码化报警按钮，按钮上方设红色表示灯。电码化报警的情况与区间移频报警相同。

（6）电源切换报警

控制台中部上方设置电源切换按钮及绿色的主电源表示灯和白色的副电源表示灯，主电源供电时，主电源表示灯亮，副电源供电时，副电源表示灯亮。

控制台上电铃鸣响，主、副电源的表示灯发生切换，说明主电源转至副电源供电（或者副电源转至主电源供电）。

电源表示灯白灯亮，说明主电源转至副电源供电，按下电源切换按钮，电铃停止鸣响。电源表示灯绿灯亮，说明副电源转至主电源供电，拉出电源切换按钮，电铃停止鸣响。

应注意的是，此按钮仅用于切断电源切换电铃电路，不能进行两路电源的转换。

单元2.4　计算机联锁设备使用

任务目标

1. 计算机联锁与6502电气集中联锁在设备组成方面有哪些异同？
2. 画出计算机联锁系统结构图。
3. 计算机联锁控制台的功能按钮有哪些？
4. 举例说明怎样办理列车进路及其变通进路。
5. 举例说明怎样办理调车进路及其变通进路。
6. 举例说明怎样办理引导进路锁闭方式接车进路。

任务实施

1. 下发任务目标，明确任务内容及考核方式，学生课前按要求预习。
2. 教师先介绍相关设备，演示操作，确定任务实施方式和人员分工，学生分组讨论，操作。
3. 学生自行总结基本知识。

知识准备

一、计算机联锁概述

1. 发展简况

继电集中联锁是目前应用最为广泛的联锁控制系统，虽有性能稳定、抗干扰性强、可靠性高等特点，但存在着功能不够完善、功耗大、成本高、室内设备占地面积大等缺点。随着计算机技术的迅速发展,尤其是对于可靠性技术和安全性技术的深入研究,出现了计算机联锁,正渐趋成熟并推广使用。它与继电集中联锁设备相比,在安全性、可靠性、经济性以及设计、施工、维修、使用等方面,具有明显的优势,更适应铁路信号设备数字化、网络化、综合化、智能化的要求,是车站联锁设备的发展方向。

20 世纪 80 年代,我国开展了计算机联锁控制系统的研制工作。1984 年研制生产出了国内第一个车站计算机联锁控制系统,并成功地应用于企业专用铁路,填补了我国计算机联锁控制系统的空白。1989 年计算机联锁控制系统在郑州北编组站开通使用,使计算机联锁控制系统首次应用于国有铁路。1994 年用于铁路客货列车通过的车站。目前,计算机联锁已经成为一些线路的主要联锁设备,今后在新线建设和既有线改造中限制发展继电集中联锁,必须采用计算机联锁。

2. 主要特点

计算机联锁是以计算机为核心的车站联锁系统,我国多采用工业控制用计算机(简称工控机)构成的联锁机构。

(1) 计算机联锁取代继电集中联锁的基础

①计算机的逻辑运算功能与继电逻辑电路具有共同的理论基础。

②由于可靠性技术、容错技术和安全技术的进步,使计算机实现联锁控制成为可能。

③工业控制级计算机商品化,为保证系统可靠性和降低造价提供了条件。

④计算机联锁的应用能够满足铁路信号向智能化和网络化方向发展的要求。

(2) 计算机联锁技术的优点

①随着大规模集成电路的发展,计算机联锁系统性能价格比的优势将更大。

②采取硬件和软件冗余技术后(如双机热备系统、三取二表决系统等),系统的安全性、可靠性将得到提高。

③联锁功能更加完善,便于增加进路储存、自动选路等新功能,解决 6502 电气集中联锁难以解决的问题。

④减少系统设计、施工、维护、改造测试功能及远距离联网,实现远距离诊断。

⑤人机界面灵活,显示内容丰富,信息量大,可与行车调度系统、列车控制系统联网,提供及交换各种信息,并协调工作,实现行车管理现代化。

二、计算机联锁设备组成

1. 基本结构

各种型号计算机联锁系统设计思路不同,所采用的硬件不完全相同,但各系统的基本功能大致相同,因此它们硬件组成的基本形式差异不大,图 2-27 所示为计算机联锁系统的一般结构图。

计算机联锁系统主要由以下几部分组成。

(1) 人机会话计算机

它的主要功能是操作人员通过操作向联锁机构输入操作命令和接收联锁机构输出的反映设备工作状态和行车作业情况的表示信息,人机会话用操作显示设备设置于运转室。

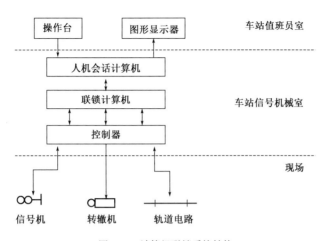

图 2-27 计算机联锁系统结构

(2) 联锁计算机

它是联锁系统的核心,必须满足故障—安全原则。联锁控制计算机除了接受来自操作表示计算机的操作信息外,还接受采集到的信号机、转辙机和轨道电路状态信息,并根据联锁条件,对输入的操作命令和状态信息以及联锁机构的当前内部信息进行处理,产生相应的输出信息,控制信号机显示和道岔转换。联锁计算机一般设置在信号楼的计算机房内。

(3) 控制器

一方面通过采集信号机、转辙机和轨道电路状态的信息提供给联锁计算机;另一方面,接受来自联锁计算机的控制命令,驱动道岔转换,控制信号显示。其中信号、道岔控制电路必须符合故障—安全原则,因此仍然采用继电电路作为现场设备与计算机设备的接口。

(4) 电务维修机

是专门为电务维修人员设置的计算机,主要任务包括站场状态跟踪与回放、操作命令记录与故障记录、输入/输出故障定位等。

计算机联锁系统与 CTCS-2 的列控中心、TDCS 车站机以及 CTC 车站自律机等设备均有接口。

2. 冗余结构

联锁机是计算机联锁的核心,其可靠性和安全性尤为重要,必须采用冗余结构,有双机热备、三取二、二乘二取二等不同结构。其中双机热备系统已经不能满足提速、高速区段对行车安全的要求,在 120km/h 以上的干线铁路应用的计算机联锁设备将以二乘二取二系统或三取二系统为主,限制双机热备型计算机联锁的发展。

除硬件冗余,在系统内还可采用软件冗余技术,如双套软件冗余、信息冗余等,进一步提高系统安全性和可靠性。

三、计算机联锁操作形式

计算机联锁基本保留了 6502 电气集中的操作原则,但计算机联锁多采用显示和操纵分开的方式。按人机会话硬件设备形式的不同,有以下几种:

1. 控制台方式

在计算机联锁发展的初级阶段,系统的操作通过控制台实现,有的采用专用按钮盘(由绘制站场图的金属板和按钮组成),配备显示器,有的直接采用原有电气集中控制台。但这种设备不能完全体现计算机联锁的特点,在站场改扩建时,控制台的配线和开关量输入板改动较大。

2. 鼠标方式

通过鼠标点击显示器上的按钮实现各种功能。目前多采用鼠标方式。

使用数字化仪方式或者鼠标方式,计算机联锁系统一般都使用大屏幕显示器(CRT 或 LCD),使车站值班员清晰地看到站场的实际状态及各种信息。当站场规模较大时,可以采用多屏显示卡,连接多个大屏幕显示器,分屏显示站场的结构。显示器能给出控制台的全部信息,以彩色光带和图形符号模拟表示出整个站场线路、轨道电路区段、信号机及道岔等设备的位置及状态,给出各种操作表示。还能提供当前时间、无效操作的提示,配合语言系统发出各种报警信号。

四、计算机联锁操作方法

下面以 JD 系列计算机联锁鼠标与显示屏结合的操作方式为例,介绍计算机联锁的显示和操作方法。

1. 屏幕主要显示及按钮配置

屏幕上的信息显示方式大致分为两大类:一类是自动显示的,主要包括与进路、道岔和信号有关的信息;一类是人工检索的,如道岔名、轨道电路区段名等,需以鼠标点击相应的菜单框才能显示出来。有些不经常发生或不经常变化的信息则在屏幕最下一列的信息提示框中自动显示。

无论是操作按钮还是选取菜单框,都是通过操纵鼠标实现的。当要操作某一按钮时,首先移动鼠标,将屏幕上的箭头形光标移动到所要操作的按钮上。当按钮作用区内出现手形符号时,再点击鼠标左键,即相当于按压了该按钮。系统遵循顺序按压两个或两个以上的按钮才能形成操作命令的原则。如果操作不符合系统规定的操作顺序,不会引起联锁失效,屏幕上将给出相应的提示,提醒操作者及时取消错误的或无效的操作。

如图 2-28 所示,计算机联锁屏幕保留了 6502 电气集中按钮及表示灯的设置特点,同时根据操作需要,充分发挥计算机的特点,增加了按钮和显示。屏幕从上至下主要包括以下几部分:

(1)道岔按钮及表示

每组道岔设置一个操纵按钮,用按钮及道岔名称的不同颜色表示道岔的不同状态。

(2)站场图形

屏幕中部为站场图形,信号复示器及进路按钮的设置与 6502 电气集中基本相同,不同之处主要如下:

①信号复示器能够与室外信号机的显示相同,并用禁止灯光的闪烁表示相应信号机灯光熄灭。

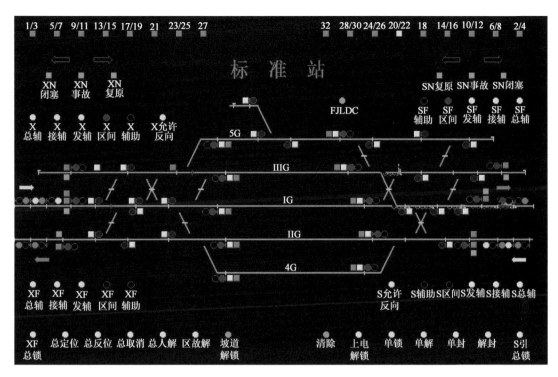

图 2-28　计算机联锁屏幕

②进路按钮名称的闪烁代替了 6502 电气集中进路按钮表示灯的闪烁，同时按钮名称的不同颜色表示了当前执行的不同任务。

③每个进站信号机的引导按钮设置在相应于进站信号旁边，按下时需要输入口令代替破铅封。

（3）功能按钮

功能按钮除了原有的总取消按钮、总人工解锁按钮、道岔总定位按钮、道岔总反位按钮、引导总锁闭按钮外，增加了以下按钮：

①区故解按钮——与区段名配合使用，完成上电解锁或区段故障解锁功能。

②道岔的单锁按钮和单解按钮——与道岔按钮配合完成对道岔的单独锁闭和解锁。

③道岔的单封和解封按钮——与道岔按钮配合完成对道岔的封锁和解除封锁。

④清除按钮——用于清除不带铅封的操作按钮信息，进路控制异常信息框"中的显示"等。

⑤按钮封锁按钮——用于禁止对列车按钮操作的按钮。

（4）菜单选取按钮

屏幕下方第一行为菜单框或称菜单按钮。以鼠标点击某一菜单框时，框中出现"√"符号，表示曾被点击过，同时屏幕上显示相应的信息。再次点击该框时，表示按钮复原，框中符号"√"及相应的信息随之消失。菜单按钮主要包括以下各项：

①屏幕汉字——显示或隐藏在站场图中的汉字名，例如牵出线、专用线等。

②按钮名称——显示或隐藏在站场图中各按钮的名称,例如 STA、D、A 等。
③信号名称——显示或隐藏在站场图中各信号复示器的名称,例如 X、S、D_3 等。
④道岔名称——显示或隐藏在站场图中道岔的名称。
⑤区段名称——显示或隐藏在站场图中轨道区段的名称。
⑥语音暂停——停止当前正在重复(连续)播放的语音信息。
⑦时钟设定——修改当前的系统日时钟。
⑧铅封记录——点击后能够在屏幕上弹出破封记录窗口。

(5)信息提示框

屏幕最下一行是信息自动提示框。

①异常信息框——包括按钮操作不符合规定或按钮配对有误。
②故障报警框——当发生灯泡断丝、熔丝断丝、道岔挤岔、发码故障等故障时,框内提示汉字报警信息,而且该框的底色为红、蓝交替闪烁。
③延时信息框——反映进路延时解锁等时间变化情况。
④联机信息框——反映上位机、联锁机、电务维修机以及上位机与联锁机之间的通信网的状态。
⑤系统日时钟框——提供与标准时间一致的时钟,为设备状态、行车过程等数据提供时间信息。
⑥电源屏供电框——反映电源屏当前由主电源或副电源供电状态。

(6)闭塞按钮及表示灯

根据区间闭塞方式设置有关按钮和表示灯。

①单线半自动闭塞区段设置闭塞按钮、事故按钮、复原按钮以及接车表示灯、发车表示灯。
②双方向自动闭塞区段设置允许改变方向按钮、总辅助按钮、接车辅助按钮、发车辅助按钮以及监督区间表示灯、辅助办理表示灯、接车表示灯、发车表示灯等。

(7)弹出窗口

①口令输入窗口——当操作人员点击了带铅封的按钮后,系统会弹出一个口令检查窗口,要求用户输入口令并确认。
②破铅封记录窗口——当操作人员点击系统菜单栏上的"铅封记录"按钮后,系统会弹出一个破铅封记录窗口列出到目前为止所有带铅封按钮的破封次数。

(8)语音提示

列车接近、灯丝断丝等情况发生时,系统会以语音的方式播放提示信息。语音提示包括:道岔挤岔、挤岔恢复、灯丝断丝、灯丝恢复、发码故障、发码恢复、列车接近、信号故障关闭、特殊声响(用于半自动闭塞)等。

2. 常用操作

(1)办理进路

顺序按压进路的始、终端按钮后,信号机名闪烁,进路建立过程中,屏幕显示出有关道岔的动作情况。进路建立成功,进路呈白色光带。信号开放后,复示器给出相应显示,信号名消失。

进路建立失败,屏幕提供相应的信息。

接车进路、发车进路、通过进路、调车进路、变通进路的办理原则以及重复开放信号等,均与6502电气集中设备操作一致。

(2) 引导接车

JD系列引导进路的办理与6502电气集中有较大不同。

①进站信号机故障时引导接车。

引导进路的办理也采用了双按钮选路的原则。

点击有关引导按钮,输入口令后,点击接车股道的列车按钮作为终端按钮,进路自动选排,将道岔转动到需要的位置,道岔表示正常后,显示白光带表示进路锁闭,进站信号机开放引导信号。

②进站信号机内方第一轨道电路区段故障时引导接车。

按照上述方式办理引导进路开放引导信号后,"延时信息框"用倒计时方式显示30s延时,此后必须断续地点击引导信号按钮,重复点击的间隔时间一般不应超过14s,否则可能造成引导信号自动关闭。

(3) 取消解锁和人工解锁

①进路处于预先锁闭状态且轨道区段及道岔均正常时,点击"总取消"按钮后,再点击进路始端按钮,信号关闭,进路的白光带消失,进路解锁。

②进路处于接近锁闭状态且轨道区段及道岔均正常时,点击"总人解"按钮后,输入口令,再点击进路始端按钮,信号关闭,进路延时解锁,"延时信息框"用倒计时显示规定延时时间。

(4) 道岔的单独操纵

①点击总定位按钮后,再点击道岔按钮,道岔转向定位,道岔按钮呈绿色。

②点击总反位按钮后,再点击道岔按钮,道岔转向反位,道岔按钮呈黄色。

(5) 道岔的单锁和解锁

①点击单锁按钮后,再点击道岔按钮,道岔被单锁,线路上相应道岔处出现红圆点,道岔名称呈红色。

②点击单解按钮后,再点击道岔按钮,道岔解除单锁,道岔处的红圆点消失,道岔按钮名恢复原色。

(6) 道岔的封锁与解封

①点击单封按钮后,再点击道岔按钮,道岔被封锁,线路上相应道岔处出现蓝圆点,道岔名称呈蓝色。

②点击解封按钮后,再点击道岔按钮,道岔解除封锁,道岔处的蓝圆点消失,道岔按钮名恢复原色。

与单独锁闭不同的是,道岔的封锁后允许单独操纵,但不允许经过该道岔办理进路。

(7) 区段故障解锁

系统上电或者需要解锁轨道区段时,应使用区段故障解锁。

按压区故解按钮并输入口令后,所有需要解锁的区段处呈红色区段名,该区段名就是区段按钮。再点击区段按钮,相应区段的白光带消失,该区段解锁。

（8）按钮的封锁与解封

封锁按钮的主要目的是封锁股道。

按压封锁按钮后，该按钮呈红色闪烁，按压列车信号按钮后，相应信号复示器名称呈紫色闪烁，封锁后的按钮被禁止用于办理进路。

知识拓展

计算机联锁系统的冗余结构

一、冗余结构的概念

所谓冗余结构是指为了提高系统的可靠性、安全性而增加的结构。

1. 可靠性冗余结构（图2-29）

模块A和模块B经或门输出，两个模块只要有一个模块正常输出即可保证整个系统不停机，提高了系统工作的可靠性。在实际应用中，对安全性要求不高的处理人机对话信息的上位机一般采用可靠性冗余结构。

2. 安全性冗余结构（图2-30）

模块A和模块B经与门输出，两个模块同步工作，只有两个模块输出一致才能保证整个系统不停机，只要有一个模块故障，系统将不能正常输出。这样，提高了系统工作的安全性，减少了危险侧输出的概率。在实际应用中，对安全性要求较高的联锁控制机采用安全性冗余结构。

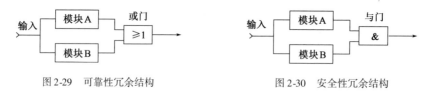

图2-29　可靠性冗余结构　　　　　　图2-30　安全性冗余结构

二、双机储备系统

1. 双机储备系统的基本结构

图2-31是双机储备系统的结构框图，图中的A、B是两台完全相同的计算机，其中一台处于在线运行状态，它的输出通过切换开关引向外部，称之为主机或工作机；另一台处于待命接替状态，称为备用机（简称备机）。由故障检测机构对系统的运行进行检测，当主机运行发生故障时，通过控制切换开关切除主机，并将备用机状态输出。

2. 双机储备系统的工作方式

双机储备系统具有两种工作方式：一是双机冷备，二是双机热备。所谓双机冷备是指工作机加电运行时，备用机停机，当主机发生故障时，再启动备用机。这种方式的缺点：一是启动时间长，二是故障切换时容易造成信息的丢失。一般对安全性能要求不高的上位机采用这种工作方式，而对安全性能要求较高的联锁处理机必须采用双机热备的方式。所谓双机热备是指主、备机输入相同的信息,两机同时独立运行相同的程序,定期同步,主机经输出口输出,备机假输出。系统运行前,先打开的联锁机为主机,当主机发生故障时,自动切换到备机输出。这样故障切换时,可不影响系统工作,理想的系统可以实现"无缝切换"。

采用双机储备方式的计算机联锁系统,各子系统之间一般采用局域网的通信方式,为保证系统的通信及时可靠,一般均采用双重冗余网络结构。

3. 双机储备系统的故障检测

双机储备系统的核心是故障检测环节,采用故障检测的目的,一是保证系统发生故障不产生危险侧输出,提高系统的安全性;二是保证能及时实现切换,提高系统的可靠性;三是给出报警信息,以便及时排除故障,使系统迅速恢复正常的工作状态。

故障检测设备一般采用软件和硬件结合的方式,故障检测的方式很多,图 2-32 是利用比较-自诊断法实现故障检测的框图,这是一种典型的故障检测方式。

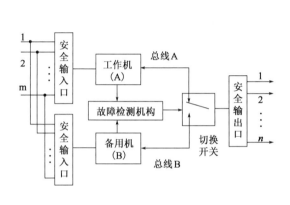
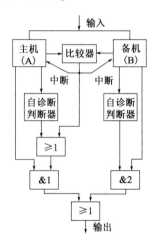

图 2-31 双机储备系统的结构框图　　　图 2-32 比较-自诊断法检测的框图

如图 2-32 所示,主备机均运行正常时,输出状态一致,比较器输出为"1"。此时,门 1 打开,系统将 A 机状态输出。当主机与备机输出不一致,即某一机器故障时,比较器输出为"0",系统将通过中断方式启动自诊断程序对系统进行自动检测。若为主机故障,则通过判别器关闭 A 机控制门,将无故障的 B 机状态输出,这样就实现了自动切换。当然,B 机故障时,A 机继续输出。

4. 双机储备系统主备机的同步过程

采用双机动态冗余方式的关键是 A、B 机传送给比较器的信息应当同时送到,因此,要求 A、B 机必须同步工作,只有同步才能及时交换信息。为了实现同步,一般的系统采用半双工的通信方式,备机定期向主机呼叫,扫描一个周期,交换一次信息,即握手一次。双机热备系统同步过程可用图 2-33 表示。

三、三机表决系统

1. 三机表决系统的结构原理

三机表决系统也称三取二系统,图 2-34 是三机表决系统的结构框图,系统共有 A、B、C

三个相同的主机,每个主机可以把它看成是系统中的一个模块。三个模块执行相同的操作,其输出送到表决器的输入端,将表决器的输出作为系统的输出。

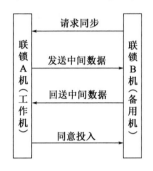

图2-33 双机同步过程

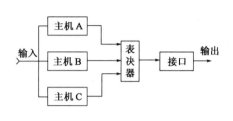

图2-34 三机表决系统结构框图

三机表决系统首先承认"多数模块的输出是正确的",按照"少数服从多数"的原理,用三取二的表决结果作为系统的正确输出。这样有一个模块发生故障,不影响系统的输出。可以屏蔽任一个模块的故障对系统的影响。

三机表决系统是利用故障屏蔽技术组成的冗余结构,称这种冗余方式为静态冗余。这种方式既提高了系统的可靠性又提高了系统的安全性。但由于增加了系统的硬件,使系统的造价也相应提高了。

应当指出,当两个模块发生共模故障时,表决器将输出故障的结果。设计时,可以采用单机自检或主机间互检的方法消除共模故障。

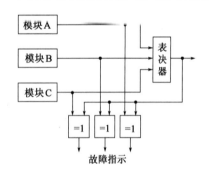

图2-35 三机表决系统模块故障检测示意图

2. 故障机的确定

三机表决系统中,有一台主机出现故障时,虽然可以被掩盖过去,但系统已失去了容错的能力。若不及时修复,当另一模块再发生故障时,将使表决失误。为此,三机表决系统必须具有故障检测能力。图2-35是三机表决系统模块故障检测示意图,检测电路将系统最后的输出与各主机的输出分别进行"异或"比较,不一致时输出为"1",给出故障指示。这样,可以发现故障机,并及时报警。

要保证三机表决系统工作可靠,A、B、C三机必须同步工作,在系统软件或硬件设计时,必须采取相应的措施,实现同步。

四、2×2取二系统

1. 2×2取二系统的概述

(1)二取二的含义:在一套子系统上集成两套CPU,两CPU严格同步,实时比较。只有双机运行一致,才对外输出运算结果。

(2)2×2的含义:用两套完全相同的二取二子系统构成双机并用或热备系统。每一子系统内部为安全性冗余控制,两子系统形成可靠性冗余控制,这样,既提高了系统的可靠性又提高了系统的安全性。

2. 2×2取二系统的结构原理

如图2-36所示,系统Ⅰ或系统Ⅱ只要有一个系统正常输出即可保障整个系统正常工作,从而提高了系统的可靠性。在系统Ⅰ或系统Ⅱ每一个子系统均由系统A和系统B构成,只有A、B两个系统同时工作正常时,系统Ⅰ或系统Ⅱ才能有输出,从而提高了系统的安全性。

3. 双系热备

在实际应用中,计算机联锁系统的联锁机采用

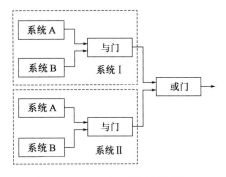

图2-36 2×2取二系统原理框图

2×2取二系统,输入输出处理机采用两二取二系统并用方式,两环节主机为Ⅰ系,备机为Ⅱ系。每环节为双机四主热备控制,两环节构成四机八主系统,两环节之间采用光纤双冗余网络通信。联锁机发生故障时,可自动完成主备系切换。

Ⅰ系和Ⅱ系的输入输出处理机同时接收主联锁机的输出信息,备联锁机的输出信息只作校核用不作为输出,两输入输出处理机同时运行,两输出并行同时控制执行继电器。

 模块小结

本模块介绍了进路的基本概念;联锁的基本概念;6502电气集中联锁设备的特点、设备组成和办理方法;计算机联锁设备的特点、设备组成和办理方法。在学习中,以熟练操作6502电气集中联锁和计算机联锁控制台为重点。联锁设备是实现信号、道岔和进路之间联锁关系的一种设备,是保证列车在站内运行和站内调车安全的重要设备。站内列车或调车车列运行的每一条进路,要由信号机进行防护。当进路上的道岔位置不对,防护该进路的信号机就不能开放,禁止列车或调车车列进入该线路。我国铁路上主要采用电气集中联锁和计算机联锁,运用该设备排列进路时,只要按压进路的两个按钮,一条复杂的进路,只需十几秒即可排通,从而显著提高了车站的作业效率。

在本模块的实施过程中,不但要求学生具有一定的理论知识,还要求学生具有较强的动手能力。通过本模块的学习,学生能够熟练操作6502电气集中联锁和计算机联锁控制台。

 课后习题

一、填空题

1. 目前我国铁路的联锁设备主要有_____和_____两大类。
2. 控制车站的_____、_____和信号,并实现它们之间的联锁的设备,称为联锁设备。
3. 列车进路包括_____、_____、_____。
4. 进路锁闭分为_____和_____。
5. 信号机按用途分为_____、_____、通过、进路、预告、调车等信号机。

6. 电气集中联锁室外设备有_____、_____和轨道电路以及连接它们的电缆线路等。

二、简答题

1. 什么是联锁？联锁设备有哪几种？
2. 联锁技术条件有哪些？
3. 简述确定道岔定位的原则。
4. 什么是进路？列车进路有哪几种？
5. 填制附图1北京方面正方面接车、发车的联锁表。
6. 填制附图1天津方面正方面接车、发车的联锁表。
7. 什么是进路锁闭？进路锁闭的分类？
8. 道岔有几种锁闭方式？
9. 什么情况下信号机会自动关闭？
10. 电气集中联锁室内和室外设备的组成有哪些？
11. 什么是进路的接近区段？举例说明。
12. 举例说明怎样办理列车进路及其变通进路。
13. 举例说明怎样办理调车进路及其变通进路。
14. 举例说明怎样办理区段故障解锁。
15. 什么情况下需要使用引导进路锁闭方式接车？举例说明怎样办理引导进路锁闭。
16. 什么情况下采取取消解锁？如何办理？
17. 画出计算机联锁系统结构。

三、实训题

1. 实训目的

熟练使用6502模拟仿真软件，能够利用实体6502控制台，进行进路排列、取消进路和解锁进路等。

2. 实训设备

标准站6502电气集中联锁仿真软件、标准站6502控制台、标准站计算机联锁控制台。

3. 实训步骤

项 目		总题号	题号	题 目	评分标准	得分
一、接发列车进路	1. 排列接车进路	1	1	北京方面接车进5道	每人3次机会，每排错一次扣10分，3次全错，则为零分。多按按钮或按错按钮扣10分	
		2	2	北京方面接车进3道		
		3	3	北京方面接车进4道		
		4	4	天津方面接车进3道		
		5	5	天津方面接车进4道		
	2. 排列发车进路	6	6	5道向北京方向发车		
		7	7	4道向北京方向发车		
		8	8	3道向北京方向发车		
		9	9	3道向天津方向发车		
		10	10	4道向天津方向发车		

续上表

项　目		总题号	题号	题　目	评 分 标 准	得分
一、接发列车进路	3.排列通过进路	11	11	上行方向通过进路(一次排列)	每人3次机会,每排错一次扣10分,3次全错,则为零分。多按按钮或按错按钮扣10分。分段排列时只排出一段扣25分;未遵守由远及近的原则扣15分	
		12	12	下行方向通过进路(一次排列)		
		13	13	上行方向通过进路(分段排列)		
		14	14	下行方向通过进路(分段排列)		
	4.排列列车变通进路	15	15	北京方面接车进1道(八字变通进路)	每人3次机会,每排错一次扣10分,3次全错,则为零分。多按按钮或按错按钮扣10分	
		16	16	北京方面接车进3道(经9/11道岔反位的平行变通进路)		
		17	17	北京方面接车进3道(经5/7道岔反位的平行变通进路)		
		18	18	北京方面由3道发车(经5/7道岔反位的平行变通进路)		
二、调车作业进路	1.排列调车进路(一次排)	19	1	5道向牵出线调车	每人3次机会,每排错一次扣10分,3次全错,则为零分。多按按钮或按错按钮扣10分。5-7题分段排时未遵守由远及近的原则扣15分;有两段只排出一段扣25分;有三段只排出一段扣35分,排出两段扣20分	
		20	2	3道向上行进站信号机内方无岔区段调车		
		21	3	下行进站信号机内方无岔区段向2道调车		
		22	4	牵出线向8-10DG区段调车		
	2.排列调车进路(分段排)	23	5	下行进站信号机内方无岔区段向4道调车		
		24	6	5道向牵出线调车		
		25	7	4道向下行进站信号机内方无岔区段调车		
三、摘挂车作业		26	1	摘挂列车40011接5道,机后三辆本站作业车甩货场,然后回本务机5道,继续发往下行	每人3次机会,每排错一次扣10分,3次全错,则为零分。接发列车分值占50%,调车作业分值占50%。每错一处程序扣10分	
		27	2	摘挂列车40011接5道,列车尾部三辆本站车甩货场。利用调机调车		
		28	3	摘挂列车40011接4道,机后三辆本站作业车甩货场,利用本务机调车,然后回本务机4道,继续发往下行		
		29	4	摘挂列车40011接4道,列车尾部三辆本站作业车甩货场,利用调机调车		

续上表

项　　目	总题号	题号	题　　目	评分标准	得分
三、摘挂车作业	30	5	摘挂列车40012接4道,尾部三辆本站作业车甩货场,利用调机调车	每人3次机会,每排错一次扣10分,3次全错,则为零分。接发列车分值占50%,调车作业分值占50%。每错一处程序扣10分	
	31	6	四摘挂列车40012接5道,尾部三辆本站作业车甩货场。利用调机调车		
四、其他功能操作	1. 人工解锁进路	32	1	人工解锁接车进路、发车进路、短调车进路	每人3次机会,每排错一次扣10分,3次全错,则为零分。多按按钮或按错按钮扣10分。总取消、总人解用错扣20分	
		33	2	人工解锁通过进路、长调车进路	每人3次机会,每排错一次扣10分,3次全错,则为零分。多按按钮或按错按钮扣10分。总取消、总人解用错一次扣10分,两次扣20分;未遵守由近及远的原则扣15分	
	2. 区段人工解锁	34	3	停电后恢复供电,对某一段白色光带人工解锁	每人3次机会,每排错一次扣10分,3次全错,则为零分。多按按钮或按错按钮扣10分。解锁一半扣25分;未按顺序解锁扣5分	
		35	4	列车运行过后,对遗留白光带人工解锁		
	3. 单操道岔	36	5	将某些/某个能转换位置的道岔转到相反的位置	每人3次机会,每排错一次扣10分,3次全错,则为零分。多按按钮或按错按钮扣10分。遗漏一处扣10分	
	4. 单锁道岔	37	6	将某些/某个道岔单锁		

续上表

项 目	总题号	题号	题 目	评 分 标 准	得分
五、引导接车办理	1.引导进路锁闭接车	38	1	轨道电路区段故障接车(故障区段内无失去表示的道岔)	(1)将进路上的有关道岔转换到规定位置开通进路。 (2)在行车设备检查登记簿(即运统－46)上登记。破铅封按压相应的引导按钮,进站信号机开放引导信号。 (3)列车驶入进站信号机内方。听取车站值班员命令办理引导进路解锁手续。每人3次机会,每排错一次扣10分,3次全错,则为零分	
		39	2	进站信号机故障接车	(1)将进路上的有关道岔转换到规定位置开通进路,如果有道岔区段轨道电路故障。 (2)在行车设备检查登记簿(即运统－46)上登记。听取车站值班员命令办理破铅封按压相应的引导按钮,进站信号机开放引导信号。 (3)监督列车驶入车站。听取车站值班员命令办理引导进路解锁手续。 每人3次机会,每排错一次扣10分,3次全错,则为零分	
	2.引导总锁闭接车	40	3	进路上道岔失去表示	(1)在行车设备检查登记簿上登记。 (2)将进路上的有关道岔转换到规定位置开通进路。 (3)破铅封按下本咽喉的引导总锁闭按钮,其上方白色表示灯点亮,表示将全咽喉联锁道岔锁闭。 (4)破除铅封按下相应的引导按钮,进站信号机开放引导信号,但没有白光带。 (5)监督列车驶入进站;听取车站值班员命令办理,解锁手续。 每人3次机会,每排错一次扣10分,3次全错,则为零分	

模块 3　闭 塞 设 备

模块描述

通过学习本模块知识,使学生能够掌握闭塞区间的划分和行车凭证的知识,构建起铁路行车的基本知识体系,要求学生面对半自动闭塞区段、自动闭塞区段车站控制台,独立判断闭塞设备状态,明确控制台上设备使用状态;面对移动闭塞设备,能够明确列车运行间隔控制,确定安全目标要求,判断安全距离。通过回答问题,检测学生对知识的掌握程度。

教学目标

知识目标

1. 掌握区间闭塞的基本概念。
2. 掌握半自动闭塞的特点、设备组成和办理方式。
3. 掌握自动闭塞的特点、分类,设备组成和基本原理。
4. 了解移动闭塞的基本原理及其设备使用方法。

技能目标

1. 面对控制台,能够正确识别区间闭塞设备。
2. 能够熟练操作半自动闭塞设备。
3. 能够熟练操作自动闭塞设备。
4. 能够正确改变运行方向。

建议课时

8 课时

背景知识

闭塞一般是指与外界隔绝的意思。这里说的闭塞是铁路信号的专用名词,是指列车进入区间后,区间两端都不再向这一区间发车,以防止列车相撞和追尾。闭塞设备即为实现"一个区间(闭塞分区)内,同一时间只允许一列车占用"而设置的铁路区间信号设备。

19世纪40年代以前,列车运行是采用时间间隔法。即先行列车发出后,隔一定时间再发出同方向的后续列车。这种方法的主要缺点是不能确保安全。当先行列车运行不正常时(晚点或中途停车等),有可能发生后续列车撞上前行列车的追尾事故。1842年,英国人库克提出了空间间隔法,即先行列车与后续列车间隔开一定空间的运行方法。因为它能较好地保证行车安全而被广泛采用,逐步形成铁路区间闭塞制度。1876年电话发明后,不久就有了电话闭塞。电话(电报)闭塞靠人工保证行车安全,两站间没有设备上的锁闭关系。1878年英国人泰尔研制成功电气路牌机,1889年发明了电气路签机。

我国铁路早期实行的是单路签行车方式。例如京秦(今京沈)铁路1903年以前,沪宁铁路1913年以前均采用单路签行车制。从1903年起,我国主要铁路干线相继装设电气路签和电气路牌机。在相当长的时间里,它们一直是我国铁路行车闭塞的主要方式。1925年,秦皇岛—南大寺线开通了半自动闭塞,随后扩展到唐山—山海关线。1924年,大连—金州、苏家屯—沈阳线开始采用自动闭塞,1933年大连—沈阳全线开通自动闭塞。中华人民共和国成立后,我国铁路区间闭塞设备发展迅速,即由人工闭塞逐步更新为半自动闭塞和自动闭塞;自行研制的继电半自动闭塞设备性能稳定、操作方便,得到了广泛应用。21世纪初期,国家铁路使用电气集中控制的车站超过5000个,占营业车站的91.8%。

人工闭塞包括电报闭塞和电话闭塞、电气路签闭塞和电气路牌闭塞。①电话闭塞和电报闭塞,指区间两端车站值班员用电话或电报办理行车联络手续,由发车站填制路票,发给司机作为列车占用区间凭证的行车闭塞法。目前,中国铁路只在基本闭塞设备停用或发生故障时,将电话闭塞作为代用闭塞法使用。②电气路签(牌)闭塞,只在单线铁路早期使用,以路签或路牌作为列车占用区间凭证的行车闭塞法。区间两端车站装设同一型闭塞机各一台(称为一组),彼此有电气锁闭关系。当一组闭塞机中存放路签(牌)总数为偶数时,经双方协同操作,发车站可取出一枚路签(牌),递交司机作为行车凭证。在列车到达邻站前(即路签、路牌未放入闭塞机以前),这一组闭塞机中不能再取出第二枚路签(牌)。电气路签(牌)闭塞的缺点为:办理手续烦琐,向司机递送签(牌)费时费事,签(牌)还有可能丢失和损坏;区间通过能力低。中国铁路上的电气路签(牌)闭塞已处于逐步淘汰之中。

半自动闭塞区间两端车站各装设一台具有相互电气锁闭关系的半自动闭塞机,并以出站信号机开放显示为行车凭证的闭塞方法。此时,在车站进站信号机内侧设有一小段专用轨道电路,它和闭塞机、出站信号机间也具有电气锁闭关系。其特点是:出站信号机不能任意开放,它受闭塞机控制,当区间空闲、双方车站办理闭塞手续后(双线半自动闭塞为前次列车的到达复原信号)才能开放。列车出发越过出站信号机,出站信号机自动关闭,并使双方闭塞机处于"区间闭塞"状态,直到列车到达接车站办理到达复原时止。半自动闭塞法办理手续简便,效率高,可比路签(牌)闭塞法提高区段通过能力,改善劳动条件。但列车是否整列到达,目前仍须通过人工检查才能确定。半自动闭塞现在是中国单线铁路区间闭塞的主要类型。

自动闭塞利用通过信号机把区间划分为若干个装设轨道电路的闭塞分区,通过轨道电路将列车和通过信号机的显示联系起来,使信号机的显示随着列车运行位置而自动变换的一种闭塞方式。在每个闭塞分区始端都设置一架防护该分区的通过色灯信号机,这些信号机平时显示绿灯,称为"定位开放式";只有当列车占用该闭塞分区(或发生断轨故障)时,才自动显示红灯,要求后续列车停车。自动闭塞的优点:由于划分成闭塞分区,可用最小运行间隔时间开行追踪列车,从而大大提高区间通过能力;整个区间装设了连续的轨道电路,可以自动检查轨道的完整性,提高了行车安全的程度。

单元3.1 闭塞设备概述

任务目标

1. 画出划分各种闭塞区间的示意图。
2. 什么是闭塞？闭塞设备分为哪些？
3. 闭塞设备有何特点？

任务实施

1. 下发任务目标，明确任务内容，学生课前按要求预习。
2. 教师先介绍相关设备，演示操作，学生分组讨论并操作。
3. 学生自行总结基本知识。

知识准备

一、闭塞的基本概念及发展历程

（一）闭塞的基本概念

列车在区间运行时以站间区间、所间区间及闭塞分区作为行车间隔，这种保证列车按照空间间隔运行的技术方法称为行车闭塞法，简称闭塞。用以完成闭塞作用的设备称为闭塞设备。闭塞设备是保证区间行车安全、提高运输效率的信号设备，目前我国铁路单线区段主要使用半自动闭塞，双线铁路主要使用自动闭塞。

（二）发展历程

在我国，铁路行车闭塞法经历了电报（电话）闭塞→路签（路牌）闭塞→半自动闭塞→自动闭塞的发展过程。目前，路签（路牌）闭塞已经被淘汰，《铁路技术管理规程》规定行车基本闭塞法采用自动闭塞、自动站间闭塞和半自动闭塞三种。

电话闭塞法是当基本闭塞法不能使用时所采用的代用闭塞法。

上述闭塞方式均属于固定闭塞，目前在国内外铁路以及城市轨道交通中应用的还有准移动闭塞、虚拟闭塞、移动闭塞等。

二、闭塞区间的划分及状态

我国铁路采用站间区间、所间区间或闭塞分区为列车运行的空间间隔。区间与站内的划分是行车组织工作的一项重要内容。

（一）区间的划分

1. 站间区间

①在单线上，车站与车站间以进站信号机柱的中心线为车站与区间的分界线，如图 3-1 所示。

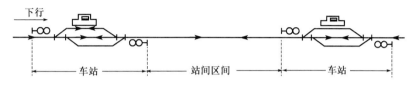

图 3-1　单线铁路站间区间示意图

②在双线或多线上，车站与车站间分别以各该线的进站信号机柱或站界标的中心线为车站与区间的分界线，如图 3-2 所示。

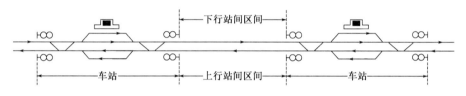

图 3-2　双线铁路站间区间示意图

2. 所间区间

两线路所间或线路所与车站间，以该线上的通过信号机柱的中心线为所间区间的分界线。设有进站信号机的线路所，所间区间的分界方法与站间区间相同，如图 3-3 所示。

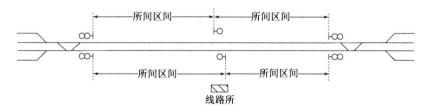

图 3-3　所间区间示意图

3. 闭塞分区

自动闭塞区间同方向相邻的两架色灯信号机间，以该线上的通过信号机柱的中心线为闭塞分区的分界线，如图 3-4 所示。

（二）区间的状态

区间的状态是指区间的使用情况，一般分为区间空闲、占用、封锁等。

1. 区间空闲

区间未被列车、机车车辆占用，且相邻两站未办妥闭塞手续及出站调车手续时，称为区间空闲。

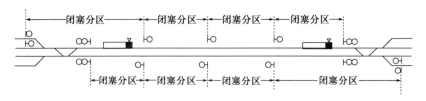

图 3-4　闭塞分区示意图

2. 区间占用

区间被列车、机车车辆占用，或相邻两站已办妥闭塞手续及出站调车手续时，称为区间占用。

3. 区间封锁

由于施工或区间发生事故等原因，区间不能正常使用，根据调度命令进行封锁，除指定列车（如根据调度命令向封锁区间发出救援列车、路用列车等）外，禁止其他列车进入该区间，称为区间封锁。

三、闭塞设备的分类及特点

目前我国铁路主要采用半自动闭塞、自动站间闭塞、自动闭塞等，移动自动闭塞是发展方向。

1. 半自动闭塞

列车运行以站间区间或所间区间为间隔。半自动闭塞以出站信号机的允许信号显示作为发车凭证，发车站的出站信号机（或线路所的通过信号机）必须经两站同意，办理闭塞手续后才能开放，列车进入区间自动关闭，实现区间闭塞；而且在列车未到达接车站以前，向该区间发车用的所有信号机都不得开放，这就保证了两站间的区间内同时只有一列车运行。

继电半自动闭塞在各区间的相接车站都装有半自动闭塞机，是以继电电路的逻辑关系完成区间的闭塞作用的。

半自动闭塞区间不设轨道电路，不能监督列车在区间是否遗留车辆，列车的整列到达必须依靠车站值班员的确认，以专用的复原按钮发送到达复原信号之后，区间才能解除闭塞，因此是半自动的。

2. 自动站间闭塞

列车运行以站间区间为间隔。使用自动站间闭塞法行车时，列车凭出站信号显示的允许运行信号进入区间。自动站间闭塞须与集中联锁设备结合使用，采用轨道检查装置自动检查区间空闲，发车站办理发车进路后即自动构成站间闭塞。列车到达接车站或返回发车站并出清区间后，自动解除闭塞。

3. 自动闭塞

将站间铁路线路划分为若干个闭塞分区，列车运行以闭塞分区为间隔。在每个闭塞分区的分界处，设立通过信号机，站内和区间均装设轨道电路。根据列车运行及闭塞分区状态，自动变换通过信号机的显示，将闭塞分区占用情况自动通知追踪列车，这种方法不需要人工操纵,故称为自动闭塞。

4. 移动自动闭塞

列车运行间隔自动调整,又称移动自动闭塞系统。这种设备不需要将区间划分成固定的若干闭塞分区,而是在前、后两列车都采用移动式的定位方式,列车之间自动调整运行间隔,使之经常保持一定的安全距离,所以称列车运行自动调整,它可以大大地提高区段的通过能力。

知识拓展

《铁路技术管理规程(普速铁路部分)》
关于闭塞设备及闭塞法的内容

第93条 闭塞设备分为自动闭塞、自动站间闭塞和半自动闭塞。具体设置条件如下:

1. 在单线区段,应采用半自动闭塞或自动站间闭塞,繁忙区段可根据情况采用自动闭塞;

2. 在双线区段,应采用自动闭塞。

在一个区段内,原则上应采用同一类型的闭塞方式。

第310条 当基本闭塞法不能使用时,应根据列车调度员的命令采用电话闭塞法行车。遇列车调度电话不通时,闭塞法的变更或恢复,应由该区间两端站的车站值班员确认区间空闲后,直接以电话记录办理。列车调度电话恢复正常时,两端站车站值班员应及时向列车调度员报告。

第311条 遇下列情况,应停止使用基本闭塞法,改用电话闭塞法行车:

1. 基本闭塞设备发生故障导致基本闭塞法不能使用、自动闭塞区间内两架及以上通过信号机故障或灯光熄灭时;

2. 无双向闭塞设备的双线区间反方向发车或改按单线行车时;

3. 发出由区间返回的列车,或发出挂有由区间返回后部补机的列车时;

4. 自动站间闭塞、半自动闭塞区间,由未设出站信号机的线路上发车,或超长列车头部越过出站信号机并压上出站方面轨道电路发车时;

5. 在夜间或遇降雾、暴风雨雪,为消除线路故障或执行特殊任务,开行轻型车辆时。

自动站间闭塞设备故障,半自动闭塞设备良好时,可根据调度命令改按半自动闭塞法行车。

第312条 设有双向闭塞设备的自动闭塞区间,遇轨道电路发生故障等情况,需使用总辅助按钮改变闭塞方向时,车站值班员必须确认区间空闲后,根据列车调度员命令,使用总辅助按钮改变闭塞方向,并在《行车设备检查登记簿》内登记。

在半自动闭塞区间,遇接车站轨道电路发生故障,闭塞设备停电后恢复供电,列车因故退回原发车站等情况时,车站值班员确认列车整列到达后,根据列车调度员命令,使用故障按钮,办理人工复原,并在《行车设备检查登记簿》内登记。

第 313 条 线路所和区间内设有辅助所的行车闭塞办法，由铁路局规定。

单元 3.2　半自动闭塞设备

 任务目标

1. 半自动闭塞有何特点？
2. 半自动闭塞设备分为哪些？
3. 简述单线继电半自动闭塞正常办理手续。
4. 什么情况下办理取消复原，如何办理？
5. 什么情况下办理事故复原，如何办理？

 任务实施

1. 下发任务单，明确任务内容，学生课前按要求完成预习任务。
2. 教师先演示操作，学生分组讨论。
3. 学生自行总结基本知识。

 知识准备

一、半自动闭塞概述

（一）半自动闭塞的定义

用人工在站间区间或所间区间办理完闭塞后，出发的列车驶离车站后，出站信号机即自动关闭。在列车未到达接车站之前，发车站和接车站都不可能再开放驶向该区间的出站信号机。这样可以保证在这一段时间内，该区间中只有一列列车运行。当列车到达接车站，压上接车站接车咽喉区的轨道电路，值班员确认列车整列到达后，拉出闭塞（按压复原）按钮，人工办理复原，开通区间。因为这种闭塞办理过程基本由人工操作，但出站信号机的关闭是由设备自动控制的，所以称为半自动闭塞。

（二）半自动闭塞的种类

我国目前广泛采用 64 型继电半自动闭塞，它是用继电器实现闭塞功能的一种闭塞设备。在单线区段使用 64D 型，在双线区段使用 64F 型。图 3-5 是半自动闭塞设备站间联系示意图，在相邻两站设一对半自动闭塞机，并经过两站间的闭塞专用电缆连接起来。

（三）半自动闭塞的特点

（1）设备简单，电路结构严谨，设备性能稳定；

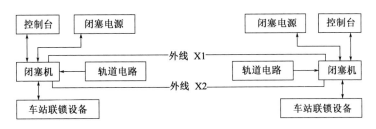

图 3-5　半自动闭塞设备站间联系示意图

（2）使用方便,维修容易,投资小,安装快；

（3）与自动闭塞相比较,有如下不足:①列车以站间或所间区间为行车间隔,当运量增大时,由于不可能增大行车密度提高通行能力,就不能满足铁路运输的需求；②区间内有无断轨现象,从设备上无法检查；③区间内有无车辆停留,设备上无法检查。

二、64D 型继电半自动闭塞设备

64D 型继电半自动闭塞设备由半自动闭塞机、半自动闭塞用的轨道电路、操纵和表示设备以及闭塞电源、闭塞外线等部分组成。此外,还包括车站的进、出站信号机。它们之间用电路连接,以实现彼此间的电气联系。为了实现闭塞设备之间的相互联系和控制,在相邻两站属于同一区间的两台闭塞机之间,用两条外线连接。64D 型继电半自动闭塞设备如图 3-6 所示。

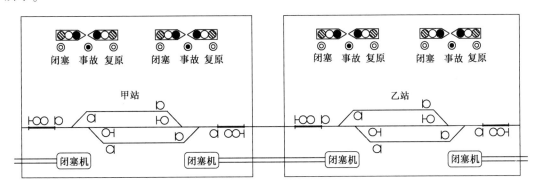

图 3-6　64D 型继电半自动闭塞设备示意图

（一）轨道电路

半自动闭塞设备在每个车站两端进站信号机内方需装设一段不短于 25m 的轨道电路。其作用,一是监督列车的出发,使发车站闭塞机闭塞；二是监督列车的到达,然后由车站值班员办理到达复原。

在电气集中联锁车站,不必单独设置自动闭塞用轨道电路,只要将站内有关的轨道电路条件加在半自动闭塞的电路中即可。

（二）出站信号机

在半自动闭塞区段的出站信号机不仅和发车进路上的有关道岔联锁,而且受闭塞机内的继电器电路控制。只有相邻两站值班员办好闭塞手续,发车站控制台上的发车表示灯显示绿灯时,发车站办理发车进路后,出站信号机才能开放。

(三)操纵和表示设备

继电半自动闭塞的操纵和表示设备有:按钮、表示灯、电铃和计数器。这些操作安装在控制台上。

1. 按钮

为了办理闭塞和复原,要设以下按钮:

①闭塞按钮。办理请求发车或同意接车时按下。

②复原按钮。办理取消闭塞或到达复原时按下。

③事故按钮。办理事故复原时按下。

2. 表示灯

车站的每一个接发车方向各设继电半自动闭塞表示灯两组。

①发车表示灯。由黄、绿、红三个光点式表示灯组成。表示灯平时熄灭,黄灯点亮表示请求发车,绿灯点亮表示同意发车,红灯点亮表示发车闭塞。

②接车表示灯。由黄、绿、红三个光点式表示灯组成。表示灯平时熄灭,黄灯点亮表示请求接车,绿灯点亮表示同意接车,红灯点亮表示接车闭塞。当接、发车表示灯同时点亮红灯时,表示列车到达。

3. 电铃

电铃是闭塞机的音响信号,装在控制台内。

当对方站办理请求发车、发出自动回执信号、同意接车以及列车从对方站出发时,本站电铃都会鸣响;当对方站办理到达复原或取消闭塞时,本站电铃也鸣响。此外,如果接车站轨道电路发生故障时,当列车自发车站出发后,接车站电铃一直鸣响,以提醒接车站及时修复轨道电路,准备接车。

为了区别运行方向,车站两端的闭塞电铃可调成不同的音响。

4. 计数器

计数器用来记录本站值班员办理事故复原的次数。每按一下事故按钮,计数器自动记录一次。

(四)闭塞机

闭塞机是闭塞设备的核心,它由继电器和电阻、电容器等组件组成。它们构成半自动闭塞电路,完成闭塞作用。

闭塞机应发挥以下作用:

①甲站要向乙站发车,必须区间空闲并得到乙站同意后,才能开放出站信号;

②列车从甲站出发后,区间闭塞,两站都不能向该区间发车;

③列车到达乙站,车站值班员确认列车整列到达,办理到达复原后,区间才能解除闭塞。

(五)闭塞外线

随着干线电缆或光缆线路的发展,相邻两站间的半自动闭塞机通过闭塞专用电缆连接起来。

三、单线继电半自动闭塞办理闭塞手续

单线继电半自动闭塞要求两站值班员共同办理闭塞手续。其办理手续分为正常办理、取消复原和事故复原三种。

(一)正常办理

所谓正常办理是指两站间列车正常运行及闭塞机处于正常状态时的办理办法,共有五个步骤。甲站向乙站发车的步骤如下:

1. 甲站请求发车

甲站要向乙站发车,甲站值班员应先检查控制台上的接、发车表示灯处于灭灯状态,并检查行车日志上有关前一次列车发、到点的记录,确认区间空闲后,通过闭塞电话与乙站联系,然后按下闭塞按钮,向乙站发送请求发车信号。此时,乙站电铃鸣响。当甲站值班员松开闭塞按钮后,乙站自动向甲站发送自动回执信号,使甲站发车表示灯亮黄灯,同时电铃鸣响。当发完自动回执信号后,乙站接车表示灯也亮黄灯。这说明甲站办理请求发车的手续已完成。

2. 乙站同意甲站发车

乙站如果同意甲站发车,乙站值班员在确认接车表示灯亮黄灯后,按下闭塞按钮,向甲站发送同意接车信号。此时,乙站接车表示灯黄灯熄灭,绿灯点亮;甲站发车表示灯黄灯也熄灭,改亮绿灯,同时电铃鸣响。

至此,两站间完成了一次列车占用区间的闭塞手续,闭塞机处于"区间开通"状态。表示乙站同意甲站发车,甲站至乙站方向区间开通,甲站出站信号机可以开放。

3. 列车从甲站出发

甲站值班员看到发车表示灯亮绿灯,准备好发车进路,开放出站信号机。当出发列车进入甲站发车轨道电路区段时,甲站发车表示灯变亮红,并自动向乙站发送出发通知信号,使乙站接车表示灯也亮红灯,电铃鸣响。

至此,双方站的闭塞机均处于"区间闭塞"状态,表明该区间有一列车在运行。此时双方站的出站信号机均不能再度开放。

4. 列车到达乙站

乙站值班员在同意接车后,应准备好接车进路,当接车站表示灯由绿变红及电铃鸣响后(说明列车已从邻站开出),应根据列车在区间运行时分的长短,及时开放进站信号机准备接车。当列车到达乙站,进入乙站接车轨道电路区段时,乙站的发车表示灯和接车表示灯都亮红灯,表示列车到达。

5. 到达复原

乙站值班员确认列车整列到达以及接车进路解锁后,按下复原按钮,办理到达复原。此时,乙站接、发车表示灯的红灯均熄灭,同时向甲站发送到达复原信号,使甲站的发车表示灯红灯熄灭,电铃鸣响。至此,两站闭塞机均恢复定位状态。

64D型继电半自动闭塞,正常办理闭塞的操作顺序,电铃及表示灯状态可总结如表3-1所示。

64D型继电半自动闭塞操作顺序　　　　　　　　　　　　　　　　表3-1

发车站(甲站)	接车站(乙站)
1.值班员请求向乙站发车,按压闭塞按钮,发车表示灯亮黄灯,电铃鸣响	2.电铃鸣响,接车表示灯亮黄灯
	3.同意接车,按压闭塞按钮,接车表示灯改点绿灯
4.电铃鸣响,发车表示灯改点绿灯	
5.开放出站信号机	
6.列车出发,进入轨道电路区段,发车表示灯改点红灯	7.电铃鸣响,接车表示灯改点红灯,开放进站信号机
	8.列车到达,进入轨道电路区段,接车和发车表示灯亮红灯
10.电铃鸣响,发车表示灯熄灭,区间开通	9.列车出清轨道电路区段,整列到达,拉出闭塞按钮

(二)取消复原

取消复原是指办理闭塞手续后,如果列车因故不能发车时,应办理取消复原手续,使闭塞机复原。为保证行车安全,在出站信号机开放前后取消闭塞应有所区别,如表3-2所示。

64D型继电半自动闭塞电气集中车站取消复原　　　　　　　　　　表3-2

发车站出站信号机	双方站闭塞表示灯	发车站操作	操 作 结 果
关闭	黄	按压复原按钮	双方站闭塞表示灯熄灭,闭塞设备复原
关闭	绿	按压复原按钮	
开放	绿	关闭信号,解锁发车进路,按压复原按钮	

(三)事故复原

事故复原是在闭塞机不能正常复原时所采取的一种特殊的使闭塞机复原的方法。使用事故按钮复原闭塞设备,电路不检查任何条件,行车安全全靠人为保证。

《铁路技术管理规程(普速铁路部分)》第312条规定:在半自动闭塞区间,遇接车站轨道电路发生故障,闭塞设备停电后恢复供电,列车因故退回原发车站等情况时,车站值班员确认列车整列到达后,根据列车调度员命令,使用故障按钮,办理人工复原,并在《行车设备检查登记簿》内登记。

使用事故按钮办理区间复原前,相邻两站车站值班员必须共同确认区间没有被占用,即列车没有出发、区间没有列车运行、列车整列到达、双方出站信号机均处于关闭状态,由使用站报告列车调度员,签收调度命令后,在《行车设备检查登记簿》上登记后方可破除铅封,使用事故按钮使闭塞机复原。

半自动闭塞区段,下列情况下可使用故障按钮办理复原:
①闭塞设备停电后恢复供电时。
②列车未出发,由于轨道电路的原因,发车表示灯显示红灯时。
③列车到达接车站,因轨道电路故障不能办理到达复原时。

④列车因故障退回原发车站时。

⑤装有钥匙路签的车站,办理必须由区间返回原发车站的路用列车时。

加封的事故按钮,破封后不准连续使用。装有计数器的事故按钮,破封后可以继续使用。无论装不装计数器,每办理一次事故复原,车站值班员都应在《行车设备检查登记簿》中登记,并在交接班时登记计数器上的数字,以便明确责任。事故按钮使用后,应及时加封,并修复设备。

知识拓展

区间检查设备

半自动闭塞区间没有列车占用检查设备,不能检查区间是否空闲,到达复原需人为确认,既危及行车安全,又影响运输效率,特别严重的是,在区间有车占用的情况下还能用事故复原解除闭塞,造成"双发"的可能性。列车在区间丢车或车辆溜逸至区间时,都不能发现,严重影响行车安全。为此,必须增加区间检查设备,与继电半自动闭塞设备配套,自动检查区间占用或空闲情况,实现列车到达后的自动复原,构成站间闭塞,这是半自动闭塞的现代化发展方向。区间检查设备有两类:长轨道电路和计轴器。

一、长轨道电路

采用长轨道电路的站间闭塞由继电半自动闭塞、25Hz长轨道电路、结合电路三部分组成,如图3-7所示。它将区间分为三个轨道电路区段,两端为原上、下行接近区段轨道电路,中间为25Hz轨道电路。只有这三段轨道电路都空闲,才能办理闭塞。列车到达接车站后,只有其全部出清区间,并完成列车进路的三点检查后,半自动闭塞才能复原。出站信号机开放后,若区间轨道电路故障,便自动关闭。

图3-7 半自动闭塞配套长轨道电路示意图

25Hz轨道电路是目前我国各型轨道电路中在相同钢轨阻抗和道砟漏泄的情况下,工作长度最长的,一般可达5~6km。

长轨道电路工作稳定、投资少,但区间需电源,且维修不便。一般用于区间不长、弯道不多、较为平坦的区段。

二、计轴器

如图3-8所示,计轴器通过设置在区间两端的计轴点,对驶入区间和驶离区间的列车轴数进行记录,并经过传输线路将各自的轴数传递到对方站进行校核。当两端所记录的轴数一致时,就认为列车完整到达,区间空闲。否则,表示占用。未办理闭塞时有车溜入区间,就自动断开闭塞电路,并发出声光报警。它与轨道电路相比,具有不受轨道状况(道床、轨枕材质)、线路状况(隧道、桥梁、坡道、弯道)的影响及抗干扰能力强等优点。它不需安装轨道绝缘,控制长度可达 20km,这些都是轨道电路无法比拟的。

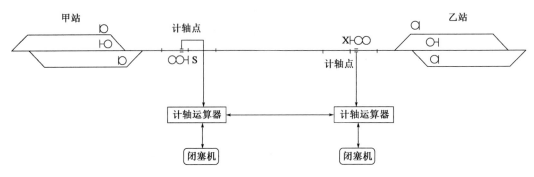

图 3-8　半自动闭塞配套计轴装置示意图

单元 3.3　自动闭塞设备

任务目标

1. 什么是自动闭塞？有何优点？
2. 如何区分三显示和四显示自动闭塞？
3. 如何区分双线单向和双线双向自动闭塞？
4. 双向自动闭塞怎样正常改变运行方向？
5. 双向自动闭塞什么情况下办理辅助办理改变运行方向？

任务实施

1. 下发任务目标,明确任务内容,学生课前按要求预习。
2. 教师先演示操作,学生分组讨论。
3. 学生自行总结基本知识。

知识准备

自动闭塞是在列车运行中自动完成闭塞作用的。它将一个区间划分为若干闭塞分区,每个闭塞分区的起点装设通过信号机,列车运行时借助车轮与轨道电路接触发生作用,自动控制信号机的显示。这种方式不需要办理闭塞手续,又可开行追踪列车,既保证了行车安全,又提高了运输效率。

一、自动闭塞概述

(一)定义

自动闭塞是根据列车运行及有关闭塞分区状态,自动变换通过信号机显示而司机凭信号行车的闭塞方式。采用自动闭塞的区段,将站间区间划分为若干个小区间,叫作闭塞分区,在每个闭塞分区入口处(始端)装设通过信号机,如图3-4所示。在整个自动闭塞区段,各闭塞分区都设有轨道电路(或计轴器)。通过轨道电路(或计轴器)将列车运行和通过信号机的显示联系起来,根据列车运行自动变换通过信号机的显示,在列车运行过程中自动完成闭塞作用,无须人工参与,故称为自动闭塞。

(二)优点

自动闭塞和半自动闭塞相比,有以下优点:

①由于区间划分为若干个闭塞分区、可以利用最小运行间隔发出列车。大幅提高了行车密度,显著提高区间通过能力。

②通过信号机根据列车运行情况自动显示。不需要办理闭塞手续。不但提高了通过能力,而且减轻了车站值班员的劳动强度。

③由于区间装设了轨道电路,可以反映列车所在位置以及线路状态。因而保了列车在区间运行的安全。

(三)技术要求

①自动闭塞的通过信号机,应不间断地检查所防护的闭塞分区的空闲及占用情况。

②自动闭塞设备应满足以下要求:当闭塞分区被占用或采用轨道电路传输信息的设备失效时,防护该闭塞分区的通过信号机应自动关闭,在双方向运行的区段,在此种情况下不得改变运行方向;在双向运行的自动闭塞区段,当一个方向的出站及通过信号机开放后,则相反方向的出站信号机应不能开放,反方向通过信号机应在灭灯状态;在双向运行的自动闭塞区段,当设备故障、错误办理或外电干扰时,应不出现敌对发车。

③自动闭塞通过信号机应采用经常点灯方式(除反方向通过信号机在正向运行情况下)。

④当采用轨道电路传输信息时,除符合轨道电路技术标准外,还应满足以下要求:轨道电路极限长度应尽量满足最大闭塞分区长度;自动闭塞应有与本轨道电路信息相同的连续式机车信号;应具备抗迷流、交、直流断续、邻线及其他干扰的防护性能;当轨道电路的钢轨绝缘破损时,通过信号机不应错误地显示允许信号;必须采用闭路式轨道电路。

⑤当自动闭塞分区长度小于制动距离时,应设红灯重复或完全重复显示。

二、自动闭塞分类

自动闭塞制式纷杂,一般可根据运营方式和技术特征来分类。

(一)按行车组织方法分类

1. 单向自动闭塞

用于双线区段,只能对一个运行方向指示运行条件的自动闭塞。在双线铁路的每一条线路上,列车按单方向运行,通过信号机装设于线路的一侧,只对一个方向进行防护,如图3-9所示。

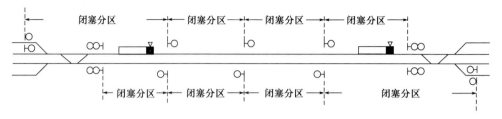

图 3-9 双线单向自动闭塞示意图

2. 双向自动闭塞

在单线区段,既要运行上行列车又要运行下行列车。为了调整双方向列车的运行,在线路两侧都要装设通过信号机,这种自动闭塞称为单线双向自动闭塞,如图 3-10 所示。

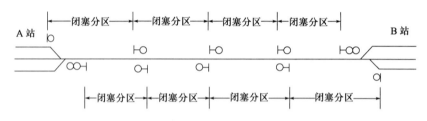

图 3-10 单线双向自动闭塞示意图

在双线区段,以前多采用列车单方向运行的方式,为了充分发挥铁路线路的运输能力,在双线区段的每条线路上都能双方向运行列车,这样的自动闭塞称为双线双向自动闭塞。其地面通过信号机的设置同双线单向自动闭塞。有两种方式,一种是反方向按自动闭塞行车,另一种是反方向按站间闭塞行车。这两种方式的反方向均不设通过信号机(按自动闭塞行车时设停车标志),反方向运行的列车是按机车信号显示作为行车命令,即此时以机车信号作为主体信号。

双线单向自动闭塞只防护列车的尾部,而单线和双线的双向自动闭塞必须对列车的尾部和头部两个方向进行防护。为了防止两方向的列车正面冲突,平时规定正方向通过信号机亮灯,反方向通过信号机灭灯或双线反方向的机车信号没有信息。只有在需要改变运行方向,而且在区间空闲的条件下,由车站值班员办理一定的手续后才能允许反方向的列车运行。所以单线自动闭塞和双线双向自动闭塞必须设改变运行方向电路。

(二)按通过信号机的显示制式分类

按通过信号机的显示制式不同,自动闭塞可分为三显示自动闭塞和四显示自动闭塞。

1. 三显示自动闭塞

三显示自动闭塞的通过信号机有三种显示,能预告列车运行前方两个闭塞分区的状态,它使列车经常按规定速度在绿灯下运行,并可得到前方通过信号机显示的预告,基本上能满足运行要求,又能保证行车安全,因此应用广泛。

列车在三显示自动闭塞区段运行,越过显示黄灯的通过信号机时开始减速,至次架显示红灯的通过信号机前停车,因此要求每个闭塞分区的长度绝对不能小于列车的制动距离。随着列车速度和密度的不断提高,在一些繁忙的客货混运区段,各种列车运行的速度和制动距离相差很大,三显示自动闭塞不能解决这一矛盾,必须采用四显示自动闭塞。

我国习惯采用的三显示自动闭塞,追踪间隔原为 10 分钟,后普遍缩短至 8 分钟,在一些特别繁忙的区段采用 7 分钟间隔。而采用四显示自动闭塞和带超速防护的速差式机车信号,则可在保证行车安全的前提下,将列车追踪间隔压缩到 6 分钟,以进一步提高行车密度。

2. 四显示自动闭塞

四显示自动闭塞是在三显示自动闭塞的基础上增加一种绿黄显示,如图 3-11 所示。它能预告列车运行前方三个闭塞分区的状态。规定高速列车以规定的速度越过绿黄显示的通过信号机后必须减速,以使列车在抵达黄灯显示的通过信号机时不大于规定的允许速度,保证在显示红灯的通过信号机前停车。而对于低速、制动距离短的列车越过绿黄显示的通过信号机后不减速。由于增加了绿黄显示,就圆满地解决了上述矛盾。

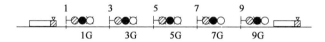

图 3-11 四显示自动闭塞信号机显示原理示意图

四显示自动闭塞是速差式自动闭塞,规定列车运行速度超过 120km/h 的铁路必须采用四显示自动闭塞。

(三)按信息传递方式分类

按信息传递方式不同,自动闭塞可分为有导线自动闭塞和无导线自动闭塞。

有导线自动闭塞以电缆传递信息,设备相对较简单,但需敷设电缆。无导线自动闭塞利用轨道电路作为信道传递信息,不需敷设电缆,但设备较复杂。

自动闭塞利用轨道电路传递信息,为无导线自动闭塞。

(四)按传递信息的特征分类

自动闭塞按传递信息的特征划分主要有交流计数电码、移频两种自动闭塞。

1. 交流计数电码自动闭塞

交流计数电码自动闭塞是我国 20 世纪 50 年代从苏联引进的。它以轨道电路为通道,采用交流计数电码作为信息,自动控制通过信号机的显示。通过信号机显示何种信号,由接收到的电码脉冲数目来决定,即在一个周期内有不同数目、不同长度的交流电码脉冲和间隔,故称为交流计数电码。

交流计数电码自动闭塞存在着信号显示应变时间长、信息量少、电路较复杂、器材检修周期短等缺点。为此从 1987 年开始研制微电子化的交流计数电码自动闭塞。采用大规模集成电路代替电动发码器和传输继电器,译码用单板微机,实现了小型化、轻量化、无磨损,没有脉动器件,提高了可靠性,加快了应变速度,增强了抗干扰能力,方便维修,延长了检修周期。还增加了 LU、UU 码,能满足四显示自动闭塞的要求。

2. 移频自动闭塞

移频自动闭塞是以轨道电路为通道,利用移频信号的形式,来传送低频控制信息的一种自动闭塞制式。

移频自动闭塞是我国20世纪60年代末自行研制的。我国移频自动闭塞的发展经历了从晶体管分立元件电路到集成化、微机化系统,从4信息、8信息到18信息自动闭塞,从引进了法国的UM71移频自动闭塞到国产ZPW-2000系列移频自动闭塞设备。ZPW-2000系列(UM系列)是铁道部当时推广的自动闭塞的统一制式。

三、自动闭塞和电气集中的结合

自动闭塞和电气集中的结合主要是电气集中要监督列车的接近和离去,构成接车进路的接近锁闭条件,出站信号机的开放应检查区间闭塞条件并决定其显示;要根据进站信号机的显示向第二接近区段发送相应信息。对于单向自动闭塞和双向自动闭塞,又有不同。

(一)双线单向自动闭塞和电气集中的结合

自动闭塞和电气集中的结合电路包括接近轨道继电器电路、离去继电器电路。现以四显示自动闭塞为例。

1. 接近轨道继电器电路

为反映列车接近车站的情况,设第一接近、第二接近和第三接近轨道继电器。它们受进站信号机前方第一、第二和第三接近信号点的控制。平时它们都吸起,控制台上的第一、第二、第三接近表示灯均灭灯,如图3-12所示。

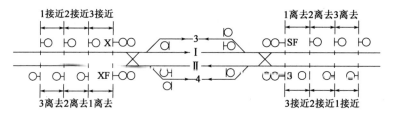

图3-12 四显示自动闭塞接近、离去区段

列车驶入第一接近区段,控制台上第一接近表示灯亮红灯,接近电铃鸣响(随后停响),表示列车到达第一接近区段。

当列车进入第二接近区段时,第一接近表示灯灭灯,第二接近表示灯亮红灯,电铃鸣响(随后停响),表示列车进入第二接近区段,使接车进路实现接近锁闭。

当先行列车正在第二接近区段运行而续行列车已跟踪驶入第一接近区段时,在先行列车驶离第二接近区段后,电铃仍鸣响,通知续行列车已接近。

2. 离去继电器电路

为反映列车驶离车站的情况,设第一离去、第二离去和第三离去继电器,它们平时都呈吸起状态。

当出站信号机开放后,列车驶入第一离去区段时,第一离去表示灯亮红灯,表示列车进入第一离去区段。

当列车驶入第二离去区段并出清第一离去区段时,使第一离去表示灯灭灯,第二离去表示灯亮红灯,表示列车进入第二离去区段。

当列车出清第二离去区段时,第二离去表示灯灭灯,表示列车出清第二离去区段。

出站信号机必须检查区间的空闲情况。四显示自动闭塞区段车站办理发车作业,出站信号机显示与离去区段占用情况见表3-3。

四显示自动闭塞出站信号显示与离去区段的关系　　　　　表3-3

发车进路锁闭后 出站信号显示	1　离　去	2　离　去	3　离　去
红	占用		
黄	空闲	占用	
绿黄	空闲	空闲	占用
绿	空闲	空闲	空闲

（二）单线自动闭塞与电气集中结合

单线自动闭塞区段,下行第一接近区段即上行第二离去区段,下行第二接近区段即上行第一离去区段,故仅设第一离去继电器和第二离去继电器。兼作接近和离去用,列车接近和离去时表示灯的显示,接近电铃的鸣响,以及和电气集中的结合同上述双线单向自动闭塞。

四、改变运行方向的操作

双线双向自动闭塞,只有正方向设通过信号机,反方向不设通过信号机,以机车信号作为主体信号。反方向行车时,按站间区间作为行车间隔,凭反向出站信号机显示的允许运行的信号占用区间,凭反向进站信号机的进站信号显示进站。需要设置改变运行方向电路,以改变列车在区间运行方向。

（一）有关按钮和表示灯

为实现改变运行方向的正常和辅助办理,在控制台或计算机屏幕上增设按钮和表示灯。按钮均带有铅封,其中允许改变方向按钮及表示灯,每咽喉设置一个,其余按钮及表示灯每接车方向设一组。

改变方向按钮:非自复式,按下后该咽喉才能办理正常改变运行方向。

总辅助按钮:自复式,按下后该咽喉才能利用辅助办理改变运行方向。

发车辅助按钮:自复式,辅助办理时发车站使用。

接车辅助按钮:自复式,辅助办理时接车站使用。

允许改变方向表示灯:红色,表示按下允许改变方向按钮。

辅助办理表示灯:白色,表示正在办理改变运行方向。

接车方向表示灯:黄色,表示本站该方向为接车站。

发车方向表示灯:绿色,表示本站该方向为发车站。

监督区间表示灯:红色,表示已建立发车进路或列车在区间运行。

（二）正常办理

方向电路设计为正方向为自动闭塞,反方向为自动站间闭塞,即以站间区间(又称为大区间)作为行车间隔。列车反方向运行时,只有前行列车完全进入对方站,区间又恢复空闲状态,车站值班员才能办理反向的发车进路,开放出站信号。正常办理变更方向具体操作方法如下：

①相邻两站车站值班员电话联系，共同确认区间空闲后报列车调度员。

②列车调度员向两车站发布允许反方向运行的调度命令。

③反方向发车站（即原接车站）车站值班员确认控制台上该线路监督区间表示灯灭灯，并且处于接车位置，即接车表示灯亮黄灯，履行登记手续后，破铅封按压发车咽喉的允许反向按钮（或改方按钮）。

④反方向发车站顺序按压进路始终端按钮，办理反方向发车进路，开放出站信号。随着发车进路锁闭，控制台上接车表示灯熄灭，发车表示灯亮绿灯，监督区间表示灯亮红灯。

⑤同时，反方向接车站控制台上监督区间表示灯亮红灯，发车表示灯熄灭，接车表示灯亮黄灯，表示完成变更方向。

⑥列车凭出站信号机的绿色灯光（相应进路表示器显示白灯）进入区间。

⑦反方向接车站办理接车进路，开放反方向进站信号机。

⑧列车完全驶入站内后，监督区间表示灯熄灭表示区间空闲，双方车站未进行其他操作，电路保持现有方向。变更方向电路改变运行方向的主动权是在接车站一方。只要处于接车方向的车站办理发车作业，就改变了原来的运行方向而成为发车站一方，而原发车站会随着对方站办理了发车进路而被动地成为接车站。

（三）辅助办理

当区间轨道电路发生故障、监督区间表示灯亮红灯或相邻车站出现"双接"（即同一线路上两站均处在接车电路状态）情况时，不具备正常办理条件，只能通过非正常手段办理，即使用辅助办理改变运行方向。辅助办理操作方法如下：

①相邻两站车站值班员电话联系，共同确认区间空闲，双方均未办理发车进路。

②列车调度员向两车站发布允许使用总辅助按钮变更方向的调度命令。

③双方站履行登记手续后，破封按下相应线路的总辅助按钮。

④需改变为发车站的一方，破封按压发车辅助按钮，控制台辅助办理表示灯亮白灯，表示操作有效，通知邻站。操作人员应持续按压发车辅助按钮，直至车站接车表示灯熄灭，发车表示灯点亮。

⑤邻站得到通知后，破封按压本站该方向接车辅助按钮，与邻站确认接、发车表示灯状态后，表示辅助办理变更方向完成。

⑥双方适时拉出总辅助按钮，并通知信号工区补封。

 知识拓展

移频自动闭塞

移频自动闭塞使用移频的方式传输控制信息，主要目的是抗干扰，确保控制信息在轨道中的可靠传输。

一、移频自动闭塞的设备组成

移频自动闭塞设备由发送设备、接收设备、电源设备、轨道电路、辅助设备和通过信号机等组成。采用分散设置方式时,这些设备均设于区间信号点处的移频箱中。集中设置时,则除通过信号机外,均设于相邻车站的信号楼内,通过电缆联系轨道电路和通过信号机发送设备、接收设备的位置应确保区间的信息迎着列车运行方向传输,使轨道中传输的信息能够被机车信号接收。如图3-13所示。

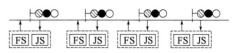

图3-13 移频自动闭塞的设备组成

二、工作原理

移频自动闭塞以移频轨道电路为基础,以钢轨作为传输信息的通道,以频率参数作为控制信息,采用频率调制的方法把低频信息搬移到较高频率的载频上去,由上、下边频构成的振幅不变、频率随低频信息作周期变化的移频信息。ZPW-2000系列(UM系列)的频率参数为:

1. 载频

上行采用2000Hz、2600Hz,下行采用1700Hz、2300Hz。上、下行线路采用不同的频率,防止上、下行线路之间互相干扰,同一线路相邻轨道电路采用不同的载频,是为了防止钢轨绝缘双破损后两相邻轨道电路产生错误动作。

2. 低频信息

10.3Hz到29Hz,按照1.1Hz等差级数递增,共18个,发送端信号显示不同则发送不同的控制信息,接收端根据接收到的不同信息控制通过信号机显示,其含义如表3-4所示。

低频频率信息码　　　　　　　　表3-4

编号	频率(Hz)	信息码	信息定义	说明
F18	10.3	L3	准许列车按规定速度运行,表示运行前方5个闭塞分区空闲	列车运行速度小于或等于200km/h自动闭塞区段列车超速防护系统作用
F17	11.4	L	准许列车按规定速度运行	
F16	12.5	L2	准许列车按规定速度运行,表示运行前方4个闭塞分区空闲	列车运行速度小于或等于200km/h自动闭塞区段列车超速防护系统作用
F15	13.6	LU	准许列车按规定速度注意运行	
F14	14.7	U2	要求列车减速到规定的速度等级越过接近的地面信号机,并预告次架信号机显示两个黄色灯光	
F13	15.8	LU2	要求列车减速到规定的速度等级越过接近的地面信号机,并预告次架信号机显示一个黄色灯光	列车运行速度小于或等于160km/h,列车制动到停车需3个闭塞分区
F12	16.9	U	要求列车减速到规定的速度等级越过接近的地面信号机,并预告次架信号机显示一个红色灯光	
F11	18	UU	要求列车限速运行,表示列车接近的地面信号机开放经道岔侧向位置进路	

续上表

编号	频率(Hz)	信息码	信息定义	说明
F10	19.1	UUS	要求列车限速运行,表示列车接近的地面信号机开放,经18号及以上道岔侧向位置进路,且次架信号机开放经道岔直向或18号及以上道岔侧向位置进路;或表示列车接近设有分歧道岔线路所的地面信号机开放经18号以上道岔侧向位置进路	
F9	20.2	U2S	要求列车减速到规定的速度等级越过接近的地面信号机,并预告次架信号机显示一个黄色闪灯和一个黄色灯光	
F8	21.3	L5	准许列车按规定速度运行,表示运行前方7个闭塞分区空闲	200km/h动车组在客运专线上运行所需
F7	22.4	U3	要求列车减速到规定的速度等级越过接近的地面信号机,表示列车接近的地面信号机显示一个黄色灯光,并预告次架信号机为进站或接车进路信号机,且显示一个红色灯光	仅适用于双红灯防护的自动闭塞区段第三接近区段用
F6	23.5	L4	准许列车按规定速度运行,表示运行前方6个闭塞分区空闲	200km/h动车组在客运专线上运行所需
F5	24.6	HB	表示列车接近进站或接车进路信号机开放,引导信号或通过信号机显示容许信号	
F4	25.7	未定义		载频切换,用于站内闭环电码化
F3	26.8	HU	要求及时采取停车措施	
F2	27.9	未定义		反向站间闭塞及站内闭环电码化检测用
F1	29	H	要求列车采取紧急停车措施	仅适用于双红灯防护的自动闭塞区段

3. 工作原理

在移频自动闭塞区段,移频信息的传输,是按照运行列车占用闭塞分区的状态,迎着列车运行方向、自动向前方闭塞分区传递信息的,如图3-14所示。若下行线有两列车A、B运行,A列车运行在9G分区,B列车运行在1G分区。由于9G有列车占用,信号机7由于接收设备收不到移频信息显示红灯,其发送设备自动向前方闭塞分区7G发送26.8Hz调制的、以2300Hz为载频的移频信息。当5信号点的接收设备接收到该移频信息后,动作有关继电器,使信号机5显示黄灯。此时5信号点的发送设备自动向前方闭塞分区5G发送16.9Hz调制的、以1700Hz为载频的移频信息。当3信号点的接收设备接收到该移频信息后,动作有关继电器,使信号机3显示绿黄灯。同样,3信号点的发送设备又自动向前方闭塞分区3G发送13.6Hz调制的、以2300Hz为载频的移频信息,当1信号点的接收设备接收到此移频信息后,动作有关继电器,使通过信号机1显示绿灯。1信号点的发送设备又自动向前方闭塞分区1G发送11.4Hz调制的、以1700Hz为载频的移频信息。

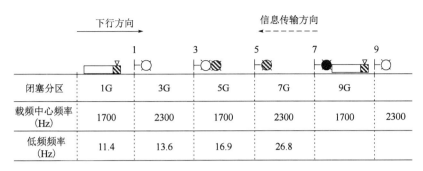

图 3-14 移频闭塞的工作原理

采用这种控制方式,不仅实现了通过信号机自动变化显示,而且能够防止上、下行线路之间以及相邻闭塞分区绝缘破损后的相互干扰。各闭塞分区移频信息均迎着列车运行方向传输,因此无须增加地面设备,移频信息可直接用于机车信号。

由于各闭塞分区信息传输方向固定不变,列车反方向运行时一般按自动站间闭塞方式,既不能按照地面信号机运行,机车信号也不能接收轨道中的移频信息,只能到反方向进站信号机前方才能接收到按该信号机状态编码的移频信息。

单元 3.4　移动闭塞设备

任务目标

1. 什么是移动闭塞？有哪些基本要素？
2. 移动闭塞与固定闭塞有何区别？
3. 移动闭塞有何特点？

任务实施

1. 下发任务目标,明确任务内容,学生课前按要求预习。
2. 教师先演示操作,学生分组讨论。
3. 学生自行总结基本知识。

知识准备

一、移动闭塞概念

(一)定义

移动闭塞是一种新型的闭塞模式。可解释为"列车安全追踪间隔距离不预先设定,而随列车的移动并变化的闭塞方式"。

移动闭塞是相对于固定闭塞而言的。固定闭塞有固定的闭塞分区,移动闭塞则取消了以通过信号机为分隔的固定的闭塞分区。列车间的最小运行间隔距离由列车在线路上实际运行位置和运行状态确定,闭塞分区随着列车的行驶,不断向前移动和调整,所以称为移动闭塞。

移动闭塞可借助感应环线或无线通信的方式来实现。早期的移动闭塞系统大部分采用感应环线的技术,即通过在轨间布置感应环线来定位列车和实现车载计算机与调度中心之间的连续通信。如今大多数先进的移动闭塞系统已采用无线通信系统实现各子系统间的通信,构成基于无线通信技术的移动闭塞。

(二)基本要素

在移动闭塞技术中,闭塞分区仅仅是保证列车安全运行的逻辑间隔,与实际线路并无物理上的对应关系。因此,在设计和实现上与固定闭塞有较大的区别。其中列车定位、安全距离和目标点是移动闭塞技术中最重要的3个基本要素。

1. 列车定位

传统的固定闭塞制式下,系统无法知道列车在分区内的具体位置,因此列车制动的起点和终点总在某一分区的边界。为充分保证安全,必须在两列车间增加一个防护区段,这使得列车间的安全间隔较大,影响了线路的使用效率。

准移动闭塞在控制列车的安全间隔上比固定闭塞进了一步。它通过采用报文式轨道电路辅之感应环线或应答器来判断分区占用并传输信息,信息量大;可以告知后续列车继续前行的距离,后续列车可根据这一距离合理地采取减速或制动,列车制动的起点可延续至保证其安全制动的地点,从而可改善列车速度控制,缩小列车安全间隔,提高线路利用效率。但准移动闭塞中,后续列车的最大目标制动点仍必须在现行列车占用分区的外方,因此它并没有完全突破轨道电路的限制。

移动闭塞技术则在列车的安全间隔控制上更进了一步。通过车载设备和轨旁设备不间断的双向通信,调度中心可以根据列车实时的速度和位置动态计算列车的最大制动距离。列车的长度加上这一最大制动距离并在列车后方加上一定的防护距离,便组成了一个与列车同步移动的虚拟分区。由于保证了列车前后的安全距离,两个相邻的移动闭塞分区就能以很小的间隔同时前进,这使列车能以较高的速度和较小的间隔运行,从而提高运营效率。

在移动闭塞中没有轨道电路等设备作为闭塞分区列车占用的检查,被控对象基本处于动态过程中,只有了解所有列车的具体位置、以何种速度运行等信息,才能实施对列车的有效控制,所以列车定位技术在移动闭塞系统中显得更为重要。

列车定位由地面设备和车载设备共同完成。列车定位信息的主要作用是:为保证列车安全距离提供依据,基于无线通信的列车控制系统 CBTC (Communication Based Train Control)在对线的每一列车能计算出距前行列车尾部距离,或距进站信号机的距离,从而对列车实施有效的速度控制;作为列车在车站停车后打开车门的依据。

目前,在列车自动控制系统中得到应用的列车定位技术主要有测速定位法、查询—应答器法、交叉感应线圈法和卫星定位法。测速定位法的原理是在车轮外侧安装光栅,按车轮旋转次数和转角计算出列车的位移。查询—应答器法是在线路上按一定间隔设置应答器,应答器内存储了其所在位置的公里标,列车上的查询无线经过时读取位置信息。交叉感应线圈法是在线路上敷设轨道电缆,将轨道电缆每隔一定距离交叉一次,利用交叉回线列车可测算出自己的位置。卫星定位法是利用导航卫星进行测时和测距,从而实现全球定位功能。

2. 安全距离

安全距离是后续列车追踪列车的命令停车点与其前方障碍物之间的一个固定距离。障碍物可以是确认了的前行列车尾部的位置,也可以是进站信号机或无道岔表示(道岔故障)的道岔位置。该距离是基于列车安全制动模型计算得到的一个附加距离,它保证追踪列车在最不利条件下能够安全停止在前行列车的后方不发生冲突冲撞。所以安全距离是移动闭塞系统中的关键,是整个系统设计的理论依据和安全依据。

如图 3-15 所示,可以看出移动闭塞基本原理为:线路上的前行列车经 ATP 车载设备将本车的实际位置,通过通信系统传送给轨旁的移动闭塞处理器,并将此信息处理生成后续列车的运行权限,传送给后续列车的 ATP 车载设备。后续列车与前行列车总是保持一个安全距离。该安全距离是介于后车的目标停车点和确认的前车尾部之间的一个固定距离。在选择该距离时,已充分考虑了在一系列最坏的情况下,列车仍能够被安全地隔离开来,如图 3-16 所示。

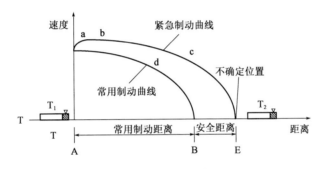

图 3-15 安全距离示意图

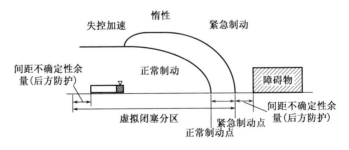

图 3-16 移动闭塞列车的安全间隔

3. 目标点

目标点是列车运行的行车保证,如同固定闭塞系统中的允许信号,列车只有获得了目标点,才能够向前移动。目标点通常是设在列车前方一定距离的某个位置点,一旦设定,即表示列车可以安全运行至该点,但不能超过该点。移动闭塞系统就是不断前移列车的目标点,引导列车在线路上安全运行。

二、移动闭塞系统组成和特点

(一)组成

移动闭塞主要包括无线数据通信网、车载设备区域控制器和调度中心等。如图 3-17 所示是基于无线通信的列车控制系统 CBTC 系统框图。地面和车载设备提供"数据通信网络"连接起来,构成系统的核心。

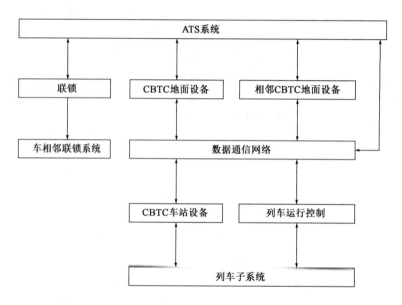

图 3-17　CBTC 系统结构

无线数据通信是移动闭塞实现的基础。通过可靠的无线数据通信网,列车将位置、车次、列车长度、实际速度、制动潜能和运行状况等信息以无线的方式发送给区域控制器;区域控制器追踪列车并通过无线传输方式向列车发送移动授权。车载设备包括无线电台、车载计算机和其他设备(如传感器、查询器等)。列车将采集到的数据(如机车信息、车辆信息、现场状况和位置信息等)通过无线数据通信网发送给区域控制器,以协助完成运行决策;同时对接收到的命令进行确认并执行。

(二)特点

移动闭塞与固定闭塞相比具有以下特点:

①线路没有固定划分的闭塞分区,列车间隔是动态的,并随着前一列车移动而移动。

②列车间隔是按后续列车在当前速度下所需的制动距离加上安全余量计算和控制的,这样可确保不追尾。

③制动的起点和终点是动态的,轨旁设备的数量与列车运行间隔关系不大。

④可实现较小的列车运行间隔。

⑤采用地车双向数据传输,信息量大,易于实现无人驾驶。

模块小结

本模块介绍了闭塞的基本概念及其发展历程、闭塞区间的种类及划分方式、闭塞设备的分类及特点,半自动闭塞、自动闭塞、移动闭塞设备的组成、技术要求和办理方法等。在学习中,以判断闭塞设备表示灯的显示含义、熟练掌握各种闭塞设备的特点及操作方法为重点。闭塞设备故障将影响车站发车作业及列车在区间的运行,因此除学习必要的设备知识外,应了解车站非正常接发列车使用的各种行车凭证,初步具备办理非正常接发列车作业的能力。

课后习题

一、填空题

1.《铁路技术管理规程》规定行车基本闭塞法采用三种,即_____、_____、_____。

2._____是当基本闭塞法不能使用时所采用的代用闭塞法。

3.我国铁路采用_____、_____或_____为列车运行的空间间隔。区间与站内的划分,是行车组织工作的一项重要内容。

4.在单线上,车站与车站间以_____的中心线为车站与区间的分界线。

5.在双线或多线上,车站与车站间分别以各该线的_____或_____的中心线为车站与区间的分界线。

6.两线路所间或线路所与车站间,以该线上的_____的中心线为所间区间的分界线。

7.自动闭塞区间同方向相邻的两架色灯信号机间,以该线上的_____的中心线为闭塞分区的分界线。

8.区间的状态是指区间的使用情况,一般分为区间_____、_____、_____等。

9.单线继电半自动闭塞要求两站值班员共同办理闭塞手续。其办理手续分为_____、_____和_____三种。

10.按通过信号机的显示制式不同,自动闭塞可分为_____和_____。

11.按信息传递方式不同,自动闭塞可分为_____和_____。

12.自动闭塞按传递信息的特征划分主要有_____、_____两种自动闭塞。

13 移动闭塞在设计和实现上与固定闭塞有较大的区别。其中_____、_____和_____是移动闭塞技术中最重要的3个基本要素。

二、简答题

1.请画出划分各种闭塞区间的示意图。

2.什么是闭塞?闭塞设备分为哪些?

3.闭塞设备有何特点?

4.半自动闭塞有何特点?

5.半自动闭塞设备分为哪些?

6.简述半自动闭塞正常办理手续。

7.什么情况下办理取消复原,如何办理?

8. 什么情况下办理事故复原，如何办理？
9. 什么是自动闭塞？有何优点？
10. 如何区分三显示和四显示自动闭塞？
11. 如何区分双线单向和双线双向自动闭塞？
12. 双向自动闭塞怎样正常改变运行方向？
13. 双向自动闭塞什么情况下办理辅助办理改变运行方向？
14. 什么是移动闭塞？有哪些基本要素？
15. 移动闭塞与固定闭塞有何区别？
16. 移动闭塞有何特点？

三、实训题

1. 在实训室进行认知实训，认识各种闭塞设备。
2. 利用实训室设备，练习并掌握半自动闭塞正常办理、取消复原及事故复原的办理方法。
3. 利用实训室设备，认识三显示、四显示自动闭塞的基本设备，理解其显示原理，练习并掌握自动闭塞设备的操作方法。

模块4 列车运行控制系统(CTCS)

模块描述

本模块主要引导学生掌握列车运行控制系统(简称列控系统)知识,掌握列车运行控制系统的基本概念、功能。在实训室,通过列车运行控制模拟系统演示,激发学生对信号和行车工作的组成要素的兴趣,通过知识讲解,引导学生掌握列控系统的使用,通过回答问题,检测学生对知识的掌握程度。

教学目标

知识目标
1. 了解列车运行超速防护系统及其功能。
2. 了解 CTCS-2 系统的组成和基本工作原理。
3. 了解 CTCS-3 系统的组成和基本工作原理。
4. 了解欧洲 ETCS 系统的组成和工作原理。

技能目标
1. 能够理解我国高速铁路采用列控系统的必要性。
2. 能够理解 CTCS-2 和 CTCS-3 系统的工作原理。
3. 能够判别 CTCS-3 的主要运营场景。

建议课时
6 课时

背景知识

列车运行控制系统是保证列车运行安全、提高运输效率、实现铁路统一指挥调度的关键技术设备,也是铁路信息化技术的重要技术领域。列车速度的不断提高,靠地面信号行车已不能保证行车安全,必须靠车载信号设备对列车实施运行控制,ATP 已成为行车安全不可缺少的重要技术装备。20 世纪 90 年代以来,世界范围内掀起了一个轮轨高速铁路建设的新高潮,其特点集中表现在高速度、高舒适度、高安全度和高效率。

20 世纪 80 年代末期,我国相继在京广线郑武段、京哈线京秦段引进了法国 UM71 轨道电路和 TVM300 列控系统。在京哈线秦沈段引进了法国 UM2000 轨道电路和 TVM430 列控系统,在京九线、广深线试验和小范围使用了国内研究开发的 LCF 模式曲线超防系统和 LSK 分级速度控制系统。进入 21 世纪以来,为适应提速战略和高速铁路的建设,保证我国铁路运输安全及满足互通运营的需求,迫切需要规范化的列车运行控制系统。

2003年,在前段研发工作的基础上,为进一步适应铁路跨越式发展战略、满足日益增长的铁路运输需求,参照欧洲列车控制系统(European Train Control System,ETCS),结合我国国情,原铁道部制订了《中国列车控制系统(CTCS)技术规范总则(暂行)》和相应CTCS技术条件,以保证我国铁路运输安全,满足长交路运营的需求,适应提速战略的实施。CTCS是中国列车运行控制系统(Chinese Train Control System)的英文缩写。

2004年底,铁道部组织研究并决策在我国第六次提速既有线铁路200～250km/h运行区段采用CTCS-2级列控系统,在动车组列车上装备CTCS-2级列控车载设备。

2006年7月,采用关键设备和技术引进、主要设备自主研发、既有设备结合改造的模式,主要依靠国内技术力量、借助国外先进经验进行系统集成的CTCS-2级列控系统通过铁道部技术审查。

2007年,铁道部在总结既有线提速和高速铁路CTCS-2级列控系统建设和运用经验的基础上,颁布了《既有线CTCS-2级列车运行控制系统技术规范(暂行)》和《高速铁路CTCS-2级列控系统配置及运用技术原则(暂行)》等文件,用于指导200～250 km/h高速铁路的CTCS-2级列车运行控制系统和300～350 km/h高速铁路后备控车模式的CTCS-2级列车运行控制系统工程设计、施工、设备研发、生产、运行试验、运用及维护。

2008年,CTCS-3级列控系统标准规范由铁道部科学技术司及铁道部运输局联合颁布。

铁总运〔2014〕30号印发《CTCS-2、3级列控车载设备人机界面(DMI)显示暂行规范》。

铁总运〔2014〕198号印发《CTCS-3级列控车载设备技术规范(暂行)补充规定》。

铁总运〔2014〕199号印发《CTCS-2级列控车载设备暂行技术规范补充规定》。

单元4.1　列控系统概述

任务目标

1.列控系统的分类方式有哪些?
2.速度—距离模式下的两种曲线控制方式分别是什么?如何表示?

任务实施

1.下发任务目标,明确任务内容及考核方式,学生课前按要求预习。
2.教师课堂上讲解相关知识点。
3.学生分组讨论,进一步加深理解知识点相关内容,完成任务单内容。

知识准备

列车运行控制系统是保证列车运行安全、提高运输效率、实现铁路统一指挥调度的关键技术设备,也是铁路信息化技术的重要技术领域。

一、高速铁路采用列控系统的必要性

目前,全世界运营的高铁总里程已上万千米,开行时速250km以上高速列车的国家已有中国、日本、法国、德国、意大利、西班牙、比利时、荷兰、瑞典、英国、韩国等。列车速度的不断提高,靠地面信号行车已不能保证行车安全,必须靠车载信号设备对列车实施运行控制,ATP已成为行车安全不可缺少的重要技术装备。在国外,欧洲铁路公司和信号公司在对各自的既有信号系统进行升级改造的同时,在欧盟委员会和国际铁路联盟的推动下,为信号系统的互联和兼容问题制定了相关的技术标准,并研制和开发了相关的产品——ETCS。为有效地保证列车安全运行,我国研制开发的CTCS列控系统,能够以分级形式满足不同铁路线路运输需求。

二、列控系统发展概况

世界各国已投入使用的高速列车运行控制系统主要有法国的U/T系统、日本新干线ATC系统、德国和西班牙高速铁路使用的LZB系统、意大利高速铁路的9码列车自动控制系统、瑞典铁路的EBICA900系统等。这些系统都可以实现自动连续监控列车运行速度,可靠地防止人为错误操作所造成事故的发生,保证列车高速安全运行。区别主要体现在对高速列车超速后的控制方式以及车—地间信息传输方式有所不同。

三、列控系统的分类

1. 根据系统功能分类

(1) 列车自动防护系统

该系统可对列车运行速度进行实时监控,当列车运行速度超过最大允许速度时,自动控制列车实施常用制动或紧急制动,确保列车在显示禁止信号的信号机或停车标前停车。

(2) 列车运行自动控制系统

该系统可根据行车指挥命令、线路参数、列车参数等实时监督列车运行速度,通过控制列车多级常用制动,自动降低列车运行速度,保证行车安全。是比列车超速防护系统高一级的列车自动控制系统,它可替代司机的部分操作。

(3) 列车自动操作系统

它具有列车自动控制系统的基本功能,并能自动控制列车的起动、加速、减速,使列车保持在既能保证行车安全又符合列车运行图要求的最优化运行状态;必要时还能实现开、闭车门等辅助操作。它是在列车速度监督系统基础上发展起来的更高一级的行车控制系统。

2. 按人机设备优先等级分类

(1) 设备优先的列控系统

设备优先的列控系统在列车速度高于目标速度后立即进行制动控制,当列车速度低于目标速度后自动缓解,不必司机参与。日本新干线ATC采用设备优先控制的方式。

(2) 人控优先的列控系统

人控优先的方式只有在列车速度超过安全运行所允许的速度,设备才自动介入实施制动,列车正常运行时设备不干预司机操作。法国 TVM300/430 以及德国的 LZB 系统采用司机控制优先的方式。

3. 按控制模式分类

列车运行控制系统按照人机关系可分为设备优先和司机优先级控制两种类型;按照速度防护模式可分为阶梯控制方式和速度—距离模式曲线控制方式两种。

(1)阶梯控制方式

阶梯控制方式,是指在一个闭塞分区内只控制一个速度等级。在一个闭塞分区中只按照一种速度判断列车是否超速。阶梯控制方式又可分为:出口检查方式(滞后式控制)及入口检查方式(提前式控制)两种。

图 4-1 中出口检查方式要求司机在闭塞分区内将列车运行速度降低到目标速度,ATP(车载自动防护设备)车载设备在闭塞分区出口检查列车运行速度。如果司机按照允许速度操纵列车,ATP 设备不干预司机正常操作,当司机违章操作或列车运行超过允许速度时,列控设备将自动实施制动。属于滞后控制模式,列车制动后需要走行一段距离才能减速(或停车),因此,在禁止信号后方需要设置一段防护区段实现过走防护。法国 TVM300 就采用这种控制方式。

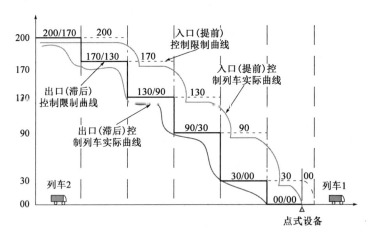

图 4-1 阶梯控制曲线

入口检查方式就是列车在闭塞分区入口处接收到允许速度后立即依此速度进行检查,没有目标速度指示,一旦列车速度超过允许速度,则列控设备自动实施制动使列车运行降低到目标速度以下。入口检查方式中本区段的入口速度就是本区段的允许速度。日本新干线 ATC 就用这种方式,较滞后式控制方式可有效提高间隔能力。

阶梯控制方式的系统主要优点是简单,需要地车传输的信息量小,不需要知道列车的准确位置,只需要知道列车占用哪个区段即可。

(2)速度—距离模式曲线控制方式

速度—距离模式曲线控制是根据目标速度、线路参数、列车参数、制动性能等确定的反映列车允许速度与目标距离间关系的曲线,速度—距离模式曲线反映了列车在各点允许运行的速度值。列控系统根据速度距离模式曲线实时给出列车当前的允许速度,当列车超过当前允许速度时,设备自动实施常用制动或紧急制动,保证列车能在停车地点前停车。因此,采用这种控制方式的列控系统不需要设置安全防护区段,具体有以下两种控制方式。

①分段速度—距离模式曲线控制。

分段速度控制模式是将轨道区段按照制动性能最差列车安全制动距离要求,以一定的速度等级将其划分成若干固定区段。一旦这种划分完成,每一列车无论其制动性能如何,其与前行列车的最小追踪距离只与其运行速度、区段划分有关,这对于制动性能好的列车其线路通过能力将受到影响。TVM430 就采用这种控制方式,如图 4-2 所示。

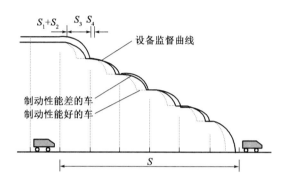

图 4-2　分段速度—距离控制模式示意图

分段速度控制模式时,列车最大安全制动距离为 S:

$$S = (S_1 + S_2 + S_3 + S_4) \times n \quad (4\text{-}1)$$

式中:S——列车最大安全制动距离;

S_1——ATC 车载设备接收地面列控信号反应时间距离;

S_2——列车制动响应时间距离;

S_3——列车制动距离;

S_4——过走防护距离;

n——列车从最高速度停车制动所需分区数。

②连续速度—距离模式曲线控制。

连续—距离模式曲线控制的制动模式是根据目标距离、目标速度的方式确定的速度—距离模式曲线,该方式不设定每个闭塞分区速度等级,采用一次制动,故又称为一次速度—距离模式。以前方列车占用闭塞分区入口为目标点,通过地车信息传输系统向列车传送目标速度、目标距离等信息。连续速度—距离模式曲线方式更适于高中速混跑的线路。图 4-3 是连续速度模式曲线控制模式示意图。连续速度控制模式列车最大安全制动距离 S 为:

$$S = S_1 + S_2 + S_3 + S_4 \quad (4\text{-}2)$$

式(4-2)中,S_1、S_2、S_4 与式(4-1)基本相同。在计算一次连续速度模式最大安全制动距离中由于为一次制动,因此在制动过程中它们只考虑一次。而在分段模式中由于在整个

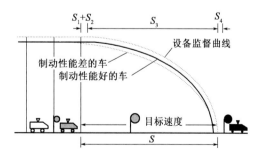

图 4-3　连续速度—距离控制模式示意图

制动过程中要多次制动、缓解，这三个参数要考虑 n 次。另外，连续速度控制模式列车最大安全制动距离 S_3 采用的是每一列车的实际最大安全制动距离，列车制动性能好的列车 S_3 的数值小，性能差则 S_3 的数值就大。因此，在连续速度控制模式中，列车的运行间隔距离，各尽其能，有助于提高运行效率。同时其所具有的一次性制动的性能也与列车实际制动方式相吻合，一次连续速度—距离模式是各国铁路尤其是高速铁路列车运行控制系统的发展主流。

连续式一次速度—距离控制模式若以前方列车占用的闭塞分区入口为追踪目标点，则为准移动闭塞；若以前方列车的尾部为追踪目标点，则为移动闭塞。

4. 按照地车信息传输方式划分

(1) 点式列控系统

点式列控系统是一种点式传递信息，用车载计算机进行信息处理，最后达到列车超速防护目的的系统。它采用高信息容量的地面应答器、地面轨道环线或其他感应设备进行地面对车载设备的信息传输，其主要功能是实现列车超速防护，又称为点式超速防护（点式 ATP）系统，具有结构简单、安装灵活、可靠性高等优点。

(2) 连续式列控系统

鉴于点式列控系统的主要缺点是信息传递的不连续性，有时会对列车的精确定位或高效运行造成影响，西方工业国家的铁路信号公司相继研制开发了采用连续交叉轨道交叉环线、音频轨道电路、GSM-R、漏泄交叉环线、无线或波导管等方式作为信息传输通道的连续式列控系统，实现了连续信息传递。

连续式列控系统是适应高速铁路干线与高行车密度的地铁、轻轨而发展的信号技术。

(3) 点连式列控系统

我国的列控系统采用点连式列车运行控制系统，点式应答器作为线路数据的输入，连续轨道电路信息作为列车前方轨道空闲数量的传输媒介。这种方式有效利用了轨道线路和点式设备，典型的应用就是目前 CTCS-2 级的控制方式，如图 4-4 所示。

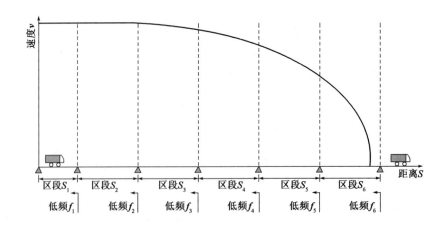

图 4-4 点连式列控系统的控制原理

在点连式列控系统中,轨道电路作为连续信息传输的通道,分别采用低频信息代表列车运行前方闭塞区段的空闲数目,在每个区段或间隔几个区段设置的应答器向列车传送线路参数信息,车载 ATP 设备将接收到的点式应答器数据与轨道电路接收的连续信息进行综合计算,则计算出列车目标点的目标距离和限制速度,实时比较列车的实际速度和限制速度,实现对列车的安全控制。

单元 4.2　普速铁路机车信号与列车运行监控记录装置

任务目标

1. 机车信号有何作用？如何分类？
2. LKJ-2000 有哪些功能？
3. 列车运行监控记录装置存储的数据能否由司机修改？关停 LKJ 设备有什么后果？

任务实施

1. 下发任务目标,明确任务内容及考核方式,学生课前按要求预习。
2. 教师课堂上讲解相关知识点。
3. 学生分组讨论,进一步加深理解知识点相关内容,完成任务目标内容。

知识准备

机车信号是为保证行车安全、改善司机的瞭望条件,在机车司机室内装设机车信号,复示地面信号显示。列车运行监控记录装置是列车自动停车装置的替代设备,是为保证列车在区间运行安全,当司机未能确认并认真执行停车或减速信号显示要求时,强迫列车自动实行紧急制动的一种技术设备。但是它不具备监督列车运行速度的功能。

列车运行超速防护系统为保证行车安全,防止列车冒进信号或超速运行,在机车上装设列车运行超速防护设备,在列车可能冒进信号或超速运行时强迫列车自动停车或减速。

一、机车信号的分类

1. 按机车接收地面信息的时机分类

机车信号现分为连续式和接近连续式两种。

连续式机车信号能在整条线路上连续不断地反映线路状态和运行条件,用于自动闭塞区段。为使车上设备和地面设备间保持不间断的联系,地面必须设有有源的发送设备,向钢轨发送行车信息的电信号。该电信号在钢轨中传输,钢轨周围即形成磁场,机车上的接收线圈中就感应出电势,经译码使机车信号显示相关信号。连续式机车信号能连续地显示运行条件,大大降低司机的劳动强度,保证了行车安全。

接近连续式机车信号是在车站的接近区段和站内连续地反映地面信号显示,广泛用于半自动闭塞区段。在进站信号机前方接近区段的地面设备发送与进站信号机显示相符的信息,站内正线接车进路和侧线股道发送与出站信号机显示相符的信息,其他线路则没有信息。

2. 按机车接收地面信息的特征分类

机车信号主要有移频和交流计数电码两种制式。和两种自动闭塞制式相配套,自动闭塞区段的连续式机车信号相应也有两种制式。在半自动闭塞区段,和邻接的自动闭塞相对应,接近连续式机车信号也有两种制式。另有引进的和 UM71 相配套的 TVM300 带速度监督的机车信号。

为满足机车长交路的要求,20 世纪 90 年代研制了通用机车信号,其利用微机和数字信号处理技术,能自动识别各种制式的机车信号信息,可用于各种制式的自动闭塞和半自动闭塞区段,而且可靠性高,可作为普速铁路主体信号使用。

二、机车信号的组成

机车信号由地面设备和机车设备组成。机车信号系统如图 4-5 所示。

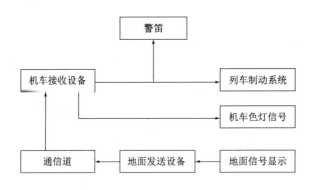

图 4-5 机车信号系统

为保证行车安全,提高运输效率及改善司机的劳动条件,在机车上应安装机车信号。在地面线路上也安装相关装置,使机车上能接收到反映地面信号的信息。机车信号是单方向的控制设备,只能从地面向车上传递信息。

机车信号机设于司机驾驶室内,列车运行时,通过机车上的传感器接收列车运行前方轨面上的轨道电路信息,经译码保证机车信号机能复示前方地面信号的显示。

三、列车运行监控记录装置(LKJ-2000 型)

列车自动停车装置于 20 世纪 80 年代在我国铁路获得了推广使用,并且从 ZTL-1 型发展到 ZTL-3 型。该装置与机车信号的显示发生联系。机车上加装列车自动停车装置 ZTL 后,当列车运行前方地面信号显示红灯机车信号显示禁止信号时在司机室内构成音响报警。司机应在规定时间内通过按压警惕按钮做出反应。如果司机失去警惕、精神不集中,未按压警惕按钮和采取有效制动措施,当报警时间超过规定时间后,自动停车装置将打开列车制动系统内的放风阀,强迫列车自动停车。

就在我国铁路列车超速防护系统正处于开发和探索期间,全路有多家单位研制成功了列车运行监控记录装置LKJ。1995年研制成功LKJ-93型,通过铁道部技术鉴定并在全路迅速普及。之后LKJ-93型又改进为LKJ-2000型。随着LKJ的出现,我国铁路列车自动停车装置ZTL已被淘汰,到20世纪90年代末,我国几乎所有机车都安装使用了列车运行监控记录装置,范围遍及国家铁路所有运营线路。

1. 列车运行监控记录装置(LKJ-2000型)应用范围

列车运行监控记录装置(LKJ-2000型)使用于各种型号的电力机车及内燃机车,适应在自动闭塞及半自动闭塞区段,并能适应各种信号制式。不仅适合运行于不同速度等级的线路的各种列车(包括动车组),还适合于调车机车使用。监控装置用于CTCS-0/CTCS-1级区段。

2. 列车运行监控记录装置(LKJ-2000型)功能

列车运行监控记录装置(LKJ-2000型)的主要功能是监控列车运行速度,在司机欠清醒或失控的情况下,对列车实施紧急制动。同时起"黑匣子"的作用,记录列车运行、机车运用及司机操作。列车运行监控记录装置(LKJ-2000型)对保证列车安全,改善对司机、机车的管理发挥了积极的作用。

(1)监控功能
①防止列车越过关闭的地面信号机。
②防止列车超过线路(道岔)允许的速度及机车、车辆的构造速度运行。
③防止机车以高于规定的限制速度进行调车作业。
④防止列车停车后发生溜逸。
⑤可控制列车不超过临时限速。

(2)记录功能
①开关机相关系数记录(日期、时间等)。
②机车乘务员输入参数(IC卡输入)记录(车次、司机号等)。
③运行参数记录(时间、线路公里标等)。
④事故状态记录。
⑤插件故障记录。

(3)显示功能
①显示列车运行的实际速度及限制速度。
②显示距前方信号机的距离及信号机种类。
③显示运行线路状况。
④显示机车优化操作曲线。
⑤其他运行参数的显示。

(4)地面分析功能

对车载记录的列车运行数据经过翻译、整理,以主观的全程记录、运行曲线、各种报表的形式再现列车运行全过程,为机车的现代化管理及事故分析提供可靠的依据。

3. 列车运行监控记录装置(LKJ-2000型)系统构成

列车运行监控记录装置(LKJ-2000型)由1台监控主机(双套模块冗余)、位于机车两端的显示器2个、地面配置的LKJ-2000数据转储器(大容量IC卡)、事故状态记录器1个、双针速度表2个、光电式速度传感器2个、压力传感器3个、地面配置的通用测试仪等组成,如图4-6所示。

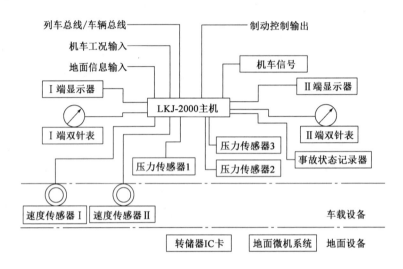

图4-6　LKJ-2000列车运行监控记录装置系统构成图

但是,由于列车运行监控记录装置构成的列车防护其地面数据不是由地面实时传递,而是预先储存在机车上,随着列车运行按列车坐标提取。运行中机车要不断对标,一旦发生对标错误将危及行车安全。同时,列车运行监控记录装置的监控部分不符合列车超速防护系统所要求的故障-安全原则,只能作为一种过渡设备使用。

知识拓展

当列车运行速度提高到140km/h,列车紧急制动距离为1100m,列车运行速度提高到160km/h,紧急制动距离为1400m,列车运行速度提高到200km/h,紧急制动距离将超过2000m,而司机视觉能力对信号做出判断的最少时间为3~5s(遇到阴、雨、雪、雾等不良天气时,判断更为困难)。随着列车速度的提高,当判断时间内列车走行距离不能小于制动距离时,便会构成不安全因素,必须靠列车超速防护系统去控制列车运行。

可见,列车超速防护系统在防止列车超速运行,保证列车停车的准确性和及时调整列车运行速度方面具有较大优越性。我国铁路第六次大提速,列车运行速度超过160km/h的动车组均已装备了列车超速防护系统。当列车上安装了列车运行监控记录装置(LKJ-2000型)和ATP两种监控装置时,列车运行监控记录装置(LKJ-2000型)用于CTCS-0/CTCS-1级区段,ATP用于CTCS-2级以上区段。

单元4.3 CTCS-2级列控系统

任务目标

1. CTCS-2级列控系统地面设备有哪些？车载设备由哪些部分组成？
2. 简述生成行车许可的核心工作原理。
3. LKJ-2000与ATP有何区别？

任务实施

1. 下发任务目标，明确任务内容及考核方式，学生课前按要求预习。
2. 教师课堂上讲解相关知识点。
3. 学生分组讨论，进一步加深理解知识点相关内容，完成任务目标内容。

知识准备

一、列车运行控制系统

列车运行控制系统可分为：车载设备系统和地面设备系统。地面设备主要检查列车在区间的位置，形成速度信号，向列车传送允许速度、线路参数等信息。车载设备主要由天线、信号接收单元、制动控制单元、司机控制台、速度传感器等组成，它根据接收到的地面信息、列车特性，计算列车制动模式曲线，控制列车运行状态。

列车运行控制系统由3个子系统组成：列车自动防护系统、列车自动运行系统和列车自动监控系统。

①列车自动防护系统（Automatic Train Protection，ATP）。主要功能是通过车载ATP系统和地面设备间的信息传输，实现列车的安全间隔控制、超速防护和车门控制，保证行车安全。ATP不仅可用来保证列车之间的运行安全，还用于受曲线等线路条件、通过道岔、慢行区间等限制而需要限速的区段。因此限速等级是根据后续列车和先行列车之间的距离、线路条件等决定的。ATP可对列车运行速度进行分级或连续监督。当列车实际速度超过允许值时，控制列车进行常用全制动或紧急制动，使列车停在显示红灯的信号机或停车标志前方。ATP以仪表指示方式，即车内信号方式向司机给出列车应有速度、目标距离、目标速度等显示，司机按车内数字式速度信息操纵机车运行。可见，该种控制方式能可靠地保证不超速、不冒进。

②列车自动运行系统（Automatic Train Operation，ATO）。主要完成站间自动运行、列车速度调节和进站定点停车，并能接受控制中心的运行调度命令，实现列车运行的自动调整。

③列车自动监测系统（Automatic Train Supervision，ATS）。主要功能是监控列车运行状态，采用软件方法实现联网、通信和列车运行管理自动化。

在我国铁路既有线第六次大提速中采用CTCS-2级列控系统。在200～250km/h高速铁路一般采用 CTCS-2 级列控系统。

CTCS-2 级列控系统是基于轨道电路和应答器传输列车运行信息的点连式系统。系统通过轨道电路完成列车占用和完整性检查,连续向列车传送控制信息,并采用点式应答器向高速列车传送定位信息、进路参数、线路参数、限速和停车信息等。

列控地面设备由列控中心控制,ZPW-2000 系列轨道电路传输连续列控信息,应答器传输点式列控信息。列控车载设备根据地面提供的动态控制信息、线路静态参数、临时限速信息及有关列车数据,生成速度控制和目标距离模式曲线,控制列车运行。列控地面设备与车载设备如图 4-7 所示。

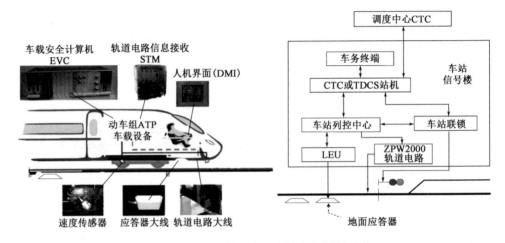

图 4-7　CTCS-2 级列控系统地面设备与车载设备结构

二、CTCS-2 级列控系统地面设备

CTCS-2 级列控系统地面设备包括临时限速服务器、列控中心、轨道、地面电子单元(LEU)、应答器以及相关的网络设备,分为轨旁设备和室内设备两部分。

1. 列控中心概述

列控中心设于各个车站的列控核心安全设备,采用冗余的硬件结构。列控中心与车站联锁、CTC 设备接口,根据调度命令、进路状态、线路参数等产生进路及临时限速等相关控车信息,根据列车占用情况及进路状态,通过设置在车站进、出站处的有源应答器向列车发送可变信息报文,具有发送接车进路信息、临时限速信息以及进站信号机降级显示等主要功能。

列车进路信息和临时限速信息需要根据列车运营情况确定,处于实时变化之中,必须采用可变信息的有源应答器传送。在欧洲铁路,虽然有源应答器已得到广泛运用,但是其可变信息量少,因为地面电子单元(LEU)安设于线路旁,与信号灯电路连接,它根据信号显示选择相应报文,所以报文数量很少。

在 CTCS-2 级列控系统中,列控中心是实现应答器报文选择和发送的重要设备,它依据调度指挥系统下达的临时限速命令和联锁系统当前的进路状态实时计算,选择相应的应答器报文数据,控制有源应答器向列车传送动态信息,从而实现对列车运行的动态控制。列控中心必须符合故障-安全的设计原则,并采用冗余的硬件结构。高速铁路列控中心将轨道电路纳入控制范围,实现了区间自动闭塞的继电编码向数字编码的转变,增加了区间方向控制、区间信号电灯等功能,并取消了站内轨道电路电码化,这也是列控、联锁、区间逐渐一体化的趋势。

2. 列控中心的功能

列控中心是 CTCS-2 级列控系统地面子系统的核心部分。根据轨道区段占用信息、联锁进路信息、线路限速信息等,产生列车行车许可命令,并通过轨道电路和有源应答器,传输给车载子系统,保证其管辖内的所有列车的运行安全。

列控中心除了完成应答器报文存储、选择和发送,发送临时限速以外,扩展了轨道电路低频编码、轨道电路发送方向控制、区间轨道区段状态判断、区间运行方向控制、区间信号机点灯控制、站间安全信息传输等功能。

列控中心系统主要作用是向车载设备提供控车有关的信息。具有轨道电路编码、应答器报文储存和调用、区间信号机点灯控制、站间安全信息(区间轨道电路状态、中继站临时限速信息、区间闭塞和方向条件等信息)传输等功能,根据轨道电路、进路状态及临时限速等信息产生行车许可,并通过轨道电路及有源应答器将行车许可传送给列车。

列控中心接收来自 CTC 的临时限速命令和联锁的车站进路信息,经过运算,选择一条正确的报文,通过 LEU 传至有源应答器;接收来自轨道电路的列车占用轨道区段信息和联锁的车站进路信息,控制轨道电路的低频信息编码,并驱动站内及区间轨道电路方向继电器,控制轨道电路的发码方向;根据临时限速的信息和车站进路状态,向联锁系统发送信号降级信息,同时相应轨道区段低频编码也做相应降级处理;对列车在区间的走行进行三点逻辑检查,对轨道电路占用、出清、非正常逻辑进行判断和报警,并采取必要的防护措施。

三、CTCS-2 级列控系统的工作原理

CTCS-2 级列控系统由轨道电路实现列车占用检测及完整性检查,并连续向列车传输控制信息,包括行车许可、空闲闭塞分区数量和道岔限速等;由应答器传输点式信息,包括线路长度、线路坡度、线路固定限速、列车定位、列车进路、临时限速信息等。

CTCS-2 级列控系统采用连续速度—距离模式曲线,如图 4-8 所示。

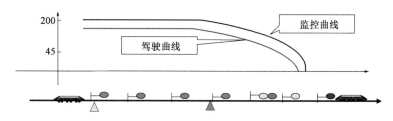

图 4-8 速度—距离模式曲线

(1)车站列控中心

车站列控中心与 CTC 或 TDCS 站机连接获取临时限速命令,与车站联锁连接获取列车进路信息。按照行车计划选择合适时机将临时限速信息和进路信息发送到 LEU 和有源应

答器,向列车发送。

(2) 车载 ATP 设备

列车运行过程中车载 ATP 设备不断检测列车运行速度,接收轨道电路低频信息,根据空闲闭塞分区数量确定目标距离,结合地面提供的列控动态信息(包括运行许可、进路信息等)、线路静态信息、临时限速信息及有关动车组数据,计算生成控制速度和目标-距离模式曲线,通过 DMI 显示列车运行速度、允许速度、目标速度和目标距离等,控制列车运行。

(3) 地面设备

地面设备包括编码器和感应器。编码器是本系统与信号联锁系统的接口,从联锁系统获得限制速度信息,并传送给感应器。感应器(应答器)无须电源,受机车天线的射频能束感应耦合,用接收到的能量供内部电路与应答发送。感应器可传输从编码器编码后送来的信息和轨道曲率、坡道、限速区段等固定信息。

(4) 调度中心

调度中心通过 CTC 或 TDCS 网络向车站列控中心发送临时限速命令,车站列控中心接收到临时限速命令后返回确认。当网络中断后,调度中心应授权在 CTC 或 TDCS 站机上完成临时限速命令设置操作。CTC 或 TDCS 既有功能不变。

(5) 生成行车许可核心工作原理

轨道电路以码序形式提供空闲闭塞分区数量,应答器提供闭塞分区长度和线路允许速度,车载设备综合计算出目标距离,生成速度曲线。

例:已知当前码序处于 L5,每个闭塞分区的距离如图 4-9 所示,计算后续列车的目标距离是多少米?

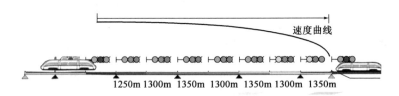

图 4-9 速度曲线

解答:如图 4-9、表 4-1 所示,当前码序为 L5,前方闭塞分区空闲数量为 7 个,故后续列车的目标距离 = 1250 + 1300 + 1350 + 1300 + 1350 + 1300 + 1350 = 9250m。

不同码序对应前方空闲闭塞分区数量表　　　　　　　　　　　表 4-1

码序	L5	L4	L3	L2	L	LU	U	HU
空闲分区数量	7	6	5	4	3	2	1	0

四、CTCS-2 级列控车载设备主要工作模式

CTCS-2 级列控车载设备有 6 种主要工作模式,分别如下:

(1) 完全监控模式(FS)

当车载设备具备列控所需的全部基本数据(包括列车数据、轨道电路信息和应答器信息

等)时,列控车载设备生成目标距离连续速度模式曲线,监控列车安全运行;并通过人机界面(DMI)显示列车运行速度、允许速度、目标速度和目标距离等信息。

(2)部分监控模式(PS)

当列控车载设备接收到轨道电路允许行车信息,而缺少应答器提供的线路数据时,列控车载设备产生一定范围内的固定限制速度,监控列车安全运行。

(3)目视行车模式(OS)

当列控车载设备显示禁止信号、列车停车后又需继续运行时,根据行车管理办法(含调度命令),经司机操作并确认后,列控车载设备按固定限制速度20km/h监控列车运行。司机每确认一次(即按压一次按钮),列车可运行一定距离(300m)或一定时间(60s)。否则列车将制动停车。

(4)调车模式(SH)

当进行调车作业时,司机按压调车按钮,列控车载设备按固定限制速度控制车列前进或折返运行。牵引运行时,限制速度40km/h;推进运行时,限制速度30km/h。

(5)隔离模式(IS)

在列控车载设备故障,触发制动停车后,根据故障提示,司机经操作使列控车载设备制动功能停用。在该模式下,车载设备不承担任何行车安全责任,司机按调度命令行车,列控车载设备正常工作时应能够监测隔离开关状态。

(6)待机模式(SB)

当列控车载设备上电唤醒时,执行自检和外部设备测试正确后自动处于待机模式,设备监控列车不允许移动。

当司机开启驾驶台时,处于待机模式的列控车载设备可通过人机界面(DMI)、GSM-R无线通信、轨道电路、应答器传送列控信息,但不进行速度比较等控制。

 知识拓展

ATP系统的工作原理

ATP系统工作在列车超速防护区段一般采用轨道电路或应答器来检查列车的占用和出清,并构成信息发送条件。机车上设有信息接收器,当列车运行速度超过ATP装置所指示的速度时,ATP的车上设备就发出制动命令,使列车自动制动。当列车速度降至ATP所指示的速度以下时,便自动缓解,而运行操作仍由司机完成。

例如,根据前方列车位置通过轨道电路编码向钢轨传递表示不同速度等级的信号电流。列车上的传感器(接收线圈)接收信号电流后,经车内信号接收器译解,获得允许的限制速度。根据车轴上的速度传感器计算出列车走行的实际速度。将允许列车运行速度与列车走行的实际速度送入车载微机系统进行比较。当实际走行速度超过限制速度,则动作制动设备,如实际走行速度低于限制速度,则制动设备缓解。

不断将来自联锁设备的信息、线路信息和允许速度信息等从地面通过轨道电路传至车上,从而由车载设备计算得到当前允许的速度,由车载设备测得实际运行速度,依此来对列车速度实行监督,使之始终在安全速度下运行。当列车速度超过ATP装置所指示的速度时,

ATP的车上设备就发出制动命令,使列车自动制动;当列车速度降至ATP装置所指示的速度以下时,可自动缓解。

ATP的核心是铁路信号速度化,要求信号信息具备明确的速度含义,并根据这些信息对列车运行速度实时连续监控。地面列控信息主要根据进路、线路条件以及前后列车的运行位置,在分级速度控制时,产生不同的出口速度信息;在采用速度—距离模式曲线控制时,产生目标距离、目标速度等信息。ATP车载设备依据接收到的信息,根据列车构造速度、制动性能计算出控制曲线,对列车是否遵守信号(速度)指令进行实际运行速度的监控。当列车在允许速度控制曲线以下运行时,ATP车载设备相当于"机车信号",只不过信号显示已不仅是灯光颜色,而是允许速度值的量化显示;当列车的实际运行速度接近、超过允许速度曲线时,ATP车载设备就报警、卸载、制动,起到防止"两冒一超"的安全作用。也就是说,只要ATP设备正常工作,列车就不会发生"两冒一超"方面的行车事故。

单元4.4 CTCS-3级列控系统

任务目标

1. 简述CTCS-3级的系统结构。
2. CTCS-3级的主要行车模式有哪些?
3. CTCS-3级的主要运营场景有哪些?
4. CTCS-3较CTCS 2的优势体现在哪些方面?

任务实施

1. 下发任务目标,明确任务内容及考核方式,学生课前按要求预习。
2. 教师课堂上讲解相关知识点。
3. 学生分组讨论,进一步加深理解知识点相关内容,完成任务目标内容。

知识准备

CTCS-3级列控系统是我国高速铁路的重要技术装备,是我国铁路技术体系和装备现代化的重要组成部分,是保证高速列车运行安全、可靠、高效的核心技术之一。CTCS-3级列控系统是基于GSM-R实现车—地信息双向传输、无线闭塞中心生成行车许可的列控系统,采用先进的技术手段对高速运行下的列车进行运行速度、运行间隔等实时监控和超速防护,以目标距离连续速度控制模式、设备制动优先的方式监控列车安全运行,并可满足列车跨线运营的要求。

CTCS-3级列控系统为300km/h及以上高速动车组的主要列控系统,CTCS-2级列控系统作为高速动车组的备用列控系统。

高速铁路车载设备与地面设备配套兼容,300km/h及以上动车组的车载设备应具CTCS-3级(兼容CTCS-2级)系统功能。

一、主要技术原则

①满足运营速度 350 km/h、最小追踪间隔 3 min 的要求。

②满足正向按自动闭塞追踪运行、反向按自动站间闭塞运行的要求。

③满足跨线运行的运营要求。

④车载设备采用目标距离—连续速度控制模式、设备制动优先的方式监控列车安全运行。

⑤CTCS-2 级作为 CTCS-3 级的后备系统,无线闭塞中心(RBC)或无线通信设备故障时,由 CTCS-2 级列控系统控制列车运行。

⑥全线 RBC 设备集中设置。

⑦GSM-R 无线通信网络覆盖包括大站在内的全线所有车站。

⑧动车段及联络线均安装 CTCS-2 级列控系统地面设备。

⑨300 km/h 及以上动车组不装设列车运行监控装置(LKJ)。

⑩在 300 km/h 及以上线路,CTCS-3 级列控系统车载设备速度容限规定为超速 2km/h 报警、超速 5km/h 触发常用制动、超速 15km/h 触发紧急制动。

⑪RBC 向装备 CTCS-3 级车载设备的列车,应答器向装备 CTCS-2 级车载设备的列车分别发送分相区信息,实现自动过分相。

⑫CTCS-3 级列控系统统一接口标准,涉及安全的信息采用满足 IEC 62280 标准要求的安全通信协议。

⑬CTCS-3 级列控系统安全性、可靠性、可用性、可维护性满足 IEC 62278 等相关标准的要求,关键设备冗余配置。

二、CTCS-3 级列控系统结构

CTCS-3 级列控系统总体结构(图 4-10)包括:地面设备、车载设备、GSM-R 无线通信网络、信号数据传输网络四部分。

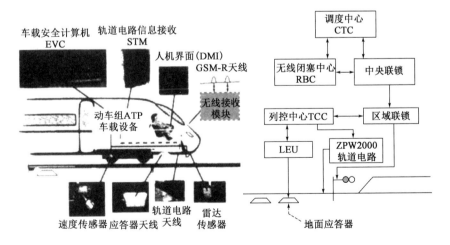

图 4-10　CTCS-3 系统结构

（1）地面设备

地面设备由调度集中系统（CTC）、临时限速服务器系统（TSR）、无线闭塞中心系统（RBC）、计算机联锁系统（CBI）、列控中心系统（TCC）、ZPW-2000 轨道电路、LEU 与应答器、信号集中监测系统（CSM）等组成。

调度集中系统（CTC）具备列车进路及调车进路的控制、列车运行监视、车次号追踪、列车运行计划调整和临时限速设置等功能。

临时限速服务器系统（TSR）集中管理客运专线的临时限速命令，具备全线临时限速命令的存储、校验、撤销、拆分、设置、取消及临时限速设置时机的辅助提示功能。

无线闭塞中心（RBC）根据车载子系统、列控地面子系统其他系统、地面外部系统提供的列车状态、轨道占用、临时限速命令、联锁进路状态、灾害防护等信息，产生针对所控列车的行车许可（MA）及线路描述、临时限速等控制信息，并通过 GSM-R 无线通信系统传输给 CTCS-3 级车载设备。同时通过 GSM-R 接收列车传输的精确位置、列车运行参数等信息。

列控中心（TCC）接收轨道电路占用信息并通过联锁传送给 RBC；在 CTCS-2 级运用时，具有轨道电路编码、应答器报文产生与发送，根据轨道电路、进路状态及临时限速等信息产生 CTCS-2 行车许可，通过轨道电路及有源应答器将行车许可传送给 CTCS-2 级列车。

（2）车载设备

车载设备由车载安全计算机（VC）、GSM-R 无线通信单元（RTU）、轨道电路信息接收单元（TCR）、应答器信息接收模块（BTM）、记录单元（DRU）、人机界面（DMI）等组成。车载设备根据地面设备提供的信号动态信息、线路参数、临时限速等信息和动车组参数，按照目标-距离模式生成控制速度，监控列车安全运行。

（3）信号数据传输网络

信号数据传输网络由信号系统安全数据网、调度集中数据通信以太网、信号监测数据通信以太网等组成。

（4）GSM-R 无线通信网络

GSM-R 无线通信网络主要包括交换子系统（NSS）、基站子系统（BSS）、终端设备、移动智能网（IN）子系统、通用分组无线业务（GPRS）子系统和运行与支持子系统（OSS）等 6 个子系统。通过固定接口与 RBC 连接，通过空中接口与车载设备接口，实现车—地安全信息双向传输通道。

三、主要工作模式

CTCS-3 级列控车载设备（含 CTCS-2 级功能）有 9 种主要工作模式，其中通用的模式有完全监控模式（FS）、目视行车模式（OS）、引导模式（CO）、调车模式（SH）、隔离模式（IS）、待机模式（SB）和休眠模式（SL）等 7 种模式，仅适用 CTCS-2 级的模式有部分监控模式（PS）和机车信号模式（CS）。

（1）完全监控模式（FS）

当车载设备具备列控所需的全部基本数据（包括列车数据、行车许可和线路数据等）时，列控车载设备生成目标-距离连续速度模式曲线,监控列车安全运行;并通过人机界面(DMI)显示列车运行速度、允许速度、目标速度和目标距离等信息。

(2)目视行车模式(OS)

列控车载设备显示禁止信号、列车停车后又需继续运行时,根据行车管理办法(含调度命令),经司机操作并确认后,列控车载设备按固定限制速度40km/h监控列车运行,司机每确认一次列车可运行一定距离(300m)或一定时间(60s)。

(3)引导模式(CO)

当锁闭进路中存在不能检查列车占用的轨道区段时,车载设备根据地面设备提供的行车许可生成目标-距离连续速度模式曲线,并通过人机界面(DMI)显示列车运行速度、允许速度、目标速度和目标距离等,监控列车运行,司机负责在列车运行时检查轨道占用情况。

(4)调车模式(SH)

当进行调车作业时,司机按压调车按钮,列控车载设备按固定限制速度40km/h监控车列前进或折返运行。

车载设备可采用自动转换或人工转换方式进入调车模式。

自动转换方式:车站联锁办理调车进路,无线闭塞中心(RBC)向车载设备提供行车许可,车载设备按调车限制速度控车。

人工转换方式:司机选择调车模式,车载设备按调车限制速度控车。

(5)隔离模式(IS)

在停车情况下,经操作使列控车载设备制动功能停用,在该模式下,车载设备不承担任何行车安全责任。列控车载设备正常工作时应能够监测隔离开关状态。

(6)待机模式(SB)

当列控车载设备上电/唤醒时,执行自检和外部设备测试正确后自动处于待机模式,设备监控列车不允许移动。

当司机开启驾驶台时,处于待机模式的列控车载设备可通过人机界面(DMI)、GSM-R无线通信、轨道电路、应答器传送列控信息。

(7)休眠模式(SL)

非本务车载设备的工作模式。在该模式下,车载设备不负责列车安全防护功能,但执行列车定位、级间转换、测速测距等功能。

(8)部分监控模式(PS)

CTCS-2级后备系统使用的模式。当车载设备接收到轨道电路允许行车信息,而缺少应答器提供的线路数据时,列控车载设备产生一定范围内的固定限制速度,监控列车安全运行。

(9)机车信号模式(CS)

当列车运行到地面未安装CTCS-3级/CTCS-2级列控系统设备的区段时,根据行车管理办法(含调度命令),经司机操作后,列控车载设备生成固定限制速度80km/h,并显示机车信号。

四、主要运行场景

(1)注册与启动

①设备上电:车载设备上电并自检后进入待机模式。

②列车唤醒:司机打开驾驶台,人机界面(DMI)提示司机输入司机号。

③列车注册:在 CTCS-3 级区段,车载设备建立与无线闭塞中心(RBC)的通信会话,并将相关信息注册到 RBC。

④列车数据输入:司机输入列车数据,车载设备将列车数据传送给 RBC,并要求 RBC 回执。

⑤准备发车:司机按压车载设备开始工作按钮,车载设备投入正常工作。

⑥列车启动:司机按"启动"键,车载设备向 RBC 申请行车许可。

⑦列车注销:司机关闭控制台,车载设备终止与 RBC 的通信,RBC 注销列车的注册信息。

⑧关闭电源:关闭电源后,车载设备只保存 CTCS-3 级/CTCS-2 级的工作等级信息和连接 RBC 所需的信息。

(2)进出动车段

动车组将在 CTCS-2 级系统工作状态下进入或驶出动车段。如动车段走行线较短,可采用 CTCS-2 级调车模式(SH)控制列车进出动车段。

①驶出动车段:在动车段内按 CTCS-2 级的部分监控模式运行,通过出站口的应答器组并得到相应的信息后,在联络线按 CTCS-2 级的完全监控模式运行,模式转换自动进行。

②进入动车段:在联络线按 CTCS-2 级的完全监控模式运行。

③动车段内移动:在动车段内按 CTCS-2 级调车模式运行。

(3)级间转换

级间转换包括 CTCS-2 级→CTCS-3 级、CTCS-3 级→CTCS-2 级的转换过程。正常的级间转换在转换区域自动进行;特殊情况下,停车后由司机进行级间转换。

级间转换区域内的转换命令由 RBC/应答器提供。在转换点设置应答器组、在转换点前方适当距离设置预告应答器组。

由 CTCS-3 级进入 CTCS-2 级区段,如图 4-11 所示。

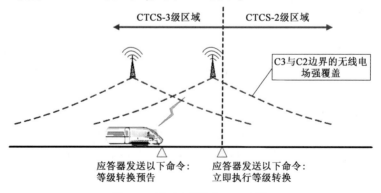

图 4-11　CTCS-3 级进入 CTCS-2 级

由 CTCS-2 级进入 CTCS-3 级区段,如图 4-12 所示。

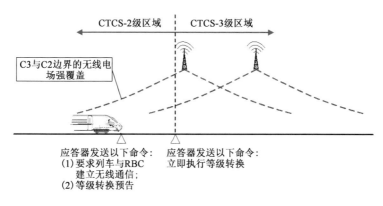

图 4-12　CTCS-2 级进入 CTCS-3 级

(4)行车许可

行车许可描述了在 CTCS-3 级区域,运营条件正常的情况下列车获得行车许可,监控列车运行的过程。

发车进路、接车进路和通过进路:调度集中(CTC)办理列车进路,联锁设备根据进路信息和轨道电路状态向 RBC 发送信号授权(SA),RBC 根据信号授权和列车位置生成行车许可(MA),并将行车许可发送给车载设备,如图 4-13 所示。

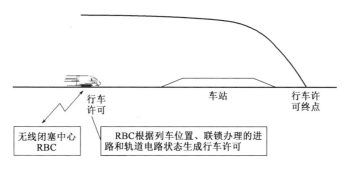

图 4-13　列车进出车站

站间运行:联锁设备根据轨道电路状态向 RBC 发送信号授权(SA),RBC 根据信号授权和列车位置生成行车许可(MA),并将行车许可发送给车载设备,如图 4-14 所示。

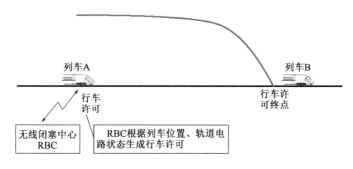

图 4-14　列车在站间运行

(5) 无线闭塞中心 RBC 切换

在 RBC 边界前方及边界点设置预告应答器和切换应答器，以实现列车在两个 RBC 间行车许可控制的安全切换，如图 4-15 所示。

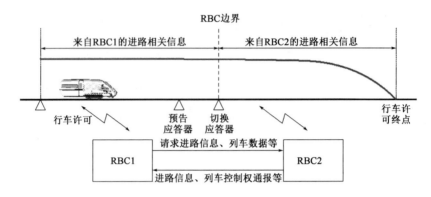

图 4-15　无线闭塞中心 RBC 间切换

①RBC1 从 RBC2 获得进路信息，生成延伸到 RBC2 管辖范围的行车许可；
②另一个 GSM-R 车载移动电台与 RBC2 建立通信；
③列车通过预告应答器和切换应答器，RBC 切换自动完成，列车受到 RBC2 的控制，车载设备终止与 RBC1 的通信；
④车载设备从 RBC2 接收到新的行车许可。

备注：目前通过联锁进路的交叉覆盖实现 RBC 的移交。

(6) 自动过分相

当列车运行到距分相点前一定距离时，无线闭塞中心（RBC）/应答器向列车发送前方被激活的分相点信息，包括：至分相点距离、分相区长度等。车载设备接收到过分相信息后，传送给自动过分相装置，如图 4-16 所示。

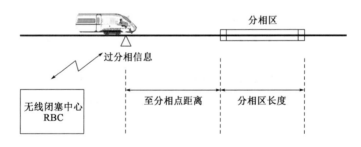

图 4-16　自动过分相

(7) 重联与摘解

列车重联：行车人员办理调车进路，车载设备使用调车/目视行车模式监控列车。列车 B 停在位置 1，按调车/目视行车模式运行至位置 2，然后运行至位置 3，与列车 A 联挂，组成一列列车。

列车摘解：把重联列车分成两列列车。摘解后的两列列车可以同向行驶，也可以背向行驶，或者转线，如图 4-17 所示。

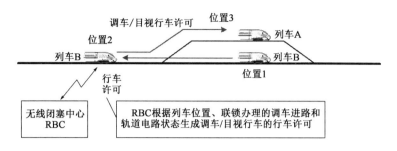

图 4-17 列车重联与摘解

(8) 临时限速

临时限速的设置、取消均在调度中心进行。车站一般不进行临时限速的操作。

施工调度员通过临时限速操作终端设置临时限速命令,经行车调度员通过 CTC 行调台确认,形成临时限速调度命令并储存在调度中心临时限速服务器中。

工作流程如下:

①操作人员在临时限速操作终端以图形方式选取需要设置临时限速的轨道区段、限速值、限速时间等参数,数据送临时限速服务器。

②临时限速服务器根据临时限速设置规则,对限速设置的合理性进行检查,形成相应的文本形式临时限速调度命令,并送临时限速操作终端显示。

③施工调度员对服务器生成的临时限速调度命令进行确认后,限速调度命令送 CTC 行调台。

④行车调度员通过 CTC 行调台对临时限速计划命令确认后,临时限速调度命令被储存在临时限速服务器中。

临时限速命令分别下达给相关的无线闭塞中心(RBC)和列控中心(TCC),分别通过 GSM-R 无线通信和有源应答器为列车提供临时限速信息,实现对 CTCS-3 级系统及后备系统的临时限速的控制。

(9) 降级情况

行车人员的非正常操作:取消已经办好的进路,防护信号关闭,如果列车未进入接近区段,则立即取消进路,如果列车已进入接近区段,则延时规定时间后自动解锁进路。

轨旁设备故障:轨道电路非正常占用、道岔失去表示等。列车应在故障区段前停车 2 分钟,司机确认转目视行车模式。列车运行至正常的区段,自动转换成完全监控模式。

子系统故障:如 RBC 故障、无线通信中断等。列车将继续以先前收到的行车许可运行,直至 T_NVCONTACT 后,如果故障仍未恢复,列车将实施最大常用制动。当速度低于 CTCS-2 级的允许速度时自动转换到 CTCS-2 级控车;当故障消除并具备 CTCS-3 级控车条件时,自动转换到 CTCS-3 级控车。

(10) 灾害防护

列控系统预留了下列灾害防护的接口:

风、雨、雪的灾害防护:采用临时限速的方法,确保列车运行安全。

塌方、落物的灾害防护:通过灾害监测系统(非信号设备)及时监测出事件的发生,通过灾害报警开关接点条件直接将信息传送给管辖事发地点范围的车站联锁和列控中心,然后由 RBC 控制列车及时停车。

车站站台紧急情况防护：车站站台设置紧急防护开关，当车站出现紧急情况（如落物）时，相关人员触发防护开关，防护装置将报警信息传送给相应的车站联锁和列控中心，控制列车及时停车。

 知识拓展

部分有代表性的高铁线路

表 4-2 给出了使用 CTCS-3 的部分有代表性的高铁线路。

使用 CTCS-3 的部分高铁线路　　　　　　表 4-2

序　号	线　路　名　称	线路长度(km)
1	北京—上海(京沪高铁)	1318
2	北京—广州—深圳(京深高铁)	2326
3	哈尔滨—大连(哈大高铁)	893
4	郑州—西安(郑西高铁)	473
5	上海—南京(沪宁城际)	315
6	上海—杭州(沪杭城际)	154
7	合肥—蚌埠—连云港(合蚌连高铁)	310

CTCS-3 的未来发展方向则是 CTCS-4 级，即取消轨道电路，实现虚拟闭塞或移动闭塞。CTCS-4 级则是完全基于无线(GSM-R)传输信息的列车运行控制系统。在所有等级中，CTCS-2 级以上设备具备列车超速防护功能，CTCS 等级比较见表 4-3。

列控系统等级比较表　　　　　　表 4-3

CTCS 等级					
	CTCS-0 级	CTCS-1 级	CTCS-2 级	CTCS-3 级	CTCS-4 级
地面设备	轨道电路	轨道电路、应答器	车站列控中心、轨道电路、应答器及 LEU	车站列控中心、GSM-R 地面设备、轨道电路、无线闭塞中心	车站列控中心、GSM-R 地面设备、无线闭塞中心
车载设备	通用机车信号、运行监控记录装置(LKJ)	主体机车信号、应答器信息接收模块、安全运行监控记录装置	ATP(含机车信号、应答器信息接收功能)运行监控记录装置	GSM-R 接收模块、ATP	GSM-R 接收模块、ATP
地—车信息传输	多信息轨道电路	多信息轨道电路 + 应答器	多信息轨道电路 + 应答器；或数字轨道电路	无线通信双向信息传输	无线通信双向信息传输
适用区段	160km/h 及以下	160km/h 及以下	200 ~ 250km/h 提速干线和高速新线	300 ~ 350km/h 高速新线	特殊线路
对应欧洲标准			ETCS-1 级	ETCS-2 级	ETCS-3 级

单元4.5　国外高速列控系统

任务目标

1. 法国采用什么列控系统？
2. 日本列控系统曲线制式有哪几种？
3. ETCS 的等级划分为哪几级？

任务实施

1. 下发任务目标，明确任务内容及考核方式，学生课前按要求预习。
2. 教师课堂上讲解相关知识点。
3. 学生分组讨论，进一步加深理解知识点相关内容，完成任务目标内容。

知识准备

国外列车运行控制系统(简称列控系统)应用比较普遍，各种速度等级的铁路都有运用，但建立一套满足高速铁路的列车运行控制体系的系统还不多，主要集中在欧洲的德国、法国、亚洲的日本。典型的列控系统主要有法国 TVM300 和 TVM430 系列、日本 ATC 和数字 ATC、德国 LZB80 系统、欧洲 ETCS 等系统。

一、法国

1. TVM300 阶梯式速度控制

与日本新干线一样，法国高速列控系统是从阶梯式速度控制模式开始的，这种列控系统称为 TVM300 系统。

法国的阶梯式速度控制模式 TVM300 与日本新干线 ATC 有以下不同：

①设计理念：新干线 ATC 以机控优先为设计原则，而 TVM300 采用人(司机)控优先的原则。列车正常运行时由司机驾驶，当司机出现失误并可能出现危险的情况下，TVM300 系统能强迫列车制动，其目的是为了充分发挥司机的驾驶技巧，增强司机的责任感。

②闭塞区间的限制速度：新干线 ATC 在闭塞分区入口处开始监控列车运行速度，TVM300 在闭塞分区的出口处检查列车速度是否超过该分区的限制速度，所以在停车信号后方会设一个防护区段。

③轨道电路：新干线 ATC 采用有绝缘轨道电路，TVM 采用 UM71(或 UM2000)型无绝缘轨道电路。

阶梯式速度控制模式在保证行车安全上足够了，但在乘坐舒适性、缩短列车追踪间隔等方面，阶梯式速度控制模式还有许多需要改善提高的地方。因此，法国在北方线开通时开始使用新一代列控系统——TVM430 系统。

2. TVM430 分级曲线速度控制(图 4-18)

和 TVM300 一样,TVM430 仍然给定每一个闭塞分区一个目标速度。不同的是 TVM430 不再采用阶梯式曲线控制模式,而是采用分级曲线控制模式。所谓分级曲线模式,就是各闭塞分区的制动曲线是根据线路数据、目标距离和列车自身性能通过计算得到,这与新干线数字 ATC 的速度控制相似,然后再将各分区的速度控制模式曲线相连,形成分级速度控制模式曲线。

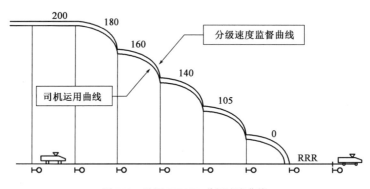

图 4-18 法国 TVM430 分级速度曲线

二、德国

与法国的高速列控系统相比,德国的高速列控系统 LZB 系统有些不同,LZB 系统采用连续目标-距离模式曲线控制方式(图 4-19)。法国的高速列控系统靠轨道电路传递各种控制信息;德国是用铺设于两根钢轨之间的交叉电缆环线来实现车—地之间的双向通信,交叉环线沿着钢轨每 100m 交叉一次,这样可以使列车与地面设备之间以感应通信方式实现车地双向通信,车载设备可以将自己的精确位置、实际速度、列车设备工作状况等信息及时传递到地面列控中心,同时,地面列控中心根据运行计划、线路条件、进路信息等生成移动授权,通过交叉环线传递给列车;另外实现列车定位,列车通过环线交叉点计数和计程传感器来确定列车的实际位置。

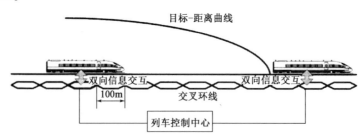

图 4-19 德国 LZB 列控系统示意图

三、日本

(1)阶梯式速度控制

日本新干线是世界高速铁路的先驱,通过新干线的 ATC 系统,可以了解日本高速列控系统是如何保证列车行车安全。

新干线从开通之初采用阶梯式速度控制模式的 ATC 系统,如图 4-20 所示。假如前方列车(前车)已进入闭塞区间 1,后方列车(后车)位于闭塞区间 8 外,ATC 系统是如何控制后方列车速度的?

首先,ATC 系统需要有前方列车目前所在的位置信息(占用着哪个区间),这靠轨道电路来实现。新干线采用有绝缘音频(AF)轨道电路,信号电流从轨道电路发送端发出,由于闭塞区间 1 被先行列车占用,因此,信号电流被车轴和车轮短路,轨道电路受电端的接收器无法收到信号电流,ATC 地面装置通过这种方式可以检测出区间 1 已被占用。

地面设备采集到位置信息,根据与前方列车或者速度限制区的距离,从既定的速度信号中选出合适的信号数值,赋予后续的闭塞区间。在这个例子中,先行列车后面的闭塞区间 2 至 9 的速度信号依次为 30,120,170,170,230,230,270,270。闭塞区间 6 的信号为 230,意思就是该区间的限制速度为 230km/h。

新干线没设地面信号机。新干线闭塞区间长度为 1.2~1.5km,若列车以时速 200km 通过一个 1.2km 长的闭塞区间时,通过时间不到 22s,若司机依靠地面信号驾驶,则每隔 20s 左右就需确认一次信号,司机极易辨认错误。所以,为了减轻司机负担和防止司机失误,新干线在最高速度至停车的信号之间划分为若干中间速度信号,并把这些中间速度分配给相应的闭塞区间,通过地面设备将信号命令传送到车上,并将信号直接显示在司机驾驶台上,显示在司机驾驶台上的就是限制速度的数值了。与地面信号方式相对应,这种方式称为车载信号方式。

后续列车只要进入某一闭塞区间的入口,车头下边的感应器与钢轨内信号电流通过电磁感应,就在车上检测出地面信号电流传输的信息,其中包含了该区间的限制速度信息,检测出的限制速度信息会显示在司机台上。假如列车进入闭塞区间 6,车载信号就会显示当前限制速度为 230km/h,如果此时列车实际速度超过 230km/h,列车制动装置就会自动介入,让列车减速,当实际速度低于 230km/h 的限制速度后,制动装置将自动缓解。列车进入前方 5、4、3 闭塞区间时的动作与此完全相同。

当列车进入闭塞区间 2,速度自动减速到 30km/h,此时司机有机会介入制动操作。司机按下确认按钮,于是制动缓解,列车以低于 30km/h 的速度继续前行,列车前行到距离先行列车闭塞区间入口处 150m 的 P 点时,地面装置向列车发出制动命令,制动装置自动动作使列车停车。若司机忘记按确认按钮,这种情况下 ATC 装置默认司机出现意外情况,制动作用持续到列车停车。后方列车速度的变化,就像下阶梯式的逐级降低,直至停车为止,这就是阶梯式速度控制模式的由来。

在列车整体制动减速过程中,新干线列控系统按照设备优先原则设计,其目的是最大限度地减轻司机负担,有利于缩短列车追踪间隔。

(2)目标—距离模式曲线速度控制

新干线从开通之日起就采用阶梯式速度控制模式,这种方式为新干线的安全运行作出了不可磨灭的贡献,迄今为止从未发生过一起乘客伤亡事故。但阶梯式速度控制模式也有一些不足的地方。

由于后方列车的制动减速是呈阶梯状的,制动系统需要多次重复制动和缓解,而且列控系统不调节制动力的大小,列车减速度变化大,这两个原因将导致乘坐舒适性差。闭塞分区的限制速度,只能按性能最差的列车制动距离来设定限速,这对性能好的列车来说是个遗憾,影响其性能的发挥,使其运行时间延长。随着技术的进步和运输的需要,如果投入更高速度的列车,又没有事先配置合适的速度信号的话,就另需追加附属装置来解决这个问题。阶梯式速度控制增加了列车追踪的间隔,限制了列车运输效率的进一步提高。

日本在此基础之上,开发了新的列控系统。在 21 世纪初开发推出了新的"目标—距离模式曲线防护"列控系统,并将这种新的列控系统称为"数字 ATC",也称为"D-ATC"(图 4-20)。它使用有绝缘的数字轨道电路发送列车位置、目标速度和进路等信息。由于它向车载系统传输的信息量比 ATC 系统大,因此车载系统可根据轨道电路信息和车载存储的线路数据生成连续的速度—距离模式曲线,控制列车安全运行,并采用设备控制优先方式,这不仅缩短了列车间隔,而且还提高了旅客的舒适性。两种列控系统曲线控制如图 4-21 所示。

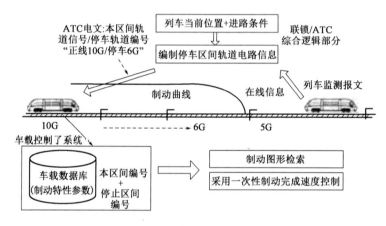

图 4-20　日本 D-ATC 系统简图

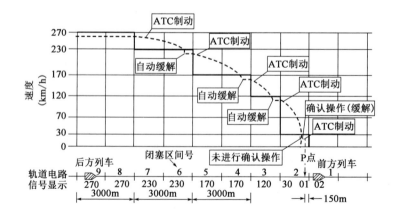

图 4-21　日本列控系统两种曲线控制

从目标—距离模式曲线控制示意图中我们可以直观地看出,后方列车的制动减速不再是呈阶梯式下降,而是一条平滑的一次性制动曲线,像是自动挡汽车的无级变速。这种控制方式是如何实现的呢?

首先,后方列车实时计算出自己所处位置距前方目标点的距离(目标点是指限速点、前方列车或其他障碍点)。ATC 地面控制中心通过数字轨道电路将前车和后车所在位置向车上发送,轨道电路向车上发送的信息包括闭塞分区(轨道电路)编号、前方开通闭塞分区数和临时限速等,后车根据这些计算出自己距离目标点的距离。

其次,后车根据预先存储在车载计算机里的线路条件(曲线半径、坡度等参数)、列车性能参数以及距离目标点的距离,计算出反映列车允许速度与目标点距离之间的关系曲线,即一次制动曲线,获取列车当前的允许速度,来监督列车运行。

目标-距离模式曲线控制克服了阶梯式速度控制模式下诸多不足之处,成为新干线列控系统的主流。

四、欧洲 ERTMS/ETCS 系统

由于欧洲各国铁路运营模式不同,操作规程不同,因此不同国家的列车控制系统之间互不兼容。据统计,20 世纪 80 年代后期欧洲各国共有 15 种以上的列控系统,跨国运行的欧洲之星高速列车曾经装有 6 套 ATP 设备,更有甚者装有 8 套 ATP 设备。如此多的不同设备不但使得设备安装、设备操作、设备维护非常困难,而且建设和维护费用高昂,给跨国运行带来了诸多不便,严重制约了欧洲铁路的发展。因此,制订一套可以在各国统一推广使用的列车控制系统标准,并以此保证各国的列车在欧洲铁路网内的互通运营,显得十分迫切,也十分必要。为此,1989 年 12 月的欧洲运输部长会议拉开了 ERTMS/ETCS 规范制订的序幕,2001 年 3 月,各方认可的 ETCS 技术规范正式发布。

ETCS 技术规范确定 5 个应用等级,即 ETCS-0、ETCS-STM、ETCS-1、ETCS-2 和 ETCS-3,其中 ETCS-1 又细分出两种。5 个应用等级具体内容如下。

(1) ETCS-0

该级主要是为了保证装配 ETCS 车载设备的列车,能在没有 ETCS 地面设备的线路或尚不具备 ETCS 运营条件的线路上运行。ETCS 车载设备只显示列车速度,并只监督列车最大设计速度和线路最大允许速度,车载设备不提供机车信号功能,司机凭地面信号行车。需要在列控等级转换处设置欧洲应答器(Eurobalise),车载装设具有 Eurobalise 传输功能的 BTM 模块(应答器传输模块)。

(2) ETCS-STM

该级主要是为了保证装配 ETCS 车载设备的列车,在既有线运行时能够提供机车信号功能。在该级中,既有地面信号系统完成列车占用检查,并根据既有地面信号系统功能决定是否需要地面信号机。

(3) ETCS-1

①不带注入功能的 ETCS-1(without in-fill):该级列控系统由现有信号系统 + 欧洲应答器 + 轨道电路构成,即在信号机外方设置一组或若干组欧洲应答器组,利用应答器实现地向车的列控信息传输,这是一种典型的点式列控系统。由于列车行车控制命令变化不能及时送

至运行中的列车,因此需要保留地面信号机。其系统结构如图 4-22 所示。

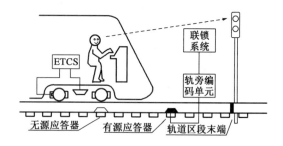

图 4-22　不带注入功能的 ETCS-1 级列控系统示意图

②带注入功能的 ETCS-1(with in-fill):在 ETCS-1(without in-fill)的基础上,在信号机外方某一固定区域增加欧洲环线(Euroloop),或采用欧洲无线(Euroradio)。实现地向车列控信息传输的局部连续,以进一步提高 ETCS-1 级的安全性和运输能力,该系统仍需保留地面信号机。其系统结构如图 4-23 所示。

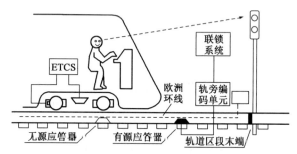

图 4-23　带注入功能的 ETCS-1 级列控系统示意图

(4) ETCS-2

该级列控系统中地面系统由无线闭塞中心(RBC) + GSM-R 无线通信系统 + 欧洲应答器 + 轨道电路(或计轴装置)构成,其中无线闭塞中心是核心,负责生成控制列车运行的行车许可(MA)信息,通过 GSM-R 实现车—地双向通信,欧洲应答器用于实现列车定位和传递部分列车运行控制命令,轨道电路(或计轴装置)用于实现轨道占用检查、该级系统属于固定闭塞(或准移动闭塞)的连续式列控系统,可取消地面信号机,线路通过能力更高。其系统结构如图 4-24 所示。

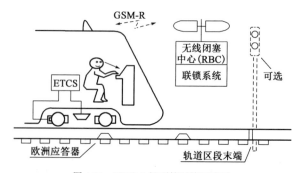

图 4-24　ETCS-2 级列控系统示意图

(5) ETCS-3

该级列控系统由无线闭塞中心＋GSM-R 无线通信系统＋欧洲应答器＋列车完整性检查装置构成，与 ETCS-2 的主要不同点是车上设置列车完整性检查装置，对列车完整性进行检查，与地面设备一起完成轨道占用检查功能，该等级可以实现移动闭塞，线路通过能力最高。其系统结构如图 4-25 所示。

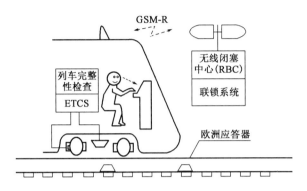

图 4-25　ETCS-3 级列控系统示意图

目前，ETCS 的 1、2 级技术标准明确，并在欧洲铁路建设中已有实施先例，其中 ETCS-2 级最早投入使用的是意大利的罗马—那不勒斯高速线（运营速度 300km/h）。

 知识拓展

法、德、日三国的列车运行控制系统性能比较

法、德、日三国的列车运行控制系统性能比较如表 4-4 所示。

法、德、日列车运行控制系统性能比较　　　　表 4-4

设备名称	法国 TVM430	德国 LZB	日本 ATC
最高运行速度	320km/h	270km/h	270km/h
闭塞方式	固定闭塞	固定闭塞	固定闭塞
制动模式	分级连续式	连续速度控制式	阶梯方式
控制方式	人控优先	人控优先或机控优先	机控优先
安全信息传输	媒介、无绝缘模拟轨道电路	媒介、数字轨道电路	媒介、有绝缘模拟轨道电路
其他信息传输方式	媒介、环线、应答器方向，地、车单方向	媒介、环线、应答器方向，地、车单方向	媒介、环线、应答器方向，地、车单方向
列车定位	轨道电路、车载测距	轨道电路、车载测距	轨道电路、车载测距
区段占用	无绝缘数字轨道电路	无绝缘数字轨道电路	有绝缘数字轨道电路
系统特点	人控优先有利于发挥司机作用，需要设一个闭塞分区为保护区段，对通过能力有影响	轨道电路作为传输媒介，区间有源设备较多，系统造价高，维护较困难	机控优先有利于减轻司机负担，但对列车制动系统要求较高，绝缘节与我国不同

模块小结

列车运行控制系统是保证列车运行安全、提高运输效率、实现铁路统一指挥调度的关键技术设备,也是铁路信息化技术的重要技术领域。

本模块通过讲解列车运行控制系统的相关知识,引导学生掌握列车运行控制系统的基本概念、功能以及列控系统的使用,明白 CTCS-2 系统和 CTCS-3 系统的组成和基本工作原理,并能判别不同等级的列控系统的主要运营场景,能够理解列控系统在行车过程中的作用和意义。

 课后习题

一、填空题

1. CTCS-2 级列控系统车载设备采用_____进行列车定位。
2. 既有线 CTCS-2 级列控系统车载设备通过_____计算目标距离。
3. CTCS-2 级列控中心与联锁连接,一方面获取进路信息,另一方面当_____时,TCC 应向车站联锁输出进站信号机点黄灯的降级控制信息。临时限速取消后,也相应取消点黄灯的降级控制信息。
4. CTCS-3 级列控系统主要运行场景有_____、_____、_____、_____、_____、_____、_____、_____、_____。
5. CTCS-3 系统中线路参数通过_____提供给列车。
6. CTCS-2 级列控系统是基于_____和_____传输列车运行信息的点连式系统,是采用_____监控列车安全运行的列车运行控制系统。
7. CTCS-3 级列控系统是基于_____实现车—地信息双向传输、_____生成行车许可的列控系统。

二、名词解释

1. ATP
2. 站内轨道电路电码化
3. CTCS

三、简答题

1. CTCS-3 级列控系统车载设备的组成?
2. CTCS-2 级列控系统中应答器的功能是什么?
3. CTCS-3 级列控系统有哪些主要工作模式?

四、分析题

图 4-26 为 CTCS-2 级列控系统的结构图,试根据此图分析 CTCS-2 级列控系统的结构。

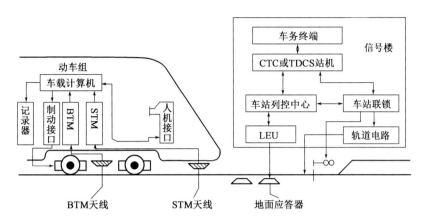

图 4-26 CTCS-2 级列控系统的结构

模块 5　列车调度指挥系统和分散自律调度集中系统

模块描述

本模块旨在培养学生面对列车能独立判定调度员调度指挥的安全要求,判断 TDCS 种类及 CTC,并借助调度指挥设备和车站等不同载体训练学生对 TDCS 及 CTC 设备的理解能力。熟悉各种 TDCS 及 CTC 设备的特点及办理方法。对此,需要通过理论与实践的练习,在练习过程中让学生逐步掌握本模块中完成各任务应具备的所有技能。

教学目标

知识目标

1. 掌握 TDCS 系统的概念和结构体系。
2. 了解铁路局集团有限公司调度中心 TDCS 的设备构成。
3. 掌握铁路局集团有限公司调度中心 TDCS 和车站 TDCS 的主要功能。
4. 掌握 CTC 设备构成。
5. 掌握 CTC 基本原理和基本功能。

技能目标

1. 能够操作铁路局集团有限公司调度中心 TDCS 机。
2. 能够操作车站 TDCS 机。
3. 能够排列 CTC 区段的列车进路和调车进路。

建议课时

6 课时

背景知识

自 20 世纪 80 年代后期以来,全路信号研究设计部门、科研机构、各铁路局的信号工程技术人员,为全路运输调度指挥管理信息系统工程的立项决策做了大量的前期准备工作,提供了宝贵的实践经验。

1994 年,铁道部电务局、运输局在广泛调查研究后,正式提出建设铁路运输调度指挥管理信息系统的可行性研究报告,工程名称确定为 DMIS 工程。

1996 年 1 月 18 日,铁道部部长办公会上通过了 DMIS 工程实施可行性报告,决定在全路组织建设以原铁道部全路运输调度为核心的 DMIS 工程。

1996 年 10 月 3 日,铁道部下达了《关于铁路运输调度指挥管理信息系统工程总体方案的批复》,总体设计组开始了 DMIS 一期工程初步设计工作。

1997 年 6 月 11 日,DMIS 一期工程范围确定。

1997 年 12 月,由铁道部运输局组织对上海、北京、济南、沈阳、郑州铁路局及广铁(集团)等 DMIS 一期工程方案进行审查。

1998 年 1 月 16 日,铁道部下达《关于对 DMIS 初步设计文件修改意见的通知》。

1998 年 1 月 19 日,铁道部下达《关于铁路运输调度指挥管理信息系统(DMIS)工程初步设计的批复》。

1998 年 3 月 26 日,铁道部下达《关于加快 DMIS 一期工程建设的通知》,明确了工期要求,工程实施正式起步。

2000 年 4、6、8 月,铁道部运输局基础部分别在北京和南京召开无线车次号校核系统技术和工程实施会议,对技术方案的确定、工程实施的步骤、产品生产的进度等做出了具体的安排。

2001 年,铁道部要求全面进行 DMIS 二期工程建设。

2003 年 11 月,兰州局率先开通覆盖全局所有干线及主要支线的 DMIS。

2003 年底,京沪全线全面实现了 DMIS 功能。全线 100 多个车站全部实现车站值班员用计算机接收阶段计划、调度命令和生成行车日志等功能。

2004 年,铁道部、铁路局调度指挥中心和四大干线(京沪、京哈、京广、京九线)车站基层网基本形成。

2005 年,根据铁路信息化总体规划,DMIS 更名为 TDCS(铁路列车调度指挥系统)。铁道部运输局基础部提出了"以 TDCS 为平台,CTC 为核心,构建我国铁路现代化的调度指挥系统"。

TDCS 立项之际就站在高起点上,采用了世界最先进的计算机技术、网络技术,并采用开放式的软、硬件平台,以利于系统的扩充。"TDCS 铁路列车调度指挥系统"项目工程曾获 2008 年度中国铁道学会科学技术特等奖。

2013 年中国铁路总公司的成立,铁路运输业不断发展,调度指挥的精细度、集中度、行车速度、行车密度的不断提高,使各级行车指挥人员对 TDCS 的依赖度日益加深,并对 IDCS 提出更高的要求。TDCS 系统的功能进一步扩展,在保障行车安全方面发挥着重要作用。

在 TDCS-y 2.0 基础之上,中国铁道科学研究院对硬件平台、应用软件功能进行全面提升,开发出的新一代列车调度指挥系统"TDCS-y 3.0",并于 2015 年 5 月通过了中国铁路总公司科技管理部组织的技术评审。

单元 5.1 列车调度指挥系统(TDCS)使用

任务目标

1. TDCS 的概念和结构体系?

2. 中国铁路局集团有限公司调度中心 TDCS 的设备构成？
3. 中国铁路局集团有限公司调度中心 TDCS 和车站 TDCS 的主要功能？

任务实施

1. 下发任务目标，明确任务内容及考核方式，学生课前按要求预习。
2. 教师课堂上讲解相关知识点。
3. 学生分组讨论，进一步加深理解知识点相关内容，完成任务目标内容。

知识准备

一、TDCS 概述

TDCS(Train Operation Dispatching Command System)是覆盖全路的调度指挥管理系统，能及时、准确地为全路各级调度指挥管理人员提供现代化的调度指挥管理手段和平台。TDCS 是全路联网的调度指挥系统，由中国铁路总公司(简称铁路总公司)TDCS、铁路局集团有限公司 TDCS、车站系统三层组成，采用数字化、网络化、信息化技术，是对传统调度指挥模式的革命性突破。它极大地减轻了调度员的劳动强度，提高了运输生产的效率。在 TDCS 基础上建设调度集中是铁路跨越式发展的必经之路，所以 TDCS 为实现铁路调度现代化奠定了坚实基础。

（一）TDCS 的体系结构

TDCS 为三层网络体系结构，由铁路总公司 TDCS、铁路局集团有限公司 TDCS、车站 TDCS 三层组成，是一个覆盖全路的现代化铁路运输调度指挥系统，如图 5-1 所示。

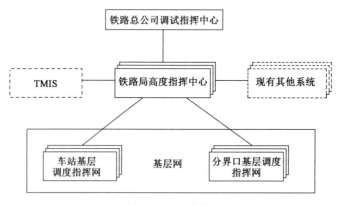

图 5-1　TDCS 结构

铁路总公司调度指挥中心处于 TDCS 的最上层，是 TDCS 的核心，是全路运输调度指挥的心脏。它通过专线通道、数据网链路、路由器与各个铁路局集团有限公司调度指挥中心远程连接，进行信息交换，并建立全路各专业技术资料库。铁路总公司调度指挥中心能获得各铁路局集团有限公司分界口、重要铁路枢纽、主要干线等的运输状况和调度监督等实时信息；同时还与 TMIS 及其他系统网络互联，在获得大量运输管理信息的基础上为铁路总公司领导的决策提供真实可靠的信息,实现调度指挥工作的现代化管理。

铁路局集团有限公司调度指挥中心处于 TDCS 第二层。它通过专线通道、数据网链路、路由器与铁路总公司、相邻铁路局集团有限公司调度指挥中心远程连接,进行信息交换。由于铁路局集团有限公司不仅是一个管理层,同时也是直接调度指挥行车的指挥层,因此,不仅要完成基层网信息的汇总、处理和标准化,给各级调度提供监视的同时,还要将行车指挥信息(如阶段计划、调度命令等)下达到所辖车站,由车站值班员负责执行和落实调度指挥意图。

最下层是基层网。它通过专线通道、数据网链路、路由器与铁路局集团有限公司调度指挥中心、相邻车站远程连接,进行信息交换,主要包括调度监督系统、无线车次号自动校核系统、车站值班员终端设备等。

TDCS 的应用大大减轻了行车调度员和车站值班员劳动强度,在实现透明指挥、提高效率、保证安全等方面发挥了重要作用。

（二）TDCS 的特点

1. 调度办公实现了无纸化

以前大量使用的运行图、部分报表、调度命令本以及车站行车日志等逐渐停止使用,不同专业调度之间信息的传递也在网上完成。调度员不用纸张只通过简单地点击鼠标即可实现运行图的自动绘制、调整、下达阶段计划和调度命令等操作。

列车运行的到发点由系统自动采集,实际运行线可以自动生成。每班的运行图一般均存放在计算机的存储器中,只在需要时才打印输出。

2. 流程管理实现程序化

通过详细描述列车调度工作中的设备、规则、方式、流程等条件,采用程序智能控制作业流程,规范作业过程管理。

3. 安全检测实现智能化

强大的防火墙系统和入侵检测系统保证了 TDCS 作为行车设备要求的高度安全性,有效防止了黑客的非法入侵和病毒的侵入。

4. 信息交换实现网络化

调度员和车站值班员的信息交换全部采用网络传输,替代了原有的电话交流模式,包括计划的下达、到发点的上报、调度命令的下达等信息。采用电话下达的方式工作强度大,容易造成误报、错报的情况,网络下达高速、准确,很受调度员欢迎。以信息和网络技术替代既有的信息采集、交换方式,提高信息交换的效率和质量,提高了工作效率,保证了系统的高实时性和高可靠性。

5. 计划调整实现自动化

针对 3 小时阶段计划的自动调整,由计算机的自动调整替代调度员人工调整,特别是单线调度区段,极大地减轻了调度员的工作强度,调度员只要把握住几个重点会让策略,进行人工干预,其他工作交给计算机来做就可以了。通过系统自动调整列车会让计划、智能判别列车运行必须满足的逻辑关系,实现对车站设备的直接自动控制,满足调度集中或半集中的需要。

6. 调度指挥实现无声化

有了 TDCS，调度员通过计算机网络来下达指令和获取相关的行车信息，实现行车信息共享，不再以电话联系为主要方式，改善了调度中心原来嘈杂的工作环境。

7. 调度控制实现集中化

在调度集中区段，TDCS 可以做到几百公里之外的车站全部由调度所来集中控制，调度员在调度台上便可直接控制车站的联锁设备，进行远程作业，可做到车站的无人值守，配以计算机辅助调度，可以实现按图排路，使整个运输调度工作跨上一个新台阶。

二、铁路总公司调度指挥中心 TDCS

(一)铁路总公司调度指挥中心 TDCS 网络结构

铁路总公司调度指挥中心 TDCS 是整个 TDCS 的重要组成部分，是 TDCS 的最高层系统。它由高性能、高可靠的计算机网络系统构成。

铁路总公司调度指挥中心 TDCS 以铁路总公司的调度中心大楼为主体，构成一个铁路总公司调度指挥中心 TDCS 局域网；通过通信专线、路由器与 18 个铁路局集团有限公司调度中心 TDCS 构成广域网，完成相关信息交换，建立全路各专业技术资料库等，获取各铁路局集团有限公司分界口、重要铁路枢纽、主要干线等的运输状况和调度监督等实时信息，为铁路总公司领导的决策提供真实可靠的信息，实现调度指挥工作的现代化管理模式。

1. 铁路总公司调度指挥中心 TDCS 局域网结构

铁路总公司调度指挥中心 TDCS 局域网构成核心网络，由主干网和用户网构成。主干网是铁路总公司中心 TDCS 网络系统的核心，传输介质采用光缆，保证为各客户及服务器之间提供高速的信息交换通道。

2. 铁路总公司调度指挥中心 TDCS 广域网结构

铁路总公司调度指挥中心 TDCS 采用防火墙技术、动态口令身份认证等来保障总公司中心 TDCS 的网络安全，系统通过专线方式或者采用专线为主用通道、数据网链路为备份通道的方式与 18 个铁路局集团有限公司的调度中心、部分分界口进行远程连接，构成 TDCS 的骨干网，铁路总公司对每个铁路局集团有限公司、每个方向都具有专用通道，均衡信息流量并互为主备，以保证远程通信的可靠性，完成铁路总公司与铁路局集团有限公司之间的信息交换和数据处理。

(二)铁路总公司中心 TDCS 主要功能

1. 列车动态跟踪功能

列车动态跟踪是 TDCS 的基本功能之一，可以实时跟踪列车位置，并以电子地图和行车监视等显示方式提供追踪信息。主要内容如下：

①列车实际位置；

②列车车次号；

③列车运行方向；

④早晚点信息。

2. 设备运用状态实时显示功能

设备运用状态实时显示是 TDCS 的基本功能之一。提供车站的进路排列、信号显示、轨道电路占用等状态的监视。铁路总公司中心 TDCS 通过 TDCS/CTC 的基层系统完成对分界口、区段、枢纽的列车运行情况和现场状态的动态数据采集、传送和处理，以图形、图像、文字等方式，向各调度员及有关领导提供及时、准确、可靠的全路设备运用状态宏观显示、列车运行情况和现场动态显示、作业情况和实时的动态统计报表，为总公司调度中心协调全路运输、科学决策、提高效率、实现现代化管理提供重要手段。

3. 运行图管理功能

按照调度区段、分界口、重点车站等方式提供列车调整计划、列车实绩运行图以及基本运行图的查询显示。

4. 调度命令管理功能

铁路总公司中心具备查询各调度中心向所辖车站下达的调度命令的功能。调度人员通过计算机网络系统实施调度命令的编辑、发送和管理，主要功能包括编辑、发送调度命令，处理未发送调度命令，处理已发送调度命令，查看当前命令回执，查询调度命令历史信息，打印调度命令。

5. 列车编组管理功能

提供列车确报信息的查询、显示和打印功能。

6. 数据统计分析及预测功能

根据建立的数据库信息和数据提供局间分界口交接车统计以及各条干线列车运行正点率、列车运行密度和早晚点原因统计等功能。

7. 仿真培训功能

提供对调度人员和维护人员的仿真培训功能。

8. 铁路局集团有限公司间分界口列车调度指挥管理功能

对分界口列车调度指挥进行有效的管理，以地图和全路运营线路示意图两种形式为底图，实时地统计 18:00 到当前时间各分界口的交接车实际完成情况，并通过与计划运行图的比较分析，在地图上给出各分界口运行状况。还提供分界口交接车预警和报警、技术资料查询等功能。主要包括：查询和显示功能；分界口交接车预警；分界口交接车报警；行车信息监视；分界口交接列车运行图管理；技术资料查询。

9. 运行图管理功能

运行图管理功能主要包括铁路局集团有限公司各区段运行图管理；分界口运行图管理；重点车站基本运行图管理。

10. 列车运行时刻显示查询功能

包括车次号、始发调度日、始发铁路局集团有限公司、始发车站、终到铁路局集团有限公司、终到车站、当前铁路局集团有限公司、当前位置等信息。

11. 时钟校核功能

为了得到基准时间,在铁路总公司可以设置 GPS 时钟授时仪,产生精确时间,然后发到总公司中心局域网内作为基准源的计算机或者网络设备。局域网内其他需要进行时钟同步的设备,与基准源设备同步。

12. 气象信息系统功能

提供铁路沿线天气情况的实时信息,使调度员了解铁路沿线的天气灾害情况。包括:铁路沿线天气情况显示和铁路沿线天气情况预报。

三、铁路局集团有限公司调度中心 TDCS

TDCS 最重要的组成部分是直接指挥车站的 TDCS 子系统,铁路局集团有限公司调度中心 TDCS 简称调度中心 TDCS。铁路局集团有限公司 TDCS 实现对全铁路局集团有限公司的行车进行实时、集中、透明指挥,用自动化的手段调整运输方案,通过计算机网络下达行车计划和调度命令,实现自动报点和车次号自动跟踪、列车实绩运行图自动绘制、车站行车日志自动生成。铁路局集团有限公司调度中心 TDCS 结构示意图如图 5-2 所示。

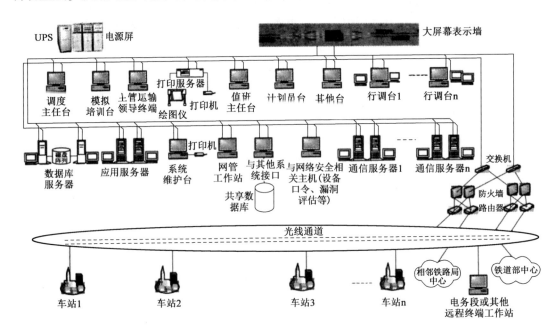

图 5-2 铁路局集团有限公司调度中心 TDCS 结构示意图

(一)铁路局集团有限公司调度中心 TDCS 网络结构及设备组成

1. 铁路局集团有限公司调度中心 TDCS 网络结构

为保证系统运行的实时性、稳定性、可靠性和安全性,铁路局集团有限公司调度中心 TDCS 局域网设置于调度中心内,调度中心设备间通过网卡和交换机相连,构成调度中心局域网,实现铁路局集团有限公司调度中心内部数据的交换。铁路局集团有限公司调度中心局域网与车站局域网、其他铁路局集团有限公司局域网以及铁路总公司调度指挥中心局域网通过数据传输通道和网络设备构成广域网。

2. 铁路局集团有限公司调度中心 TDCS 的设备构成

铁路局集团有限公司集团公司调度中心 TDCS 设备按照设备性质和用途可以分为：网络设备、服务器、工作站（包括显示设备、各工作台）、大屏幕设备、电源设备等。

（1）服务器

服务器是调度中心 TDCS 的核心设备，完成系统的最主要任务，如：数据通信、信息处理、数据库访问服务、文件访问服务、图形显示服务、应用软件服务等。整个调度中心 TDCS 的数据存储、处理、传输均由服务器控制。

（2）工作站

工作站按照其用途可以分为用于调度指挥和管理的各种工作站、网络管理工作站、设备维护工作站、远程终端工作站。用于调度指挥和管理的各种工作站主要有行调工作站、值班主任工作站、调度主任工作站、计划员工作站等，以及客调、货调、机调、特调等工作站。

（3）大屏幕显示系统

设置于调度中心大厅，主要由投影仪、投影屏幕、多屏控制系统（器），以及用于管理投影系统的控制台等组成。

大屏幕投影系统可以将多种信息形式集于一体，提供高清晰度、大画面的宏观显示，主要完成列车运行密度显示、列车运行正晚点显示、列车计划运行图显示、列车实绩运行图显示、列车实绩运行监视、分界口交接车情况显示、分界口计划/实绩运行图显示、列车运行图的描绘、客货车正晚点统计、调度命令的接收和发送等功能。可以随时做画面切换，转换为辖区内的全景显示、细景显示。此外还可以显示天气情况、新闻等。

（4）GPS 时钟校核系统

由于 TDCS 是一个庞大的系统工程，涉及全路各铁路局集团有限公司以及沿线车站，需要配置大量的网络设备、服务器、工作站、终端设备，这些设备采用 GPS 时钟系统来保证得到统一的时间基准，使整个铁路系统安全运行和高效运转。

（二）铁路局集团有限公司调度中心 TDCS 功能

为实现管理层的职能，铁路局集团有限公司 TDCS 可以利用显示器或大屏幕所显示的干线宏观图、区段宏观图对所管辖区段的车站、分界口、编组站、枢纽的列车运行情况进行监视，对重点列车进行追踪，进行列车运行正点率统计和列车运行密度统计分析，进行信息汇总、处理，向铁路总公司和相邻铁路局集团有限公司提供行车信息；为实现指挥层的职能，铁路局集团有限公司 TDCS 实时掌握所管辖区段的列车运行实际情况，及时下达阶段计划和调度命令，协调所辖区段的车、机、工、电、辆等各部门的工作，力争按列车运行图行车。

1. 干线列车运行秩序的宏观监视

显示铁路局集团有限公司管内的宏观地图，按铁路线的实际走向显示铁路局集团有限公司管辖范围内的铁路设施、设备位置和信息；统计列车正点率并显示和打印输出；实时动态监视主要干线上各调度区段的列车运行正点率情况，采用不同颜色的线条和文本表示正点率情况；统计列车运行正晚点现象并显示和打印输出；统计列车运行密度并显示和打印输出;实时动态监视主要干线列车运行密度,采用不同颜色的线条和文本表示不同的列车运行密度;跟踪重点列车,系统按照用户选定的列车,自动显示该列车的运行位置、正点和晚点情况。

2. 列车运行实时监视和历史查询

(1) 站场实时表示信息显示

站场显示的内容分为静态信息和动态信息。静态信息包括:车站网络布局、区间线路模拟显示、信号机布置、站名及信号设备名称、道岔名称、股道编号。动态信息包括:进、出站信号机,调车信号状态,区间通过信号机状态,列车接车、发车进路,轨道电路状态,列车运行方向,车站股道状态,区间闭塞分区状态,列车车次号及实际早晚点时间。

(2) 区段透明

系统内部每个调度台的显示范围除本调度区段所辖的车站站场外,均可显示相邻调度区段的相邻车站和区间信息。

(3) 列车运行回放

在正常情况下,系统会自动将列车的运行情况以数据文件的形式记录在本机的硬盘上,同时在应用服务器上也保存完整的备份。

3. 列车追踪

系统可以根据列车的运行状况和信号设备状态对列车车次号进行自动追踪,并采用无线车次号系统进行车次号自动校核。

车次号自动追踪是根据信号设备状态(占用、锁闭、信号开放)判断列车位置并随着列车的运行而不断移动列车车次,从而达到标识列车及自动采集列车到达、出发时刻的目的。

无线车次号校核是在机车和车站的联络过程中,向车站发送唯一标识列车的信息,车站无线接收设备收到信息后传送到 TDCS 基层设备,由 TDCS 基层设备校核车次的正确性,这是确保车次可靠性的保障措施,也是 TDCS 技术的关键。

(1) 车次号自动追踪

车次号自动追踪的原理是:将每一站的每一股道、每一站的咽喉分别分配一个车次单元和一个临时车次单元,车次的跟踪就是车次在车次单元中的传递。

(2) 无线车次号校核

无线车次号校核是将运行中的机车(列车)向地面(车站 TDCS、铁路局集团有限公司 TDCS)单方向可靠地传送数据,包括:机车(列车)的车次号、机车类型、机车号、所在公里标(位置)、速度—总重、换长和编组辆数等信息。在进、出站信号机处,机车电台向车站电台单向连续传送 2 次。第一次是在接收到车次号信息立即传送;延迟 3~5s 后传送第二次。如果 TDCS 数据采集单元需要机车电台传送车次号信息时,机车电台正在通话,机车电台则将话音与数据信号同时调制,一起发出。无线车次号/无线调度命令见图5-3。

(3) 车次号显示

车次号在表示设备上的车次窗内显示。随着列车在车站与区间之间的移动,车次号将跟随列车所在的位置显示于车站股道内车次窗和闭塞区间的车次窗。列车车次号将自动在闭塞区间与车站之间、调度台(图5-4)之间以及调度中心之间进行显示。

模块 5　列车调度指挥系统和分散自律调度集中系统

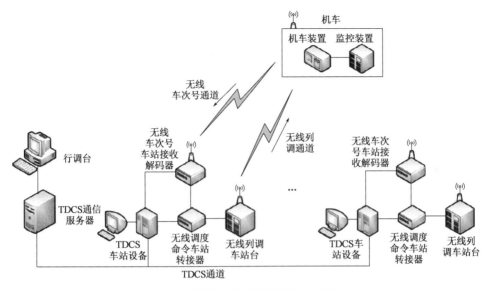

图 5-3　无线车次号/无线调度命令示意图

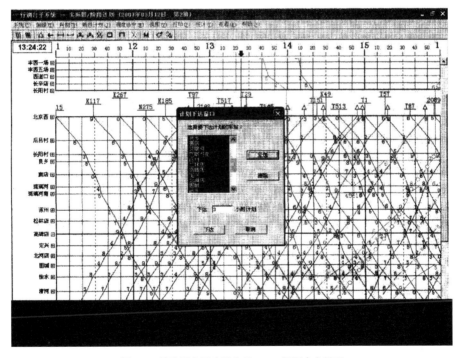

图 5-4　铁路局集团有限公司 TDCS 行调台主界面

车站内每一到发线的车次窗,除了用来显示列车车次外,还可以显示早、晚点时刻。列车早、晚点窗口显示在车次号方框的尾部,晚点为蓝底白字、早点为红底白字,正点时不显示早晚点窗口。

4. 列车运行图管理

列车运行图的管理主要包括基本运行图的维护、日班计划的生成及调整、阶段计划的生成及调整、阶段计划下达到车站、实绩运行图的绘制和输出、统计分析等功能。

(1) 基本运行图维护

基本运行图维护,可以完成基本运行图的铺画、转换、修改和打印功能。实现 TDCS/TMIS 结合后,基本运行图的数据也可以由 TMIS 来提供。基本运行图主要包括以下信息:列车信息(车次、类别、运行等级);区间运行时分;列车时刻表(车次、站名、到达时分、出发时分、停车原因、货物列车始发终到站名及摘挂作业);车站股道运用;站场数据;车站作业间隔时分;线路状态数据;有关运输管理信息;区间最大通过能力数据。

(2) 日班计划的生成及调整

计划员可根据当日行车工作计划以及其他实际情况,调出基本运行图数据。以基本运行图数据为基础进行修改或调整,形成日班计划实现 TDCS/TMIS 结合后,TDCS 系统可自动接收 TMIS 发送的日班计划。包括以下内容:列车到达、出发时分;列车停运、加开;封锁区间、开通区间;股道封锁、区间慢行;接触网停电时间等。

(3) 阶段计划的生成及调整

阶段计划以日班计划为基础,结合列车运行的实际情况进行编制,其目的是按计划行车并随时处理突发情况,如区间停车、列车晚点、设备故障等。阶段计划可以由系统自动生成,也可以由调度员人工修改,系统提供了自动调整和人工调整两种方式。

自动调整是指计算机根据调度员的指令,根据预先设定的各种参数,自动判别各种与列车运行有关的条件,并快速计算出一个结果。该结果仅仅解决了大部分有规律性的工作,许多相对特殊的工作在现阶段还无法处理,因此计算机提供了一个可供参考的初步的会让计划,是否实用还需要调度员进行认真的审核。

① 自动调整的原则。

a. 按规定进行调整的原则。

按照调整列车会让时的普遍规律,设置为默认模式,在正常情况下,计算机按照默认模式调整计划,不考虑特殊情况。依据先客后货、先快后慢的原则和《铁路运输调度规则》(简称《调规》)确定的列车等级顺序进行调整。在调整过程中,客车参照基本图为标准进行调整;货车在满足基本径路的前提下,按照"见缝插针"的原则,只要不影响到比其等级高的列车,同时又能够满足其他条件时,就尽量往前铺画计划。

b. 对照检测的原则。

根据列车运行实际要求,逐项判别车站股道、列车等级、营业时间、技术作业站时间、线路封锁限制、列车间隔时间等条件,只有当这些条件都得到满足时,列车的会让计划才能够生成。

c. 人工指定优先的原则。

由于计算机在现阶段调整出来的计划只是一个可供参考的计划,不一定能够完全满足实际运行的要求,调度员还需要对计算机调整出来的计划进行再调整,所以要给调度员一定的优先权。调度员不作特殊指定时计算机按照默认模式执行,当作出特定要求时,计算机按照调度员指定的要求执行。这种人工指定的内容包括两种类型:一种是集中录入信息——如甩挂车管理、施工作业管理等。这些集中录入的信息便成为优先于默认模式的指令;另外一种是人工针对某一趟列车进行的干预调整。这两种方式都要通过人工指定来实现,而且是以人工指定的内容为优先,所以在人工干预调整时,一定要注意检查核对计划的正确性。

②人工调整。

在自动调整后,运行图上的列车基本上有了一个总体框架,此后要检查计划的合理性,对不符合需要的计划进行人工干预,干预后再次自动调整,如此反复,直到调整出一个满意的计划图。在人机交互过程中,调度员可以做以下人工干预:调整列车始发接入时间;调整区间运行时分;指定列车停车站及停车时间;临时调整列车等级;组织列车反方向运行。

(4)阶段计划下达

经过调整后的阶段计划,由行车调度员确认无误后,通过网络下达到所管辖区段的各个车站TDCS,阶段计划在车站TDCS以行车日志的方式体现。车站值班员在接收阶段计划后,要进行签收确认。

(5)实绩运行图绘制和输出

系统根据列车自动采点的情况自动描绘实绩列车运行线,并生成实际列车运行图。每一班别应通过绘图仪打印输出。

(6)统计分析

系统提供了运行图统计、分析的功能,可以随时输出24h以内的统计报表。统计报表的主要内容包括:到发正点率日报表、运行正点率日报表、列车旅行速度和技术速度统计等。

5. 车站自动报点

TDCS在车次号自动跟踪的基础上,实现了自动报点的功能。

列车经过车站时,或通过,或到开。无论通过或到开,都必须为列车准备进路,进路分为接车进路、发车进路、通过进路。系统根据车站建立的列车进路类型,区分列车在车站为通过或到开。

对于到并列车到达时,当列车尾部驶入车站股道后,系统自动记录这一时刻并加上相应的附加时分(例如:客车加1min,货车加2min)作为列车到达时刻并通过网络发送到调度台。

对于到开列车出发时,将列车头部驶出车站股道时刻减去相应的附加时分(例如,客车减1min,货车减2min)作为列车出发时刻并通过网络发送到调度台。

对于通过列车,将列车尾部驶入车站股道的时刻和列车头部驶出车站股道的时刻两者平均值作为列车的通过车站时刻。

列车实际运行时刻到达调度台后,铁路局集团有限公司TDCS自动描绘实际运行线并生成实际列车运行图。

6. 调度命令管理

调度员可能通过系统网络和相应的设备向车站、机务段、车务段等安装了TDCS终端的站段随时发布调度命令。对于安装了调度命令无线传输设备的区段和机车,调度员还可以直接向机车发布命令。

7. 与TMIS的界面和接口

以行调台为界(图5-5),行调台的行车调度指挥的各项功能纳入TDCS,其他调度台的调度管理信息由TMIS和其他系统完成。

由 TDCS 完成阶段计划的生成、自动和实际运行图的描绘，同时向车站值班员传送阶段计划各调度命令，向司机实时传送可视调度命令，并将阶段计划和实际运行图等信息传送给 TMIS；由 TMIS 生成基本运行图、日班计划，并将其传送给 TDCS。出发列车的编组信息由 TMIS 在铁路局集团有限公司实时传送给 TDCS。

图 5-5　行调台实景

四、车站 TDCS

（一）车站 TDCS 结构

车站 TDCS 是 TDCS 的基层系统，主要负责各种行车信息的采集，是整个系统的动态信息源。如列车到发点的采集和各种信号设备运行状态以及变化；进行机车调度命令的无线传输；向调度中心提供所需信息，并接受调度中心下达的命令、信息等。车站 TDCS 主要包括车站分机、车务终端、网络设备、电源设备、防雷设备、联锁系统接口设备和无线系统接口设备等。

车站 TDCS 通过集线器自身构成一个局域网，实现车站内部的数据交换，车站局域网与调度中心局域网的连接一般通过协议转换器转换接口 V.35 接路由器（或通过调制解调器）接入 2M 数字通道，并且将局管内的各车站与所属铁路局集团有限公司构成多个环形网络，一般 8～15 个车站构成一个环形网络，整体网络结构通常采用环形、星形或星环形相结合的网络结构。

（二）车站 TDCS 功能

车站 TDCS 终端负责将列车到达出发时刻上报铁路局集团有限公司 TDCS，同时发送到相邻车站；上报编组信息；提供给车站值班员实时站场显示和历史信息回放；接收行调台下达的阶段计划；记录行车日志；接收行调台下达的调度命令；上报某阶段点的现存车情况；确报查询等。

1. 信息的采集和传送

信息的采集是 TDCS 基层网的最基本功能，通过安装在每个站的车站分机，系统采集得到现场的动态信息，同时通过传输设备将信息及时发送到铁路局集团有限公司 TDCS 中心。在计算机联锁车站，车站分机通过串行通信接口接收车站计算机联锁的电务维护台送来的站场表示信息（状态和控制信息）；在电气集中联锁车站，车站分机采集信号联锁设备的状态信息。

采集和从计算机联锁系统得到的信息包括:进站信号、出站信号、调车信号、区间信号机的状态,股道、道岔区段的状态,道岔的状态,接近、离去区段的状态,自动闭塞区间的发车方向、接车方向、占用状态,半自动闭塞区间的状态,挤岔报警和灯丝报警等。

2. 无线车次号校核

车站 TDCS 接收机车传来的车次号信息,校核确认车站、运行方向及相关进路,从而确认或生成列车车次号。

3. 车次跟踪及自动报点

车站分机可通过列车占用和出清轨道电路的变化实现对列车车次的自动跟踪,实现列车的自动报点,并可显示列车的早点、晚点时分。

4. 车次和到发点的人工管理

在始发站,车站值班员通过行车终端输入车次。TDCS 具有软件车次跟踪功能,能够根据轨道电路光带的变化,实现车次号的自动传递,但是由于多种原因,可能会造成信息丢失、时序错误等现象。尽管 TDCS 针对以上情况采取了很多措施,但是还不能保证百分之百的准确率,所以专门在 TDCS 终端上提供了修正车次号的手段,当车次追踪出现错误时可以进行人工修改。TDCS 允许车站值班员通过终端设备输入、更改车次号;车站值班员可进行人工报点,也可对到发点进行修改。

5. 显示本站和邻站信息

TDCS 终端可显示本站站场信息及相邻车站、相邻区间的有关行车信息,如本站信号开放情况、区间信号开放情况、列车在区间的运行情况等,使车站值班员能够准确掌握所有区间列车的实际运行位置和运行速度,对于提前做好接发列车准备工作和提高车站通过能力非常有利。

6. 调度命令的签收和打印

车站值班员可对调度命令进行接收、签收、存储、查询和打印。当车站接收到新调度命令时,TDCS 终端有声音报警,说明已收到调度命令。车站值班员应签收此调度命令,签收后的调度命令自动存入车站系统,车站值班员随时可进行查询和打印。

7. 调度命令及行车凭证无线传送

TDCS 可将行调台下达的调度命令、车站值班员拟写的行车凭证,通过 TDCS 设备、无线设备发送至机车。机车接收到调度命令、行车凭证后自动向车站终端发送回执信息,司机阅读后向车站 TDCS 终端发送签收回执信息,实现了不停车交付调度命令和行车凭证。

8. 阶段计划的签收和打印

当车站接收到新阶段计划时,TDCS 终端有声音报警,说明已收到新阶段计划。车站值班员签收阶段计划后,即显示在行车日志上,也可查询和打印。

9. 现在车管理

车站值班员可以在车站 TDCS 终端上输入并向行车调度员上报现在车信息。信息内容包括:存车股道、车辆类别、车辆数量、车辆去向和说明。

10. 甩挂车作业和列车速报

车站值班员可接收调度员下发的列车甩挂车信息,并可进行存储和查询。车站值班员据此组织车站的摘挂作业。

车站值班员可输入列车速报(列车小编组),方便行车调度员指挥行车和运行图、统计报表的绘制和打印。

五、铁路局集团有限公司间分界口 TDCS

铁路局集团有限公司间分界口 TDCS 由分界口相邻中心站构成,其主要功能有:

1. 实现铁路局集团有限公司间透明

分界口 TDCS 的最主要功能就是实现铁路局集团有限公司间透明,解决它们之间顺利交接车的问题。铁路局集团有限公司间分界口的列车运行情况直接影响相关铁路局集团有限公司的运输秩序,分界口的畅通是全路运输正常运行的关键。TDCS 可以实时显示分界口车站(包括相邻车站)现场情况,在调度中心提供的调度员显示系统中,均能提供本调度区段和相邻区段的区间和车站的全景和细景显示,便于运输指挥人员直接了解现场情况。

2. 列车运行历史回放再现功能

历史数据均存放在服务器中,可以随时取出相关数据播放指定时间的信息,实现历史再现功能。

3. 信息统计和查询

主要是交接口的交接车辆数目和早晚点情况,包括:

(1)指定车站车辆通过统计

自动计算指定车站的列车通过数量。

(2)列车早晚点统计和定时报告

通过车次号跟踪,将实际列车运行信息与列车计划运行信息进行比较,自动计算出列车早、晚点的数据。

(3)分界口交接车辆的动态统计

自动计算分界口列车通过的数量。

4. 相邻铁路局集团有限公司调度命令的接收

接收本铁路局集团有限公司调度台和相邻铁路局集团有限公司调度台下达的调度命令。

5. 车次跟踪功能

车务终端可通过对列车占用和出清的变化实现对列车车次的逻辑跟踪,通过车次跟踪产生的车次实现交接口的接入和交出列车数目并进行保存。

6. 列车车次号的人工维护

列车的车次号在车站的每个闭塞分区都用一个唯一的车次窗口来描述,车次跟踪是根据轨道电路的变化在车次窗口进行车次号的传递。为了保证车次号的连续和准确,防止由于各种原因引起的车次错误，列车车次号可以进行人工维护，即车站值班员和调度员可以通过车次窗进行增加、删除、替换车次号。

7. 列车运行时刻表

根据列车早晚点的统计，可以自动列出相关列车的时刻表。

 知识拓展

调度指挥管理信息系统（DMIS）

在铁道部未撤销之前，就提出了铁路运输调度指挥管理是以行车调度为核心，实行铁道部、铁路局、铁路分局三级调度管理的体制。为适应现行的调度管理体制，并考虑到长远发展，铁道部调度指挥管理信息系统（Dispatch Management Information System，DMIS）设计为四层网络体系结构。

最上层是部调度中心运输调度管理系统，是 DMIS 的核心。它与铁路局调度中心远程连接，进行信息交换，并建立全路各专业技术资料库。部调度中心能获得各路局分界口、重要铁路枢纽、主要干线等的运输状况和调度监督等实时信息；同时还与 TMIS 及其他系统网络互联，在获得大量运输管理信息的基础上为铁道部领导的决策提供真实可靠的信息，实现调度指挥工作的现代化管理。

铁路局调度中心处于第二层，在各铁路局（现为铁路局集团有限公司）所在地，建有路局调度指挥中心局域网，通过专线与铁道部及其所属各分局调度中心远程连接，进行信息交换。铁路局调度中心具有铁道部调度中心的所有功能。

第三层为各铁路分局调度中心，在各铁路分局所在地，建有分局调度中心局域网。由于铁路分局不仅是一个管理层，同时也是直接调度指挥行车的指挥层，因此铁路分局调度中心不仅要完成基层网信息的汇总、处理和标准化，给分局各级调度提供监视的同时，并按要求将基层信息通过专线传送到上层路局调度中心。而且，随着铁路运输和信号技术装备的发展，分局调度中心还应具有对管辖范围内的信号设备集中控制的能力。

最下层是基层网，主要包括车站联锁系统、区间闭塞系统、调度监督系统、无线车次号自动校核系统、车站值班员终端设备等。

单元 5.2 分散自律调度集中系统（CTC）使用

 任务目标

1. 简述 CTC 系统特点？
2. CTC 车站子系统的功能有哪些？
3. CTC 中心子系统的功能有哪些？
4. 调度所每个 CTC 调度区段一般设置哪些人员？

 任务实施

1. 下发任务目标,明确任务内容及考核方式,学生课前按要求预习。
2. 教师课堂上讲解相关知识点。
3. 学生分组讨论,进一步加深理解知识点相关内容,完成任务单内容。

 知识准备

一、CTC 系统特点及原理

我国铁路发展调度集中系统开始于 20 世纪 60 年代,经历了分离元件、小规模集成电路、中规模集成电路到大规模集成电路、计算机化调度集中系统,但是由于传统的调度集中系统未能有效解决在调度集中模式下车站列车作业和调车作业的相互干扰问题,所以长时间发展缓慢。在 2003 年我国吸取国外应用 CTC 的经验,并结合国内铁路运输的情况,成功地在青藏铁路西宁—哈尔盖段应用了新一代分散自律调度集中系统,2004 年通过了铁路总公司技术审查。在 2007 年 1 月分散自律调度集中系统在胶济线得到成功应用,同年通过原铁道部技术审查,至此我国成功地实现了繁忙干线使用调度集中系统进行调度指挥,随后分散自律调度集中系统在全路开展了大规模建设。

调度集中 CTC(Centralized Traffic Control)系统是控制中心(调度员)对某一区段内的信号设备进行集中控制、对列车运行直接指挥、管理的技术装备。其主要的指导思想是:将铁路网络中的一定数量或全部列车的调度指挥集中到若干个甚至一个指挥中心统一指挥,在运输指挥中心,工作人员可以根据旅客和货物的不同流向,科学安排列车计划,根据列车的实际运行情况,统一指挥和及时调整列车的运行,在保证运输安全的前提下使运输生产效率达到最大化。

CTC 将列车运行阶段计划下传到各个车站自律机中自主自动执行;在列车运行阶段计划的基础上,解决列车作业与调车作业在时间与空间上的冲突,实现列车和调车作业的统一控制。

调度集中系统采用了分散自律的理念。

所谓"分散",指的是设备分散、功能分散、危险分散。新一代调度集中系统不仅做到调度中心与管辖车站之间能互相传送信息,而且邻站间也能互相传送信息。如果车站子系统与调度中心 CTC 服务器通信中断,车站子系统仍能自动进行列车跟踪,并在一定时间内仍可以自动进行列车进路控制。

所谓"自律",就是车站自律机把不同来源的控制指令进行协调,即调度中心下达的列车运行阶段计划、调度中心下达的人工办理列车进路指令、调度中心人工办理调车进路的指令、车站人工办理调车进路指令进行很好的协调,正常情况下没有调度中心与车站控制权的转换,从而圆满地实现系统对联锁设备的控制,如图 5-6 所示。

1. 调度集中控制模式

调度集中区段对信号设备的控制模式有分散自律控制模式和非常站控模式两种。

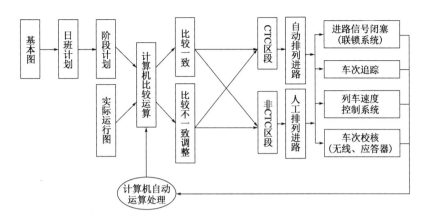

图 5-6　CTC 系统基本原理示意图

分散自律控制模式是根据列车运行阶段计划自动控制列车进路,根据调车作业计划自动控制调车进路,并具备人工办理列车、调车进路的功能。其基本原理如图 5-7 所示。

非常站控模式是当调度集中设备故障、发生危及行车安全的情况,或者设备需要开天窗维修、施工需要时,脱离 CTC 系统控制转为传统的车站控制台(计算机联锁终端)人工控制的模式。

在分散自律控制模式下,传统的车站控制台除非常站控按钮和接通光带按钮外,其他按钮的操作均不起作用。在非常站控模式下,调度中心不具备直接控制权,CTC 调度终端和车务终端所有按钮的操作均不起作用。

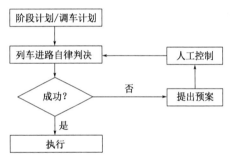

图 5-7　分散自律控制模式原理示意图

控制模式的转换由车站值班员(或应急工作人员)在车站根据调度中心的调度命令进行控制操作,系统自动对控制模式转换作出记录。非常站控按钮采用带计数器的非自复式铅封按钮。系统正常状态为分散自律控制模式,破封按下为非常站控模式。分散自律控制模式转向非常站控模式不检查任何条件,但向列车调度员报警。非常站控模式转回分散自律控制模式系统则检查以下条件:分散自律设备正常;非常站控模式下没有正在执行的按钮操作。

在上述条件满足时,系统应给出"允许转回分散自律控制模式"的表示,方允许转回分散自律控制模式,否则操作无效。调度集中的控制模式状态有明确的表示。在非常站控按钮处以及车务终端上设置有状态表示灯:红灯为非常站控模式,绿灯为分散自律控制模式,黄灯为允许转回分散自律控制模式。

分散自律控制的基本模式是用列车运行调整计划自动控制列车运行进路,同时在分散自律条件下控制中心具备人工办理列车、调车进路,车站具备人工办理调车进路的功能。非常站控模式是指当调度集中设备故障、发生危及行车安全的情况或设备天窗维修、施工需要时,脱离系统控制转为车站传统人工控制的模式。分散自律调度集中系统主要有以下功能:

①在 TDCS 基础上,调度集中系统应具备列车运行计划人工、自动调整,实绩运行图自动描绘,行车日志自动生成、储存、打印,调度命令传送,车次号校核等功能。

②在 TDCS 基础上,控制中心具备向车站、机务段调度、乘务室等部门发布调度命令以及经调度命令无线传送系统向司机下达调度命令(含许可证、调车作业通知单等)的功能。

③依据列车运行调整计划,《技规》《行规》《站细》等规定,以及相关联锁技术条件对列车、调车作业进行分散自律安全控制(含分散自律控制模式下的中心、车站人工直接操作)。对违反分散自律安全条件的人工操作,应能进行安全提示。

④对于影响正常运用的故障,如信号故障关闭(或灭灯及灯丝断丝)时应具有报警、提示、记录等功能。

⑤与调度命令无线传送系统配合,具有接车进路信息自动预告功能。

⑥不影响既有的平面调车区集中联锁功能。

⑦具有部分非正常条件下接发列车功能以及降级处理措施,具有本站及相邻各两个车站的列车运行调整计划显示功能,具有本站及相邻各两个车站的站间透明功能,具有人工办理试排进路功能,为进路指令的执行做好准备。

⑧具有自我诊断、运行日志保存、查询和打印等功能,并逐步实现系统维护智能化。

⑨对所有的人工操作具有完整的记录、查询、回放和打印,实时监控电源状态,停电时应自动保存列车、调车作业等重要信息。

⑩在保证网络安全的条件下可与其他相关系统联网,实现数据资源共享。

分散自律调度集中系统最典型的特点为分散自律,是指系统通过设置分散自律计算机,使调车进路和列车进路在时间和空间上实现可靠隔离,在有条件的车站实现无人化(在行车岗位配有值岗人员的车站简称有人站,反之简称无人站),实现运输指挥的高度集中化和智能化。

2. 调度集中的操作方式

为区别调度集中区段调度员和车站值班员不同的操作权限,根据调度集中两种控制模式,对 CTC 系统的操作方式也可做一些补充规定,例如对分散自律控制模式又分为三种操作方式:中心完全集中操作方式、中心部分集中操作方式及车站操作方式。

(1)中心完全集中操作方式

调度员对列车进路及调车进路均有操作权,车站对列车及调车进路均无操作权,调车计划由调度中心编制或车站编制输入自律机后统一执行。

(2)中心部分集中操作方式

调度员对列车进路有操作权,对调车进路无操作权;车站对调车进路有操作权,对列车进路无操作权,以增加调车作业的灵活性。

(3)车站操作方式

车站对列车进路及调车进路均有操作权,调度员对列车及调车进路均无操作权,但列车进路控制由调度员下达的列车运行阶段计划自动执行,调车计划由车站自行操作完成。

操作方式的转换由调度员与车站值班员根据需要进行操作。从车站操作方式转换到中心完全集中操作方式或中心部分集中操作方式,由调度员进行方式切换申请,车站同意。从中心完全集中操作方式或中心部分集中操作方式转换到车站操作方式时,由车站进行方式切换申请,列车调度员同意。中心完全集中操作方式与中心部分集中操作方式之间的转换,由调度员根据需要通知车站值班员后直接切换。这种操作方式解决了繁忙区段在 CTC 控制条件下调车作业频繁、需要交换操作权的问题,为繁忙区段调车作业增加灵活、方便的调整空间。

分散自律控制下,车站值班员的操作不能解锁调度员办理的进路或关闭信号,调度员的操作也不能解锁车站值班员办理的进路或关闭信号。

3. 分散自律调度集中系统结构

分散自律调度集中系统是以 TDCS 为基础,并具备完整的 TDCS 功能,系统结构与 TDCS 类似,由铁路局集团有限公司 CTC 中心子系统(简称 CTC 中心)及车站或站段子系统(简称车站子系统或车站 CTC)两层构成。CTC 中心子系统是控制中心,一般设在铁路局集团有限公司调度所,其系统结构如图 5-8 所示。

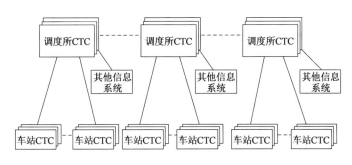

图 5-8　CTC 系统结构

① 铁路局集团有限公司 CTC 中心为整个铁路局集团有限公司调度集中的行车管理和指挥中心,在铁路局集团有限公司控制中心实现行车调度指挥的集中化管理和指挥。除了完成既有 TDCS 功能外,CTC 中心还具有如下功能:根据列车和调车作业情况自动安排列车、调车计划,并下发给车站;实现对车站设备的远程操控;与 TDCS 车站实现透明管理。

② 车站子系统,除了完成 TDCS 的既有功能外,还能根据控制中心下发的列车或调车计划,自动向联锁系统下发控制命令;可编制调车作业计划并下发至车站自律机,由自律机实现对调车作业的计划性控制;根据需要对车站设备进行人工干预操作。

二、车站子系统

(一)车站子系统功能

车站子系统接收控制中心下达的行车计划,根据列车运行调整计划完成进路选排、冲突检测、控制输出等核心功能。

CTC 车站子系统应具备列车调度指挥系统(TDCS)的全部功能,同时还应具备如表 5-1 所示的功能。

CTC 车站子系统具备功能　　　　　　　　表 5-1

序 号	主 要 功 能
1	CTC 控制状态下联锁设备控制功能
2	按图排路功能
3	调车作业计划生成功能
4	调车进路与列车进路冲突检测功能
5	站场高低站台显示
6	接触网有无电显示
7	《站细》逻辑检查功能
8	GSM-R 无线调度命令传送功能
9	GSM-R 进路预告功能

(二)车站子系统构成

在调度集中控制站,车站子系统一般由车站采集设备、车站自律机、车务终端、电务维修终端和车站电源设备五部分组成。

根据运输组织的不同,车站分为有人站和无人站。车站子系统设备连接如图 5-9 所示。

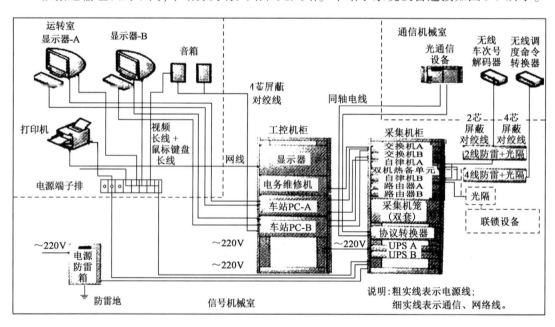

图 5-9　车站子系统设备连接

1. 车站采集设备

调度集中系统的车站采集设备主要负责现场区间信息的开关量采集。区间信息包含区间信号机和区间轨道电路。车站采集设备包括带有 CPU 的智能采集板(DIB)和采集机笼。在调度集中系统车站采集设备均有两套,互为热备。

2. 车站自律机

在可靠性、数据处理能力等方面有严格要求,它的操作系统则是特殊定制的实时多任务操作系统,在软件设计上保证高效、简洁、严密,且经过完整全面的测试。车站自律机是分散自律调度集中系统与其他系统接口的关键设备,负责接收、处理、发送系统间的信息。在调度集中车站,车站自律机采用双机热备工作方式,通过双机热备单元进行切换。每站配置两台自律机,一台双机热备单元。

3. 车务终端

车务终端是调度集中系统车站的显示、操作界面。车务终端放置在车站运转室,包含车站值班员终端和车站信号员终端两类。车站值班员终端一般采用双机热备双屏显示的工作模式。

车站信号员终端主要是用在一些较大规模的车站。在分散自律控制模式下,车站信号员辅助值班员控制车站信号设备,主要作用是办理调车作业和监督列车进路序列的正确性。车站信号员终端一般采用双机热备双屏显示的工作模式。

4. 车站电务维护终端

电务维护终端用于监视车站子系统的运行状况,对所有操作控制命令、设备运用情况、故障报警信息和车站网络运行状态等进行分类存储、查询和打印。

5. 车站电源设备

调度集中系统的车站电源设备由电源防雷单元、两台不间断电源(UPS)和电源切换电路组成,主要实现对系统进行供电,并保证在外电故障或单台UPS故障时,系统在短时间内能正常工作。

电源防雷单元加载在外电与调度集中系统之间,起着电气隔离的作用。不间断电源(UPS)是车站电源设备的核心设备,在调度集中车站一般配置两台在线式UPS,主要负责在外电故障时向调度集中车站子系统提供不间断电源。电源切换电路主要功能是实现当其中一台UPS故障时能自动切换到另一台UPS,并给出故障报警及指示,当两台UPS均故障时,切换为旁路直供并给出报警及指示。

三、铁路局集团有限公司 CTC 中心子系统

(一)CTC 中心子系统功能

CTC 中心子系统是 CTC 的核心。中心子系统通常建立于各铁路局集团有限公司的调度所内,铁路局集团有限公司调度员通过中心子系统直接指挥列车运行,是系统的核心层。该层由高性能数据库应用服务器、连接车站的通信服务器、调度工作站、网络设备、功能终端、数据库等构成。铁路局集团有限公司 CTC 中心子系统接收各站的现场行车信息、列车信息,下达指挥信息和计划信息(阶段计划、调度命令等),并向上级系统提供基础信息。调度员能够通过 CTC 直接控制车站信号开放和道岔动作,并能对调度员拟定的列车运行计划进行处理,转化成信号开放的时机和方式,从而使列车依照列车运行计划运行。

CTC 中心子系统具有 TDCS 的全部功能,除此之外还具有表 5-2 中所列功能。

CTC 中心子系统具备功能　　　　　表 5-2

序 号	主 要 功 能
1	对联锁设备远程控制功能：CTC 控制状态下，可通过 CTC 调度台实现对车站联锁设备的远程控制功能
2	自动按图排路：根据调度员编制的列车运行计划，系统自动转化成信号机开放时机和方式，以控制列车依照列车运行计划运行
3	接车进路预告：与 GSM-R 系统通信，将前方车站信号开放情况实时传输到列车上，告知司机前方进路情况
4	调车作业计划的制定、下达：调度员（或车站值班员）可根据需要制定调车作业计划，并下达给车站自律分机，调度员（或车站值班员）可根据此调车作业计划排列进路
5	调车作业与列车作业的冲突：在调车作业时，系统可进行调车进路和列车进路的冲突检测，可做到最优化的合理安排作业时间，提高效率
6	站场高低站台显示：在调度台上可清晰地显示车站的高低站台，方便调度员安排动车组的接发车
7	接触网有无电设置及显示：在调度台上可对接触网的通电状态进行设置，以免发生电力机车进入停电或无网区域
8	《站细》逻辑检查功能：系统具有《站细》检查功能，在自动办理进路时可自动对《站细》进行匹配检查，对进路开放、接发车情况具有安全性保障

（二）CTC 中心子系统构成

CTC 中心子系统主要由数据库服务器及应用服务器、调度终端、通信前置服务器、其他通信接口服务器、电务维护管理终端、中心电源设备、网络安全设备等部分组成。

各部分间紧密相连，分工明确，共同完成 CTC 的整体功能，图 5-10 为 CTC 中心子系统结构图。

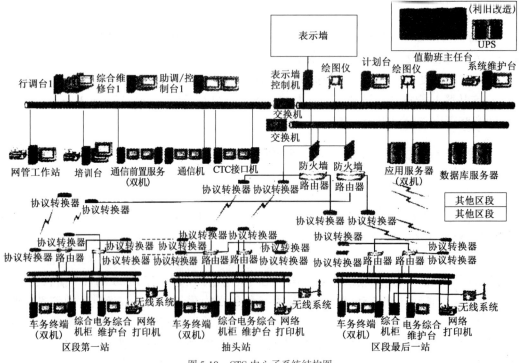

图 5-10　CTC 中心子系统结构图

1. 数据库服务器和应用服务器

数据库服务器为双机热备配置,通常采用 IBM 小型机作为数据库服务器主机,并安装磁盘阵列系统。运行于 AIX 操作系统下,安装数据库管理系统 DBMS(DB2)软件,主要功能是存储 TDCS/CTC 的基本图、日班计划、阶段计划、实际运行图及其他各项数据等,是 CTC 的核心存储设备。应用服务器为双机热备配置,通常采用 IBM 小型机作为应用服务器主机。运行于 AIX 操作系统下,安装 CTC 应用软件,主要功能包括列车阶段计划的生成、调整、冲突检测和调车作业计划的生成等逻辑处理应用,是 CTC 的核心处理设备。

2. 调度终端

调度终端按工种不同可分为多种不同类型,主要包括:

(1) 列车调度员工作站

列车调度员工作站通常配备高性能图形工作站作为操作主机,并带 4~6 台大屏幕显示器,主要功能是实时监控管辖范围内列车运行状态,制定、调整和下达列车阶段计划,查阅实际运行图,下达调度命令以及与相邻区段列车调度员交换信息。每个调度区段配备一套备用设备,当主用设备故障时,可取代故障设备,保证系统的正常工作。

(2) 助理调度员工作站

助理调度员工作站一般配备 1~2 台大屏幕显示器,主要功能是:无行车人员车站的调车作业计划的编制、调整以及调车工作的领导工作;同时,可以根据阶段计划和调度员的口头指示进行车站的调车进路的排列。每个调度区段配备一套备用设备(采用 N+1 备份,同列车调度员合用备用设备),当主用设备故障时,可取代故障设备,保证系统的正常工作。

(3) 综合维修工作站

综合维修工作站一般配备 1~2 台大屏幕显示器,主要用于设备日常维护、天窗修、施工以及故障处理方面的登销记手续办理,并具有设置临时限速,区间、股道封锁等功能。

(4) 控制工作站

控制工作站一般配备 1~2 台大屏幕显示器,主要功能是:提供车站的按钮操作界面,可以直接遥控车站的进路和其他信号设备;本工作站可以和助理调度员工作站合并。

(5) 调度长工作站(或称值班主任工作站)

调度长工作站通常配备高性能图形工作站作为操作主机,并带 1~2 台显示器,主要功能是:使调度长掌握线路实际运营情况,组织生产和运输指挥。

(6) 计划员工作站

计划员工作站通常配备高性能图形工作站作为操作主机,并带 1~2 台显示器,主要功能是为计划员提供站场显示和实际运行图显示,辅助计划调度完成日班计划的生成和下达。

(7) 培训台工作站

培训台工作站配备多显示器的计算机设备,可为调度所各级行车指挥人员提供系统岗位技术培训。通常调度终端还配置网络打印机和绘图仪作为共享设备,执行各工作台的绘图和打印命令。

3. 通信前置服务器

通信前置服务器为双机热备配置,采用高性能 PC 服务器作为主机,并安装通信前置服

务器应用程序,主要功能是完成 CTC 中心子系统与车站子系统的数据交换和通信隔离。通信前置服务器可以设置多套,通常根据线别进行设置,每条线路设置一套,以便于维护。

4. GSM-R 通信服务器

在安装 GSM-R 系统的 CTC 调度区段,需要配备高性能的 GSM-R 通信服务器,此服务器应为双机热备配置,采用高性能 PC 服务器作为主机。主要功能是完成 CTC 中心子系统与车站子系统的数据交换和通信隔离。通信前置服务器可以设置多套,通常根据线别进行设置,每条线路设置一套,以便于维护。

5. 其他通信接口服务器和其他设备

由于 CTC 与相邻路局,铁路总公司以及其他系统间存在数据交换,为此在 CTC 中心子系统还设置了多种其他通信接口服务器,用于数据交换和通信隔离。除了 TDCS 中的外部接口通信服务器外,CTC 还有以下接口服务器和其他设备:

(1) CTC-RBC 接口服务器

随着高速铁路的建设,CTC 需要和 RBC(无线闭塞中心)系统实现对接,由此在 CTC 内部需增加接口服务器。

(2) CTC-TSR 接口服务器

高速铁路可能设有专门应用于临时限速(TSR)的服务器,则 CTC 和其需要对接,由此需要增加 CTC-TSR 接口服务器。

(3) 中心自律机

主要用于 CTC 区段非 CTC 控制站的信息交换和通信隔离。

(4) CTC/TDCS 通信服务器

主要用于 CTC 与本局 TDCS 实现数据交换和通信隔离。

(5) 试验分机

主要用于 CTC 进行模拟试验时使用,可以仿真列车运行及信号开放。

CTC 中心子系统的电务维护管理终端、中心电源设备、网络安全设备与 TDCS 相同。

知识拓展

中国铁路济南局集团有限公司 CTC 调度区段

调度所每个 CTC 调度区段一般设列车调度员、助理调度员、综合维修调度员。列车调度员是主要的行车指挥人,助理调度员和综合维修调度员均受列车调度员指挥。如中国铁路济南局集团有限公司 CTC 调度区段设置如下:

胶济线纳入 CTC 控制的车站共计 32 个,全长 364.6km,划分为 3 个调度区段:(1)青岛—高密(含)区段,管辖 CTC 控制车站 12 个;(2)高密—淄博区段,管辖 CTC 控制车站 14 个;(3)淄博(含)—乎陵城区段,管辖 CTC 控制车站 6 个。其中姚哥庄和蔡家庄站为无行车人员值守车站(简称无人站)。管内陇海线纳入 CTC 控制的车站共计 11 个,全部由西陇海调度区段管辖,其中杨楼和李庄站为无人站。胶济、陇海线全线均为双线区段,其中淄博—临淄、即墨—高密为四线区段。四线区段的三、四线为低速线。除青岛站、青岛西站、东风站的独立调车场外,胶济线青岛—平陵城间、陇海线徐州西—虞城县间所有正线、到发线、集中联锁的调车线纳入 CTC 控制。胶济线纳入 CTC 控制的调度区段设济南枢纽、胶济二台、胶济一台 3 个列调台。

每个 CTC 调度区段设列车调度员、助理调度员、综合维修调度员各 1 名。CTC 区段的车站设车站值班员、助理值班员,根据需要设信号员(长)、调车区长;无人站设综合维护人员。在高密站设置应急行车人员,负责姚哥庄和蔡家庄两个无人站在非常站控和各种非正常情况时的行车组织工作;在黄口站设置应急行车人员,负责杨楼和李庄两个无人站在非常站控和各种非正常情况时的行车组织工作。

模块小结

以 TDCS 为平台,CTC 为核心,构建我国铁路现代化的调度指挥系统,实现了我国行车调度指挥现代化的历史性突破。通过本模块的学习,要求学生熟悉 TDCS 及 CTC 设备的特点、设备构成、设备使用的基本原理及办理方法;能够独立完成车站 TDCS 机的操作,CTC 区段列车进路和调车进路的排列;感受调度员在铁路运输过程中角色的重要性。

课后习题

一、填空题

1. CTC 主要包括_____。
2. _____是由行车信息终端、行车信息采集设备、数据传输网络设备以及电源防雷等设备构成的。
3. CTC 侧重于_____,TDCS 侧重于_____。
4. TDCS 中,显示本站的站场平面,能实时显示信号机、道岔、区间和_____等设备的状态。
5. CTC 设有分散自律和_____两种模式。

二、名词解释

1. CTC
2. TDCS

三、简答题

1. CTC 有哪两种控制模式,之间转换的条件是什么?
2. TDCS 的定义及组成是什么?
3. 简述 CTC 与 TDCS 的关系?
4. CTC 车站的种类和区别是什么?

模块6　驼峰信号

模块描述

通过学习本模块,使学生对驼峰编组场的基本信号设备有比较全面的了解,并掌握驼峰道岔自动集中设备的组成、功能和操纵方法,知道实现驼峰自动化的各种设备组成、功能及特点。通过回答问题,检测学生对知识的掌握程度。

教学目标

知识目标

1. 掌握驼峰的概念及分类。
2. 熟悉驼峰信号设备的各个组成部分及功能。
3. 熟悉驼峰信号机的显示及意义。
4. 掌握机车信号及驼峰遥控系统的作用。
5. 了解自动化驼峰设备。

技能目标

1. 能够学会使用驼峰信号设备。
2. 能够正确识别驼峰机车信号设备。
3. 能够正确操作驼峰操作台。

建议课时

4 课时

背景知识

编组站是铁路网中用于办理大量货物列车解体和编组作业的车站,其中驼峰调车设备发挥核心作用。编组站通常建在有大量列车编组和解体,以及铁路交会点处。在有铁路作业的港口和大型企业常建有港前和与企业接轨的编组站。站内配有机务段、车辆段和列车到发作业用的到达线、出发线、调车线(又称编组线)、牵出线和驼峰等设施。

驼峰是编组站的主要特征,是利用车辆的重力和驼峰的坡度并辅以机车推力来解体列车的一种调车设备,是编组站解体车列的一种主要方法。在进行驼峰调车作业时,先由调车机将车列推向驼峰,当最前面的车组(或车辆)接近峰顶时,提开车钩,这时就可以利用车辆自身的重力,顺坡自动溜放到编组场的预定线路上,从而可以大大提高调车作业的效率。驼峰一般设在调车场头部,适合于车列的解体作业。

单元 6.1　驼峰信号设备

任务目标

1. 编组站作业过程是怎么样的？调车驼峰如何分类？
2. 驼峰信号设备都有哪些？
3. 驼峰机车信号系统是如何构成的？作用如何？

任务实施

1. 下发任务目标，明确任务内容及考核方式，学生课前按要求预习。
2. 教师课堂上讲解相关知识点。
3. 学生分组讨论，进一步加深理解知识点相关内容，完成任务目标内容。

知识准备

一、驼峰的分类

1. 按每昼夜解体能力分类

按每昼夜解体能力，驼峰可分为大能力驼峰、中能力驼峰及小能力驼峰三类。

①大能力驼峰——每昼夜解体能力 4000 辆及其以上，调车线不少于 30 条，设 2 条溜放线，并设有驼峰溜放自动控制系统。

②中能力驼峰——每昼夜解体能力 2000～4000 辆，调车线 17～29 条，设 2 条溜放线，并设有溜放进路自动控制系统、溜放速度自动或半自动控制系统。

③小能力驼峰——每昼夜解体能力在 2000 辆及以下，调车线 16 条及以下，设 1 条溜放线，多数设置溜放进路自动控制系统，也可采用简易的调速设备。

2. 按技术装备分类

根据其设备条件的不同可分为非机械化驼峰、机械化驼峰、半自动化驼峰和自动化驼峰四类。

①非机械化驼峰——采用铁鞋或手闸作为调速设备，分路道岔采用自动集中。

②机械化驼峰——机械化驼峰分路道岔采用驼峰自动集中控制，调速设备以车辆减速器为主。

③半自动化驼峰——在机械化驼峰的基础上，又在调车线上增设 1 个或 2 个目的制动位，同时增设测速、测长和半自动控制机等设备，分路道岔仍然采用驼峰自动集中控制。半自动化驼峰减速器的出口速度是人工给定的，而对减速器用半自动控制机实行闭环自动控制，实现目的调速。

④自动化驼峰——在半自动化驼峰的基础上，增设了测重、测阻、气象站与计算机等设

备。自动化驼峰各部位减速器的出口速度由计算机自动给出，溜放进路的排列也是由计算机自动控制，不仅实现 3 目的调速的自动控制，而且实现了间隔调速和溜放进路的自动控制。

另外，还有简易驼峰。简易驼峰多数是利用原有调车场牵出线头部平地起峰修建，且一般推送坡较陡，分路道岔一般采用电气集中或非电气集中控制，制动工具主要采用铁鞋。一般设在调车线大于 5 股的区段站上。

我国所有编组站和部分区段站设有驼峰，大多数驼峰已经实现自动化或半自动化。

二、驼峰信号设备

驼峰信号设备包括信号机、转辙机、轨道电路、车辆减速器、电源、动力设备、控制设备等。控制设备因不同类型的驼峰而不同，有手动控制、继电控制和计算机控制。图 6-1 为驼峰调车场的信号设备平面布置图。

（一）信号机

调车场头部咽喉的信号机分为驼峰信号机和调车信号机。调车信号机根据设置位置及联锁关系的实现又分为峰上调车信号机和峰下线束调车信号机。除此之外，根据需要，还设有驼峰辅助信号机、驼峰复示信号机、线路表示器等。

1. 驼峰色灯信号机及其复示信号机

（1）驼峰色灯信号机

驼峰信号机用来指挥驼峰机车进行峰顶作业，指示能否溜放的信号机，每条推送线设一架，且为了保证有足够的显示距离，应设在峰顶平台与加速坡连接处的峰顶。驼峰信号机采用高柱、双机构、四灯七显示。驼峰信号机的命名规定，一条推送线的驼峰，其驼峰信号机用 T 表示；两条推送线的驼峰，其驼峰信号机用 T 加下标表示，如图 6-1 中的 T_1、T_2。

驼峰信号机显示下列信号：

①一个绿色灯光——准许机车车辆按规定速度向驼峰推进；

②一个绿色闪光灯光——指示机车车辆加速向驼峰推进；

③一个黄色闪光灯光——指示机车车辆减速向驼峰推进；

④一个红色灯光——不准机车车辆越过该信号机或指示机车车辆停止作业；

⑤一个红色闪光灯光——指示机车车辆自驼峰退回；

⑥一个月白色灯光——指示机车到峰下；

⑦一个月白色闪光灯光——指示机车车辆去禁溜线或迂回线。

（2）驼峰信号机的复示信号机

在驼峰上调车时，主要是推送解体作业，不利于调车司机瞭望信号，所以驼峰色灯信号机都装设驼峰复示信号机。驼峰色灯信号机的复示信号机是采用透镜式色灯两个双机构的色灯信号机，方形背板。

驼峰色灯信号机的复示信号机平时无显示；当办理驼峰推送进路后，其显示方式与驼峰色灯信号机相同。

模块 6 驼峰信号

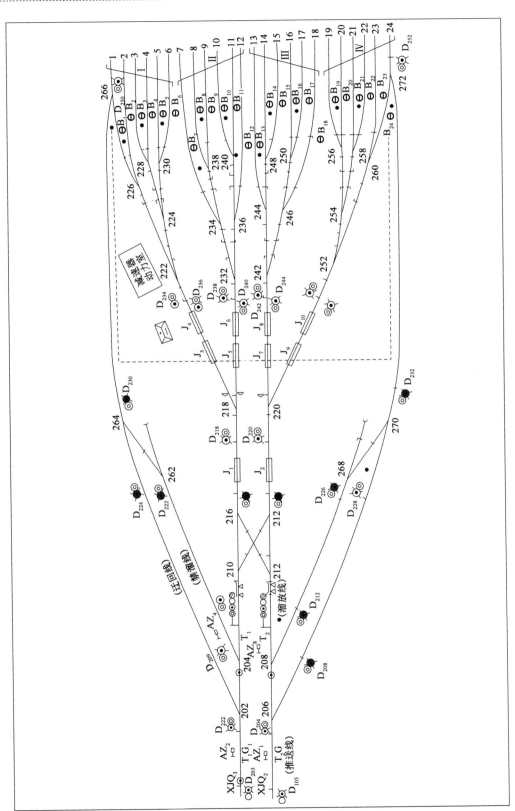

图6-1 驼峰调车场信号设备平面布置图

2. 驼峰色灯辅助信号机及其复示信号机

(1) 驼峰辅助信号机

驼峰调车作业是通过机车推送列车进行的,因此司机瞭望驼峰信号比较困难。为此,还须在到达场设置驼峰色灯辅助信号机。

驼峰辅助信号机采用透镜式色灯双机构的高柱信号机四灯八显示,比驼峰信号机多一个黄灯显示。驼峰辅助信号机用 TF 加下标表示,下标为该信号机所在线路的轨道编号。

驼峰色灯辅助信号机显示一个黄色灯光——指示机车车辆向驼峰预先推送;当办理驼峰推送进路后,其灯光显示均与驼峰色灯信号机显示相同。

驼峰色灯辅助信号机平时显示红色灯光,对列车起停车信号作用。

(2) 驼峰辅助信号机的复示信号机

在设有驼峰辅助信号机的编组站,当其显示距离不能满足推峰作业要求时,根据需要可在到达场每股道上再装设一架驼峰色灯辅助信号机的复示信号机。驼峰色灯辅助信号机的复示信号机也采用透镜式色灯两个双机构的色灯信号机,方形背板。

驼峰色灯辅助信号机的复示信号机平时无显示;当办理驼峰推送进路或驼峰预先推送进路后,其显示方式与驼峰色灯辅助信号机相同。

3. 线路表示器

线路表示器是当有两台以上机车在峰下进行作业,或调车线上瞭望线束信号机的显示有困难时,根据需要在各编组线上设置的,如图 6-1 中的 $B_1 \sim B_{24}$。

线路表示器是上峰线束信号机的复示信号,平时处于灭灯状态,不起信号作用,当线束的上峰调车信号机开放时,根据道岔的开通位置,使该线束的相关线路表示器点亮白灯,指示该线路上的调机上峰作业。如图 6-1 中,若第 1 线束的上峰调车信号机 D_{226} 开放,并且该线束开通 2 道,则使线路表示器 B_2 点亮白灯,告知停留在 2 道的调车机车司机上峰调车信号机已经开放。

(二) 转辙机

根据道岔使用位置的不同,驼峰调车场的转辙机可分为峰上道岔转辙机和峰下分路道岔转辙机。峰上道岔采用普通转辙机。峰下分路道岔由于要求其动作迅速、安全可靠,所以均采用拉力较大的快动转辙机。驼峰场采用的转换设备有电动转辙机和电空转辙机两种。

峰下分路道岔使用 ZD7 型电动转辙机,其动作时间只有 0.8s;峰上及其他用途道岔使用 ZD6 型电动转辙机。

ZK 型电空转辙机动作时间为 0.6s,与电动转辙机比较,具有动作快、拉力大和维修简单等优点,所以在有风压设备的驼峰调车场应尽量采用 ZK 型电空转辙机。

(三) 轨道电路

驼峰调车场的轨道电路有峰上轨道电路、峰下分路道岔轨道电路、编组线警冲标区段轨道电路三种类型。

1. 峰上轨道电路

峰上轨道电路用于驼峰推送线与迂回线、禁溜线连接的咽喉区,为了提高作业效率,峰上轨道电路区段应尽量划短。

2. 峰下轨道电路

峰下轨道电路是指设置于峰下线束或调车线分歧点的轨道电路。为了减少前后两个溜放车组间的距离,提高解体作业的效率,应尽量减少轨道区段的长度。同时分路道岔轨道区段长度又不得小于经驼峰溜放的内轴距最大的四轴车内轴距的长度,且分路道岔前应有足够长的保护区段以保证溜放车辆压上尖轨前道岔已转换完毕,使车辆安全通过该道岔。

为了防止由于轻车跳动使轨道电路瞬间失去分路作用而造成道岔中途转换的危险,峰下分路道岔区内均采用双区段轨道电路。所谓双区段轨道电路,就是在原轨道电路岔尖前的基本轨接缝处再增设一对绝缘,将原轨道电路区段划分成两个小的区段。

3. 编组线警冲标区段轨道电路

编组线警冲标区段轨道电路是为了检查溜放车组是否进入警冲标内方的编组线,而在警冲标外方3.5m至最后分路道岔的尾部绝缘间设置的轨道电路。编组线警冲标区段轨道电路可两股道合用一个轨道电路区段,也可以每股道各设一个。

(四)按钮柱

按钮柱是为了方便现场作业人员发现危及作业安全时能及时关闭驼峰信号而设置的,一般在每架驼峰信号机的前方、其推送线左侧的适当地点设置。按钮柱一般每条推送线设两个,第一个设在峰顶脱钩点附近,距驼峰信号机10~15m,第二个距第一个50~60m。如图6-1中的驼峰信号机T_1设有AZ_2和AZ_4等。

(五)限界检查器

凡装设减速器的驼峰调车场,为了检查车辆下部是否侵入车辆减速器限界,确定该车辆是否能顺利通过减速器。在其推送线上均应装设车辆限界检查器。若溜放车组不符合限界检查器规定的限界要求,则不准溜放,以免撞坏减速器。车辆限界检查器一般设于距离峰顶80~100m处,如图6-1中的XJQ_1和XJQ_2。

三、驼峰机车信号系统

(一)驼峰机车信号

在驼峰推送作业中,调车机车在车列的尾部进行推送,司机距驼峰主体信号最远时可达1000多米,加上弯道多、风雪雨雾和太阳迎面照射等影响,都会给司机瞭望信号造成困难,常常因为司机看不清信号影响推送作业的正常进行。有的驼峰编组场为了解决这个问题沿推进线路加装多架复示信号机,但这样一来,高柱信号机林立,反而会使司机误认信号造成事故。为了满足改编工作量不断增长的需要,使司机正确、及时地辨认信号是一个需要解决的问题。为此,普遍要求装设驼峰机车信号设备。

驼峰机车信号设备能将地面的信号在调机司机室内复示出来,这样一来,不仅可使司机及时无误地看到信号,还大大改善了司机的劳动条件,从而提高了推送作业的效率。

采用什么方式将地面信号显示传递到运动着的机车上去是驼峰机车信号首先需要解决

的问题。驼峰机车信号设备传送信息的通道一般有两种,即有线通道和无线通道。驼峰推送作业,不能像其他机车信号设备一样直接利用列车走行的两条轨道作为信息传递的通道,因为车辆在前机车在后,钢轨上从峰顶送来的信号电流还未到达机车就被车辆轮对短路。因此,可用走行轨的一条轨道作为机车信号的传输通道,再设一根专用的传输线作为信号的回线。对于电气化区段的编组场可以考虑用电力接触网作为机车信号的传输通道。

采用无线传输方式的驼峰无线机车信号,目前被国内外广泛使用。无线机车信号设备示意图如图 6-2 所示。它将地面信号显示转换成一定频率的信号,用该信号去调制地面无线电台的射频,再由无线电台向空间发送。在调车机车上的无线电台接收地面台发送的电磁波,将调制信息解调出来,点亮机车上的信号复示器。这种用来作为机车信号的发送和接收设备的无线电台还可以同时兼有驼峰控制楼操作员和调机司机直接通话的功能。

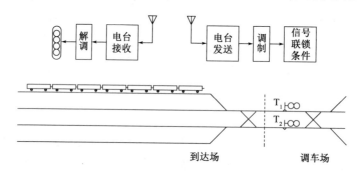

图 6-2　无线机车信号设备示意图

由于驼峰信号机不只一架,推送进路不只一条,调车机车不只一台,因此机车信号设备必须能正确区分哪台机车复示哪架信号机的显示以及什么时候开始复示。采用无线传输信息的方式,这些问题就需要特殊地加以考虑。以图 6-3 所示的情况为例,当 T_1 地面信号机开放推送信号时,四台调车机车Ⅰ、Ⅱ、Ⅲ、Ⅳ中的哪一台机车复示 T_1 信号显示呢,这就要根据作业需要和地面进路的开通情况来决定。当采用无线机车信号时,代表 T_1 信号显示意义的信息是通过电台向空间发送的,如不加装其他设备,它将不受地面进路开通情况的限制,可能被四台机车同时接收,造成四台机车同时推进的结果,这显然是不允许的。这个问题可以通过不同的途径得到解决,例如,不同的调机使用不同的发射频率,由驼峰作业人员人为决定发射哪种频率,即人为决定哪台调机复示地面的哪架信号显示。但是万一发生办理错误时,如当指挥调机Ⅲ推送车列,应该发送调机Ⅲ的射频,若错误扳动调机Ⅳ的旋钮,则调机Ⅳ收到前进信号,但此时调机Ⅳ进路并未开通,将造成调车事故。为此,机车信号应该与地面进路开通情况发生联锁,即驼峰信号开放以后,只有推送进路开通的那台(或两台:一台推送,一台预先推送)机车能复示地面信号显示。

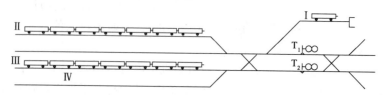

图 6-3　无线机车信号原理

现以我国已研制成功的 TWJX 型无线机车信号为例,对驼峰机车信号系统的工作原理进行说明。其设备框图如图 6-4 所示,分发送和接收两大部分。

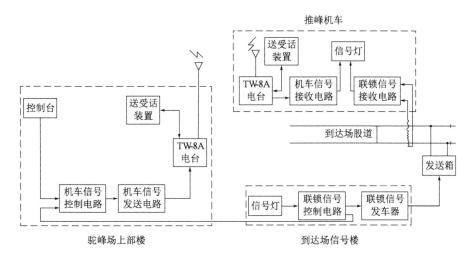

图 6-4　驼峰无线机车信号原理

当驼峰指挥信号楼同意办理推送作业后,到达场便可建立推送进路。在上述手续办理完毕后,向驼峰楼送来进路联锁条件,经驼峰信号联锁设备,将地面信号显示条件送至无线信号发送设备,由它将地面信号显示内容转换成相应频率的信号去调制电台的射频,由电台天线向空间发送。调车机车电台接收到信号后,由无线信号接收设备将对应地面信号显示的调制信号解调出来。能否点亮机车上的信号复示器由地面联锁条件控制,当到达场开通的进路与车列所在股道及驼峰信号显示三者一致时,到达场信号联锁设备将联锁条件送至进路联锁发送设备,由它将联锁条件转换成相应频率的信号送至到达场股道的始端。担任推进作业任务的机车通过感应线圈接收联锁条件信号,并根据联锁条件内容决定信号复示器复示哪一架驼峰主体信号的显示。

当无线电台不发送地面信号的信息时,电台可供驼峰操作员和司机通话。

TWJX 型驼峰机车信号的主要设备及功能如下:

①无线电台:采用无线通道作为信号的传送通道。为了传送信号及通话,选用异频双工无线电台在峰顶信号楼内设置车站台,在机车上设置机车台。

②信号发送设备:设在峰顶信号楼内,由八路音叉振荡电路组成 T_1、T_2 两个驼峰的黄、绿、红、白四种显示。闪光信号由继电器脉动接通音频振荡电路实现。

八路振荡电路的频率与信号显示的关系如下:

T_1 峰信号:黄灯(U_1)为 4078Hz,绿灯(L_1)为 4196Hz,红灯(H_1)为 4318Hz,白灯(B_1)为 4443Hz。

T_2 峰信号:黄灯(U_2)为 4572Hz,绿灯(L_2)为 4705Hz,红灯(H_2)为 4841Hz,白灯(B_2)为 4981Hz。

振荡器平时不工作,只有开放信号时,信号联锁条件电路接通所要求的振荡电路电源,它才开始工作。为保证一部电台一组高频能同时送出 T_1、T_2 峰两种信号显示命令,信号发送的输出采用时间分隔的方法进行控制,使 T_1 峰信号及 T_2 峰信号交替地通过电台送出,保证T_1、T_2峰作业的推峰机车均能可靠地接收到正确的信号显示信息。

③信号发送的继电电路:此电路由继电电路构成,到达场和峰顶信号楼各设一套。它与驼峰信号开放电路及推送进路条件构成联锁,即当机车从到达场向峰顶推送解体车列时,只有确认推送进路办理正确,驼峰信号开放,才能接通机车信号发送条件。

④进路联锁条件电路:此设备设在到达场信号楼内,由继电电路构成。它与推送进路条件构成联锁。当有多台机车在到达场工作时,此电路保证只有同意进行推送作业的机车上的机车信号设备工作,而其他机车的机车信号设备均处于关闭状态。该进路联锁条件电路检查电气集中办理的进路,并利用电气集中推送进路条件把联锁发送设备接入已办理推送进路的股道。

⑤联锁信息发送电路:此设备分设在到达场信号楼及峰顶信号楼,分为T_1峰、T_2峰两套发送电路。在到达场的设备工作条件是:在推送进路办理完毕后,在进路联锁条件电路控制下,向指定股道送出要求机车按T_1峰或T_2峰信号显示的执行命令,保证机车信号显示与所在推送进路的信号显示一致。在峰顶信号楼的设备工作条件是:值班员办理上峰进路,机车到达峰顶,在峰顶联锁条件电路控制下,向指定的峰顶股道送出固定的联锁命令,即向T_1峰送出要求机车按T_1峰信号显示的执行命令,向T_2峰送出要求机车按T_2峰信号显示的执行命令。

⑥联锁接收设备:此设备安装在推送机车上。联锁接收电路的主要功能是根据地面联锁发送设备送入轨道的联锁命令,控制机车信号显示的时机和显示内容。在推送作业过程中,保证信号能连续显示,从而保证了机车信号在双峰多台机车工作时的作业安全。联锁接收设备由感应器、滤波器、放大电路、门限电路、音叉滤波电路及继电器动作电路组成。只有一台机车工作的驼峰,机车上不需要这种设备。

⑦信号接收设备:它的主要功能是将电台接收的信息还原为机车信号显示。

(二)驼峰机车遥控

驼峰机车遥控设备供驼峰值班员在驼峰信号楼内直接操纵驼峰机车的速度变换、停车、后退等,司机只进行监视;或者由计算机控制进行变速推送。

1. 驼峰机车无线遥控系统

(1)系统设备的配置

如图6-5所示,该系统由下列设备组成:

①控制对象选择设备:在到达场经常停留有多台机车时,值班员根据站场的作业程序,排通机车推峰进路后,就自动地把推峰机车选出,保证机车只在进行推峰作业时接收到与其作业相符的控制命令。

②控制命令发送及接收设备:用无线传递遥控机车控制命令,系统的信息采用频率编码方式,并具有回执信号显示。

控制命令的发送受到达场及峰顶值班员的控制。只有当到达场推峰进路办理完毕、有关道岔位置正确、信号开放时,信号发送环节才能工作。它保证发送的控制命令与地面推峰信号一致。当地面信号显示发生故障时,遥控设备将送出限制的控制命令。

③机车速度控制设备:简称速度控制器,根据接收的速度控制命令,对机车走行速度实

施控制。在预推作业中,完成起车、加速,使车列以 10km/h 的速度运行到接近峰顶;当车列接近峰顶时,实行定距离停车。

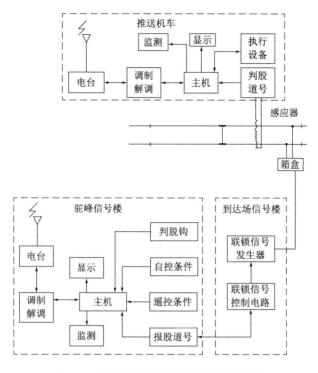

图 6-5 驼峰机车推峰无线遥控系统设备框图

④回执表示:把推峰机车的调车机代号和它所收到的控制命令回执到控制台值班员面前,使值班员直观了解到该推峰机车的实际运行情况。

(2)系统可对机车完成的控制过程

①定速控制。在预推作业中,机车遥控的预推命令可使机车自动起动、加速。当车速达到 10km/h 时,使机车保持一定速度前进。

②定距离控制。为了保证列车在预推中较准确、安全地停在峰顶指定位置,在距峰顶 187m 及 80m 时,机车得到两次定距离停车命令。车上设备自动记录走行距离,并按照设备存储的停车曲线,从速度 10km/h 不断减速,能在指定的距离内停车。

③停车控制。在主推或预推作业时,机车得到停车命令或命令中断时,均使机车制动停车。预推作业在距驼峰色灯信号机 35~40m 处,设置必须停车点,车列头部进入此点将自动停车。

④变速控制。在主推作业时,为提高解体效率,要求实行变速推送,即机车按照值班员的要求,改变推进速度。根据车站情况确定速度,一般采用 3km/h、5km/h、7km/h、10km/h 的变速范围。

⑤在推送作业中,司机可随时将遥控变为主动控制。

⑥机车接收的控制命令,遥控时实际走行的速度均可直接显示在值班员控制台上,便于值班员掌握推送作业情况。

⑦该系统适用于双推送线、多台机车作业的编组站。

⑧该系统与地面信号设备及进路具有联锁功能,保证作业安全,值班员控车手续简便。

2. 驼峰机车移频遥控系统

该系统采用移频信息控制机车的变速推送。它由移频信息的发送系统、移频信息的接收系统和速度自动控制系统组成,如图6-6所示。

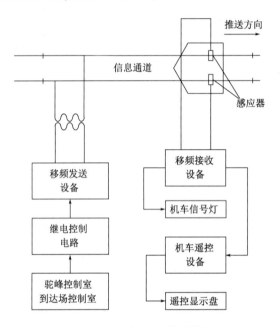

图6-6 驼峰机车移频遥控系统框图

对该系统的主要技术要求如下:

①移频发送、接收设备:系统信息采用550Hz、650Hz、850Hz 3个载频,650Hz、850Hz各有9个信号频率,550Hz有2个信号频率,用以完成区分推送峰位,实现遥控运行状态控制及机车信号灯四灯八显示;遥控信息分"开机信息"与"控制信息",每次推送作业必须先发送"开机信息",后发送"控制信息",否则"控制信息"不起作用;遥控信息应变时间不小于2s;在转换过程中,信号不出现乱显示,当控制命令由运行变为停止时,发出音响报警信号。

②信息通道:采用钢轨做传送信息的通道,它应保证整个推送进路连续、可靠地接收信息,不影响原轨道电路的正常工作。

③继电控制电路:只有当排完推送进路并且进路锁闭后,该进路才能送出信息。

④开机信息和控制信息:每次排完进路信号开放后,送出开机信息,持续(2±0.5)s,开机信息完毕后0.5s送出控制信息,整个推送作业完毕停止发送信息;当在设有两个峰位并同时作业的情况下,遥控信息按所排峰位的控制给出,并且不受另一峰位遥控信息的影响。

⑤机车速度自动控制装置:该装置能根据遥控信息控制自动起车、鸣笛、调速、制动、停车,并有前进、后退方向表示和速度、控制器挡位、制动等级、定距离停车的距离显示;在预推作业时,能按照接收的定距离停车信号(U_1、H_1)使解体车列在距地面信号机前规定距离内

停车;在主推作业中,按解体控制命令要求调整车列运行速度,其调整精度在±1km/h之内;此外还设有手动、遥控转换装置,司机可随时将通控变为手动控制。

单元6.2 驼峰道岔自动集中控制

任务目标

1. 什么是驼峰道岔自动集中设备?
2. 溜放进路程序控制系统的功能是什么?
3. 驼峰溜放过程中,未提开车钩的处理方法有哪些?

任务实施

1. 下发任务目标,明确任务内容及考核方式,学生课前按要求完成预习任务。
2. 教师课堂上讲解相关知识点。
3. 学生分组讨论,进一步加深理解知识点相关内容,完成任务目标内容。

知识准备

一、驼峰道岔自动集中设备

(一)驼峰道岔自动集中控制台

驼峰道岔自动集中控制台如图6-7所示。驼峰作业员根据调车作业计划,通过控制台操纵或自动控制头部和第1制动位的车辆减速器。

①驼峰自动集中范围内的道岔,每组设一个三位式道岔手柄。手柄置于中间位置时,该道岔纳入自动集中或半自动集中控制系统;手柄置于定位或反位时,为手动控制。

②为分路道岔选择操纵方式而设有"自动""半手动""手动"三个二位自复式按钮。驼峰调车长按下"自动""半自动"按钮时,均向"进路命令自动传递电路"发送自动集中电源。当进路储存器或进路命令自动传递电路发生故障时,驼峰调车长可按下"手动"按钮,办理手动作业,即所有进路道岔都单独操纵。在进行进路储存前和需要取消各道岔环节内储存命令时,均需按一下"手动"按钮。

③进路按钮:为储存进路命令使用,以股道号数作为进路按钮号。

④挤岔按钮:当任一道岔被挤时,按钮内点亮红灯,挤岔电铃鸣响,按下该按钮,电铃停响;故障修复后电铃又响,拉出该按钮时,再次切断电铃电路。道岔转换过程中的电铃鸣响是正常信息。

⑤道岔恢复按钮:当集中联锁系统的道岔因故障转不到底而自动返回原位时,挤岔电铃长鸣,点亮该按钮内表示灯;按下该按钮后,红灯熄灭,切断电铃电路,道岔恢复正常动作。

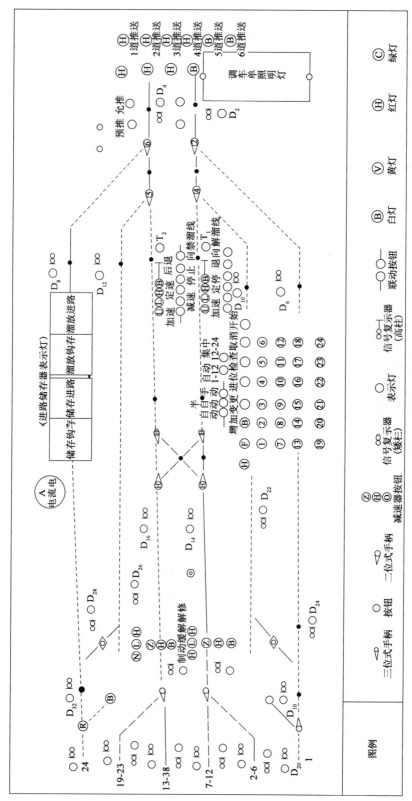

图6-7 驼峰置含自动集中控制台

(二)驼峰道岔自动集中的操纵按钮

1. 清零按钮

在储存进路前,拉出该按钮,使进路储存器进入工作状态,储存器点亮储存钩序表示灯"0",此时即可办理第一钩进路储存。

2. 储存取消按钮

在储存过程或在检查预先储存的进路命令时,如发现命令有错误,可按下"储存取消"按钮,将该钩错误命令取消。用此按钮取消进路时,只能一钩一钩地取消,每按一次取消一钩。

3. 溜放取消按钮

在溜放作业前或在溜放作业过程中,当某钩车未下峰前,按下"溜放取消按钮",能将该溜放钩车的进路取消(进路表示灯熄灭),按压一次,取消一钩。

4. 增加按钮

临时增加进路命令。按下"增加"按钮,溜放进路表示灯立即熄灭,进路存储器暂停输出。如同时按压"增加"按钮和所需增加的进路按钮,按压一次,增加一钩。

5. 进位检查按钮

手动检查储存钩车命令用。每按压一次,即可点亮与之对应的溜放钩序和溜放进路表示灯,从而检查一钩进路命令。

6. 检查按钮和检查停止按钮

按下检查按钮时可连续将储存的命令通过溜放钩序表示灯和溜放进路表示灯逐钩显示出来,达到检查核对的目的。检查完毕后,按下"检查停止"按钮,拉出检查按钮,使之结束自动检查。

另外,为了操纵驼峰调车场的各种调车信号机,控制台上还没有各种不同用途的信号按钮。如驼峰调车信号按钮、驼峰主体信号按钮和线间调车信号按钮等。

二、驼峰道岔自动集中的操纵

机械化驼峰采用道岔自动集中设备办理排列溜放进路作业时,对溜放进路的控制可以分为自动、半自动和手动作业三种方式。在进行车列解体时,作业员可根据情况选择其中一种作业方式。

(一)储存自动进路

1. 预排进路

驼峰调车长接到调车作业计划后,即可按照调车作业计划预排进路。

首先,驼峰信号楼作业员将自动道岔手柄置于中间位置,所辖区的自动集中表示灯同时点亮白灯。然后,按下"手动"按钮,再按下"自动"按钮,拉出"清零"按钮,使储存器处于起始工作状态。此时,储存进路表示灯点亮"0",表示可以储存进路。再根据调车作业通知单所列的钩序和股道号码,逐个按压进路按钮,例如,第一钩进5道,则按压进路按钮"5",储存钩序表示灯"0"熄灭,储存钩序表示灯亮"1",储存进路表示灯亮"5",表示储存器已储存了第一钩进路命令。储存的同时,注意储存钩序和储存进路表示灯是否正确,边储存边检查,将进路命令全部储存完。

2. 检查进路

调车进路预排完了后,驼峰作业员应按压"检查"按钮,这时溜放钩序和溜放进路表示器上就会将预排进路的情况依次重现出来,与调车作业计划逐钩核对。如发现错误或需要变更进路,则在显示该钩进路时,及时按压"取消"按钮,取消该钩进路,再按所需"进路"按钮,重新储入一钩进路。检查完毕后,拉出"检查"按钮。如需逐钩检查,则可逐一按压"进路"按钮。必须坚持驼峰调车长与作业员两人核对检查制度,一人读计划和钩序,一人复诵核对。

3. 增加进路

储存的第一钩车未溜下前,若需增加一钩,则按下"增加"按钮,第一钩溜放进路表示灯随之熄灭,再按下需增加的进路按钮,进路表示灯点亮,待该钩车溜下压入第一分路道岔轨道电路时,进路表示灯重新显示原已储存的第一钩溜放进路。

自动溜放作业过程中,如需在第二钩与第三钩之间增加一钩,则当第二钩溜完后,按压"增加"按钮,原溜放钩序表示灯熄灭,作业员即可按压所需增加的"进路"按钮。当增加的钩车压上峰下道岔区段后,原溜放钩序表示灯点亮,至此又恢复按正常调车计划工作。

4. 取消进路

①在储存进路过程中,若发现某钩进路错误或须变更某钩进路时,只需按下"存储取消"按钮使不需要的进路表示灯显示消失,再按压正确的或需要的进路按钮即可。如需全部取消,拉出"清零"按钮即可。

②在溜放过程中需要取消进路时,必须在取消钩溜出之前关闭驼峰信号停车处理。当储存器显示待取消的钩溜放显示时,按下"溜放取消"按钮,即可取消该进路。

(二)储存半自动进路

当进路的存储故障,不能预先储存进路命令,或遇气候恶劣(如大雾、风雪)等,作业员不易确认溜放钩车的动向时,可采用半自动方式。半自动方式就是储一钩、溜一钩,即随着钩车往下溜放,逐钩控制分路道岔的转换。

采用半自动作业方式前,也应将自动集中道岔手柄置于中间位置,自动集中表示灯亮白灯。作业员按压"半自动"按钮,然后根据调车作业计划上第一钩车应进的股道,按压进路按钮。当第一钩车进入第一分路道岔区段后,储存器溜放进路表示灯熄灭,此时,作业员再根据下一钩车需溜入的股道,按压相应的进路按钮,继续溜放第二钩车,直到一个车列溜完为止。

(三)手动办理进路

当设备故障,不能进行自动和半自动作业或驼峰调机进行上、下峰调车作业时,可采用手动作业方式。

采用手动作业方式前,驼峰作业员先按压"手动"按钮。在每钩车溜放前,第一、第二信号楼作业必须密切配合,根据调车作业计划,驼峰作业员用手柄单独操纵道岔的转换,为溜放的钩车排列进路。驼峰调车长通过"开通进路"表示灯确认进路是否正确。每溜放一钩调车长开通一次信号,为了保证安全,车组间溜放技术间隔应不小于50m。

当进路准备妥当,驼峰调车长布置重点事项后,开放驼峰信号,指挥司机推峰解散车列。当驼峰主体信号开放后,推送进路的驼峰复示信号机复示驼峰主体信号机的各种显示,该进路上所有同方向的调车信号机也随之自动开放。

(四)排列溜放进路作业经常遇到的问题

①封锁按钮接触不良或受到振动或灰尘污染时,按钮红灯不亮也能锁闭道岔,因此,在自动溜放作业前,应普遍拔一下封锁按钮。

②自动溜放作业前,储存进路时,按压进路按钮的动作不能过快或过慢,因为继电器动作需要一定时间,过快或过慢都会发生错储进路。

③道岔检修后,一定要按压恢复按钮,否则该修复的道岔将错误地执行所存进路。

④车轮、钢轨生锈后,压上轨道电路时,在操纵台面的光带上反映不出来,若不加注意,则可能在车辆两个转向架中间扳动道岔,发生脱轨。

⑤按下手动按钮和自动按钮,用以切断自动电源,消除有关道岔保留的命令,但操纵时要注意,不能按压过快,否则不能起到消除有关道岔保留的命令的作用。

⑥自动溜放作业完毕后,若溜下的车组未全部进入最后一组道岔,即将手动按钮按下,则执行命令的道岔将由反位转至定位,会使车组误入异线。

⑦自动溜放作业时,发现股道绝缘区段出现红光带时,应立即通知峰顶调车长派人检查,确认车组是否压标,防止侧面冲突。

⑧使用轨道故障按钮时,必须做到:

a.停止一切调车作业;

b.确认机车车辆不压该故障区段道岔;

c.扳道后,要确认红光带的位置正确无误,方准通知调车组或司机通过该区段。

(五)驼峰溜放过程中特殊情况处理

①溜放过程未提开车钩的处理方法。

a.若车组尚未压上第一分路道岔区段,就回牵上峰,不影响储存命令正常执行,驼峰调车长可直接显示后退信号,指挥调机退行到能提开车钩处停车。

b.若车组已压上第一分路道岔或后面的轨道电路区段,则驼峰调车长应首先指挥机车后退,待车列出清第一分路道岔轨道电路区段时,按下"手动"按钮和"自动"按钮,切断自动电源,消除有关道岔保留的命令。按下"增加"按钮和尚未溜出车组的进路按钮,便可指挥机车继续"自动"溜放作业。

②当前钩车组尚未出清第一分路道岔轨道区段,后钩车组又压上该轨道区段时,此刻应立即切断信号停车。对后钩车组采用手动,扳至有人下鞋的空闲线路,同时广播通知铁鞋制动员下鞋制动,防止车辆冲突。待车辆全部进入线路后,按下"取消"按钮和"手动"按钮,再按下"自动"按钮,消除有关道岔保留的命令,然后继续作业。

③溜放车组在中途道岔区,尾追同时进入同一轨道区段时,该区段保留后一钩命令,此时除应立即切断信号外,并应广播通知铁鞋制动员下鞋制动,防止车辆冲突。待车辆全部进入线路后,按下手动按钮,再按下取消按钮,消除有关道岔保留的命令,然后继续作业。

④在溜放作业过程中，如道岔因故障不能转换时，应立即关闭信号停车，并广播通知铁鞋制动员，防止车辆误入异线后发生冲突。

(六)驼峰道岔自动集中操纵方法举例

当驼峰值班员接到调车作业单以后，等到上次的作业单下溜结束时，首先按下"开始"按钮，此时在储存钩序表示灯亮"1"字，溜放钩序表示灯亮"1"字，表示设备恢复到正常状态。此时驼峰值班员可以根据作业单进行预先储存车组进路工作。驼峰道岔自动集中控制台如图 6-7 所示。

如作业单所列的任务是：

第一钩　进 3 道
第二钩　进 1 道
第三钩　进 4 道
第四钩　进 2 道

值班员首先按下进路按钮 3A，经过有关继电器的动作，在储存钩序表示灯上点亮的仍然是"1"字。在储存进路表示灯上点亮"3"字，值班员看到进路表示灯点亮"3"字，即表示第一钩进 3 道的命令已经储存完毕，则可放开 3A 进路按钮。当按钮放开以后，储存进路表示灯灭灯，而储存钩序表示灯由"1"变成"2"字，表示可以储存第二组命令了。后续过程可以简述如下：

按下 1A(第二钩)

"5"(储存钩序表示灯)

(进 1 道)

放开 1A

灭灯(储存进路表示灯)

按下 4A(第三钩)

"4"(储存进路表示灯)

(进 4 道)

放开 4A

按下 2A(第四钩)

(进 2 道)

放开 2A

灭灯(储存进路表示灯)

"2"(储存钩序表示灯)

"1"(储存进路表示灯)

"3"(储存钩序表示灯)

"4"(储存进路表示灯)

灭灯(储存进路表示灯)

"4"(储存钩序表示灯)

"2"(储存进路表示灯)

至此，4 组进路预先储存完毕。

由上述可知，进路按钮按下时，储存进路表示灯点亮，并与所办理的进路相符。进路按钮放开后，进路表示灯灭灯而储存钩序表示灯进位，表示可以储存下一组，因此，最后钩序表示灯的数字为实储入车组数加1。注意，当车组一次储满时，储存钩序表示灯也熄灭，此时当下溜以后恢复点亮"1"字，为循环储存准备了条件。

在储存命令中对各种不同的特殊情况可以使用变更按钮、总取消按钮、检查按钮以及进位按钮等。例如，储存完毕可以通过"检查"按钮和"进位"按钮来校对已经储存的进路是否正确，如果发现储存的命令不正确，可以通过按压和拉出"变更"按钮，对储入的进路命令加以个别取消和全部取消。

储存完毕开始自动溜放前，首先检查所有的道岔手柄是否都在中间和自动转换位置，这可以通过自动集中白色表示灯的点亮来证实。然后按下自动溜放按钮，点亮自动溜放白色表示灯，这时溜放钩序表示灯亮"1"字，溜放进路表示灯亮"3"字，与预先储存的第一钩进3道相符，此时值班员即可开放驼峰信号让下溜车组进行自动溜放作业。下面的动作将根据车组压入头部道岔的情况自动将预先储存命令发出，即：

第一车组压入头部道岔，溜放钩序表示灯亮"2"，溜放进路表示灯亮"1"；
第二车组压入头部道岔，溜放钩序表示灯亮"3"，溜放进路表示灯亮"4"；
第三车组压入头部道岔，溜放钩序表示灯亮"4"，溜放进路表示灯亮"2"；
第四车组压入头部道岔，溜放钩序表示灯亮"5"，溜放进路表示灯灭灯。

当值班员看到溜入钩序表示灯点亮"5"字和储存钩序表示灯"5"一致时，表示预先储入的命令已经全部发出，溜放完毕，至此调车作业单的任务已完成。如果这时需要进行新的调车作业单的命令储存工作时，再按一下"开始"按钮，则储存和溜放钩序表示灯都由"5"转为"1"字，设备恢复正常状态。

在下溜过程中对各种不同情况的处理可以用"取消"按钮及"增加"按钮。对本车组未进入头部道岔之前可以通过按压"取消"按钮，取消本车组的进路命令，或按压"增加"按钮增加新的进路命令。该操作对其他的储存命令没有任何影响。

三、驼峰自动集中的技术条件

①储存一钩进路命令只需按一次"进路"按钮，并且不产生重复储存。
②当一列车钩数小于储存器容量时，可以进行一次储存；当一列车钩数大于储存器容量时，也可以进行边溜边存。
③在储存过程中，能对储存命令进行变更，而不影响已经预先储存的命令。
④能一次取消全部预先储存的进路命令。
⑤在解体作业开始前，可以对预先储存的进路命令逐钩或连续检查，并能纠正错误，而不影响预先储存的其他车组的进路命令。
⑥在解体作业过程中，能取消变更预先储存的进路命令，并能增加新的进路命令。
⑦对于储存和溜放钩序及进路均有数码表示灯。
⑧进路命令随车组溜行向峰下自行传递，即当车组压入道岔轨道区段时向下一传递环节传递命令。
⑨暂储于道岔传递环节的命令，在该命令所属车组通过道岔区段后自行取消。

⑩发生追钩时,应能取消后行车组的进路命令。

⑪当自动集中设备故障时,可以改用半自动或手动作业方式来排列溜放进路。

四、溜放进路程序控制系统

(一)系统的组成

驼峰溜放进路程序控制系统是以微型计算机为核心,通过输入输出接口及数据通信接口连接控制台、CRT 显示终端、调车作业单打印机、报警打印机、转辙机等外部设备的自动控制系统。其系统结构如图 6-8 所示。

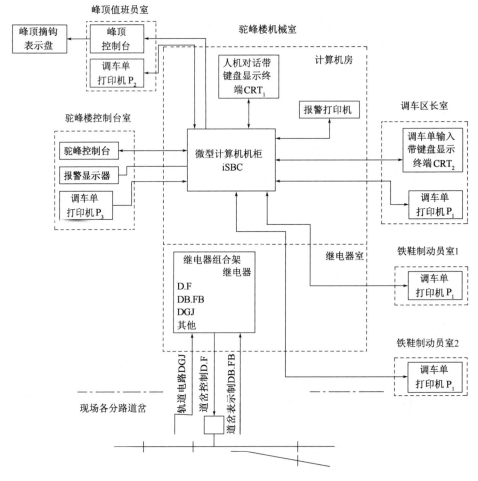

图 6-8 驼峰溜放进路程序控制系统框图

(二)系统功能

1. 调车作业通知单的自动传递

调车区长制订解体计划后,通过带键盘的显示终端就可将调车作业计划输入主机内,并且以调车作业通知单的形式发送到各调车作业点。

2. 进路命令的储存

进路命令的储存方式分为自动和人工两种，其功能如下：

①调车区长能在发送调车作业通知单的同时，就将调车作业计划中的进路命令直接储存到储存环节中。

②储存环节可容纳多列调车作业计划，可由调车区长储存或控制台值班员储存。由控制台值班员办理储存时，能进行边溜放边储存。

③值班员可通过"问车次"按钮查询已储存的车次，通过"检查"按钮核对每列钩数、每钩进路及辆数。

④溜放和检查可同时进行，能通过"钩增加""钩取消""列取消"等按钮对已储存的或正在解体的车次的进路命令进行增钩、减钩甚至整列取消等变更。

⑤当作业过程出现错误时，"操作错"报警灯亮，待值班员确认后用"清除"按钮清除操作错误。

⑥控制台上时钟窗口准确显示时、分。时钟显示与调车区长室显示终端的时钟显示一致，并由调车区长调整。时钟秒点闪动告示系统正确运行，当主机发生故障时，秒点停止闪动，同时报警喇叭鸣响，关闭驼峰信号机。

⑦溜放中途能办理暂停，再次办理溜放开始后，又继续溜放，钩序、进路不受影响。可实现在某车次的解体过程中，随机插入另一车次的解体，当有两台机车作业时，可为平行作业提供方便。

3. 溜放进路命令的传递与跟踪

该环节的基本功能是接收储存环节已储存的进路命令。随着车组的溜行，按进路去向逐级向下传递，控制车组运行前方分路道岔的转换，引导车组进入规定的股道。遇到道岔故障，车组不能按计划方向溜行时，对车组进行跟踪，直到车组进入股道。

由微机控制的溜放进路命令传递与跟踪环节，增加了跟踪处理、追钩处理、"钓鱼"处理及错道处理等功能，使溜放作业过程更加安全可靠。有"手动"和"自动"两种工作方式，手动方式优先。微机系统故障时，以"手动"方式继续作业，不会停止作业。

①跟踪处理：对因道岔故障而造成的错道车组，能随着错道车组的自由溜行进行跟踪，直到错道车组出清末级道岔进入股道为止。报警设备打印和显示错道车组的钩序、错进股道及计划进入股道的号码。

②追钩处理：追钩时，能自动取消追钩车的命令，而不影响后行车组进路命令的传递及车组的正确运行。对于两道岔之间死区段距离小于 1~4 轮对距离的情况，追钩判别更为准确。

③"钓鱼"处理：在解体过程中遇有摘不开钩而发生"钓鱼"时，无论发生在哪一级道岔，"钓鱼"处理程序都能自动辨认，并随着车组的回牵而反向传递进路命令，直到车组反向出清第一分路道岔区段时，将控制台上的溜放钩序、进路、辆数数码灯恢复车组进入第一分路道岔前的显示，在整个回牵过程中，值班员不必作任何操作。

4. 溜放作业过程的监测与报警

微机溜放进路控制系统对溜放作业过程具有部分监测及报警功能。

报警打印机及报警显示器分别打印和显示的内容有17项,如日期、"自动"状态开始时、分,"手动"状态开始时、分,取消或增加的钩序、股道、辆数及所属车次,解体开始的时、分、车次及峰位等。

五、驼峰自动集中微机储存、控制系统

（一）系统组成

驼峰自动集中微机储存、控制系统,是以 TWC-1 驼峰自动集中微机存储器为核心的分布式多 CPU 结构,各分机之间采取 RS-232 或电流环串行连接。系统包括调车作业单传输机、峰顶分机、峰顶智能化提钩显示盘、报警 CRT 终端、报警打印机等。驼峰自动集中微机储存、控制系统的配置图如图6-9所示。

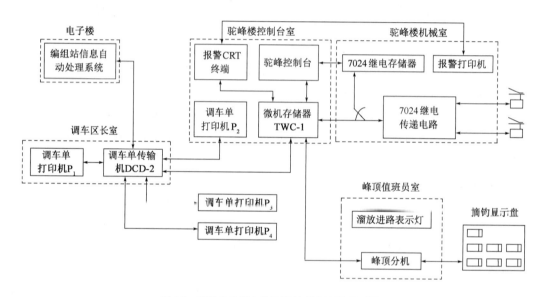

图6-9 驼峰自动集中微机储存、控制系统配置图

（二）系统的功能及特点

TWC-1 微机存储器与安全型继电存储器相比较有如下特点:

①通过调车作业单传输机将"编组站信息处理系统"产生的作业计划自动储存到TWC-1微机存储器中,值班员不必办理人工储存作业。

②微机存储器能预排4列解体计划,每列50钩。由于能同时预存多列解体计划,因此可实现溜放暂停,即溜放过程中暂停该列解体,而从预存的几列计划中调出任一列进行解体。这就可充分利用解体过程中送禁溜线、迂回线的时间,提高双推单溜驼峰场解体效率。

③继电自动集中对解体过程中由于提不开钩而发生的"钓鱼"必须人工参与,要求值班员掌握好时机及时按下"增加"按钮,否则存储器多输出车组的命令会造成后续车组错道。微机系统对上述"钓鱼"能自动处理并打印记录,不需人工介入。

④TWC-1 对于解体计划具有灵活的输入、检查和修改功能。TWC-1 可自动接收 DCD-2 传输来的解体计划,也可由控制台值班员人工办理储存。值班员可通过"问车次"按钮查询

已储存的车次,通过"检查"按钮了解每列的钩数、每钩的进路及辆数,且溜放和检查可同时进行,通过"钩增加""钩取消""列取消"等按钮对储存的或正在解体的车列的进路命令进行增钩、减钩、整列取消等变更。

TWC-1 微机存储器通过控制台显示器屏幕和报警打印机实现对全部储存和部分溜放过程的实时监测功能,有利于作业安全、故障修复和分清责任。该系统具有使用灵活、设计施工简单、易于维修等特点。由于系统为多 CPU 结构,各环节具有其独立的功能,用户可根据需要合理搭配。TWC-1 微机存储器可与 DCD-2 调车单传输机联机使用,也可单独使用;TWC-1 微机存储器可与安全型继电存储器互为备用,也可单独使用。

单元6.3 驼峰自动化设备

任务目标

1. 简述驼峰自动化的功能。
2. 自动化驼峰测量设备包括哪些?各起什么作用?
3. 简述驼峰溜放进程自动控制的基本原理。
4. 简述驼峰溜放速度自动控制的基本原理。
5. 什么是编组站综合自动化?

任务实施

1. 下发任务目标,明确任务内容及考核方式,学生课前按要求完成预习任务。
2. 教师课堂上讲解相关知识点。
3. 学生分组讨论,进一步加深理解知识点相关内容,完成任务单内容。

知识准备

为了更进一步提高铁路的运输能力,保证作业安全和改善职工的劳动条件,必须发展自动化驼峰,实现编组站运营管理和技术装备的现代化。

一、自动化驼峰测量设备

自动化驼峰测量设备包括测速设备、测阻设备、测长设备和测重设备。

1. 测速设备

在自动调速系统中,为了对车辆减速器实行自动控制,需提供溜放车组在该调速部位的实际走行速度。为了取得这一数据,自动化驼峰必须具备测速设备。目前广泛采用多普勒雷达测速设备。即雷达天线向运动车组发射微波束,微波被运动车组反射回来,反射波的频率不同于发射波的频率,两者的差值称为多普勒频率,与车速成正比。只要测得多普勒频率,就可得到车组实际溜放速度。

2. 测阻设备

车组在溜放过程中,溜放速度受车组溜放过程中阻力的影响较大。因此,在自动调速系统中,需要精确调速,掌握车组的溜放阻力。用来测量车组溜放阻力的设备称为测阻设备。

测阻设备通常利用一组车轮传感器(又称踏板)构成测阻区段,车轮经过车轮传感器时产生电信号,记录车轮经过测阻区段的时间,即可计算出车辆的平均速度,进而得到加速度和运行阻力。

3. 测长设备

在自动调速系统中,调车线的空闲长度是指Ⅲ部位(即目的制动位)减速器的出口至最近停留车辆之间的距离。在自动调速系统中,测量了调车线的空闲长度,即掌握了车组的溜放距离,从而为给定Ⅲ部位减速器的出口速度提供了依据。自动调速系统中必须具备测量调车线空闲长度的设备,即测长设备。

测长设备测量取得的调车线空闲长度,不仅可以作为自动调速系统判定第Ⅲ部位减速器出口速度的依据,在自动化系统中还有很多作用。例如,根据调车线的空闲长度和该线的现存车辆数,可推算出该线车组之间的"天窗"总长度,据此可判定机车是否需要下峰整理。又如,已知调车线的空闲长度,便可确定该线尚能容纳的车辆数,据此,计算机可自动编制出调车作业计划。

测长可利用不同的设备来实现,目前我国广泛采用的是轨道电路测长设备。

轨道电路测长的原理是:在一定条件下,轨道电路的短路输入阻抗与短路点至始端(即送电端)的距离近似成正比,利用这种正比关系即可测得轨道电路区段的"空闲"长度。

4. 测重设备

车组在溜放过程中,加速度的大小与车组的重量有很大关系,因此,车组重量是自动调速系统所需要的一项重要参数。根据车组重量可粗略估计车组的溜放阻力。另外,在自动化的编组作业中,利用测重设备还可以统计编组列车的总重,因此,测重设备是自动化系统不可缺少的基础设备。

目前,测重设备种类很多,我国采用的主要是塞钉式压磁测重传感器。压磁传感器安装在钢轨轨腰上,利用压磁效应,测量轮重负载所产生的剪应力,并将其变换成电信号来实现测重。

二、驼峰溜放进路自动控制系统

自动化驼峰采用微机控制系统,能实现自动储存进路命令和排列溜放进路,所以称为驼峰溜放进路自动控制系统。

驼峰溜放进路自动控制系统的主要设备有工业控制计算机、带键盘的显示终端、调车作业单打印机、峰顶摘钩显示盘和道岔转换设备等。

解体计划有自动和人工两种输入方式。驼峰溜放进路自动控制系统与编组站信息处理系统联网,可以自动接收解体计划。人工输入解体计划时,逐钩键入。用鼠标点击或键盘命令,启动解体计划,即进行自动溜放作业。

进行调车作业时,由控制计算机向全场各调车作业点的打印机发出打印命令,各作业点打出的调车作业单是解体作业的依据。

溜放作业开始后,由控制计算机及时向有关分路道岔发出控制命令,使其在规定的时间内转换到要求的位置,为各车组逐段排列溜放进路。同时,峰顶摘钩显示盘可显示出当前的溜放钩序和最近三个车组的辆数,以便摘钩员摘钩。

系统储存容量可根据需要确定,可以自动判断并处理追钩、溜错股道和"钓鱼"等情况。此外,该系统还具有检测、报警等功能。

三、驼峰溜放速度自动控制系统

驼峰溜放速度自动控制系统主要是当驼峰解体车列时,为了保证溜放车组间必要的间隔,使道岔按要求转换,不出现两溜放车组占用同一减速器,不发生追尾、侧撞等不安全现象,保证溜放车组进入调车线后仍能以允许的连续速度(不超过5km/h)与停留车安全连挂而设置的。驼峰溜放速度自动控制系统由调速设备、测量设备和控制设备组成。

1. 驼峰调速自动化系统的组成

驼峰调速自动化系统设备组成如图6-10所示,主要包括测重、测速、测阻、测长设备,以及轨道电路及电子计算机等。

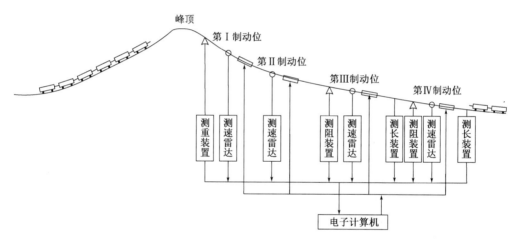

图6-10 驼峰调速自动化系统组成示意图

①在驼峰加速坡上,装设有压磁测重器,用以对溜放钩车的重量进行测量,为减速器控制级别提供依据。

②在每一制动位前均装设有测速雷达,由轨道电路控制雷达的开机和关机。测速雷达对溜放钩车进入减速器前和经过减速器调整后的速度进行测量,为电子计算机计算钩车走行速度的变化提供依据。

③在第Ⅲ、第Ⅳ制动位前均设4个电磁感应器,用以测量钩车溜放阻力,作为调速控制的阻力依据。

④测量股道空闲长度的音频测长器。若测量800m长的股道空闲长度,可以分为三个测试区段,即第Ⅲ制动位到第Ⅳ制动位间的200m为第一段,第Ⅳ制动位以后再分为两个区段,每个区段各长300m。

2. 调速自动化的原理

溜放速度的控制可分为 4 个制动位,第Ⅰ和第Ⅱ制动位采用大型减速器(T·JK 型或 66-11型),第Ⅲ和第Ⅳ制动位采用小型减速器(T·JY 型)。其Ⅰ、Ⅱ部位主要是对钩车实行间隔制动,Ⅲ、Ⅳ部位是对钩车实行目的制动。

当钩车脱钩下峰后,测重设备将钩车重量等级数据输入电子计算机,由电子计算机计算出第Ⅰ部位的出口速度 $V_{出}$,再与测速雷达测出的钩车实际速度 $V_{测}$ 进行比较。当 $V_{测} > V_{出}$ 时,控制减速器制动,使溜放钩车减速;当 $V_{测} < V_{出}$ 时,不需要控制减速器动作。再经测速雷达测得钩车实际速度后,自动控制第Ⅱ部位减速器动作。钩车进入第Ⅲ部位前,会经过测阻设备,将阻力变化数据输入电子计算机,计算出第Ⅲ部位的出口速度 $V_{出}$,再与测速雷达测出的钩车实际速度进行比较,由比较结果对第Ⅲ部位减速器进行控制,使钩车速度不超过第Ⅳ部位减速器的允许最大入口速度。当钩车从第Ⅲ部位出来,接近第Ⅳ部位时,经测阻及测长设备测出的数据输入电子计算机,算出出口速度,再与测速雷达测出的钩车实际速度比较,控制第Ⅳ部位减速器的动作,使钩车接近停留车时符合安全连挂的速度。

实现驼峰溜放自动化,可以保证作业安全、提高编组效率等。

3. 调速设备

调速设备分为点式和连续式两大类。点式调速设备主要是车辆减速器,连续式调速设备包括各种减速顶和绳索牵引推送小车。车辆减速器是驼峰调车场的主要调速设备,我国目前使用的车辆减速器均为钳夹式,制动时,制动钳带动制动梁,制动夹板夹住车轮侧面,依靠摩擦力使车辆减速,如图 6-11 所示。我国目前已经形成 T·JK/T·JY 减速器系列。目前生产和使用的减速器,间隔制动多采用 T·JK3-B(50) 或 T·JY3-B(50),目的制动多采用 T·JK2-B(50) 或 T·JY2-B(50) 型。

自动化驼峰的间隔调速和目的调速都是在计算机的控制下进行的。首先,利用测量设备测出与间隔调速有关的前行车组驶出调速位的出口速度、前后车组的距离、前后车组的难易组合情况、前后车组的分歧道岔位置,与目的调速有关的调车线的空闲长度、车组的溜放阻力、调车线的坡度、车辆的允许连挂速度等有关参数,经计算机采集并计算出减速器的最佳出口速度,自动控制车辆减速器进行调速。

图 6-11 车辆减速器示意图

四、驼峰机车推峰速度自动控制系统

为了进一步提高作业效率,要求推峰机车应以允许的最高速度进行推峰。允许的最高速度受车组长度、相邻车组的分歧道岔位置、车组的溜放距离和相邻车组的难易组合情况等因素的影响,人工很难给出各车组的最佳推峰速度。利用计算机采集这些参数,并利用计算机计算出允许的最高推峰速度,然后通过无线遥控系统自动控制机车推峰速度,这就是驼峰

机车推峰速度自动控制系统。

五、驼峰计算机过程控制系统

最初,我国铁路驼峰信号设备按溜放进路控制、溜放速度控制、推峰机车速度控制3个系统分别研究发展,难以形成最大的编解能力。从20世纪90年代开始,我国将这3个系统集成为驼峰计算机作业过程控制系统,实现了驼峰作业的自动化。驼峰计算机过程控制系统有TW-2、FTK、TBZK-Ⅱ/Ⅲ等,其中应用最多的是TW-2系统。

TW-2为集散式控制系统,即集中管理、分散控制其硬件结构,如图6-12所示。它由操作级(工作站)、管理级(上位机)、控制级(下位机)3个层次组成。操作级与管理级之间用Ethernet(以太网)连接,管理级和控制级之间用双CAN(控制器局域网)连接。

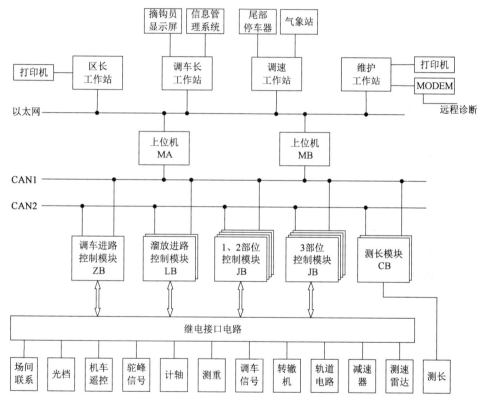

图6-12 TW-2型驼峰计算机过程控制系统硬件结构图

TW-2型驼峰自动控制系统自动化系统率先在我国大驼峰实现一个信号楼全场集中控制,率先在我国驼峰改造中甩掉了"保底"设备——继电自动集中和半自动调速机,率先在我国实现驼峰联锁技术,在上下峰调车进路、推送进路、场联等方面的自动化有独创,并且延伸应用到了列车进路、平面溜放及客站MMI等方面。具有以下特点:

①设计为双推双溜,兼容双推单溜和单推单溜。

②采用多媒体操作界面,具有语音报警、核对计划功能。可在扩充站场图形显示的同时,混合图像显示(例如站场摄像信号接入)的功能。

③在溜放开始时推送进路自动选路与锁闭,与到达场的场间联系自动办理。

④可自动执行混合型的调车作业计划,除溜放钩外,可按计划逐钩自动执行上下峰调车进路、禁溜线和迂回线取送车进路,无须操作员介入。

⑤在线束调车上下峰进路上有死区段及减速器的情况下,实现了调车进路信号自动关闭与进路自动解锁,确保了联锁关系的严密。

⑥采用轨道占用时间屏蔽等独特手段,使系统具有防止轻车跳动的功能,有效地减少了轨道电路分路不良引起的钩车掉道等险性事故,提高了作业安全程度。

⑦支持远程诊断。

⑧系统可以为调车区长设置工作站,并支持运输部门的报警查询及统计报告。

⑨模块插件可带电插拔。

六、编组站综合自动化系统

(一)编组站综合自动化

编组站综合自动化包括从列车到达、推峰、解体、溜放、编组直至新编列车出发全生产过程的管理和车辆控制的全部自动化。它用于路网型编组站,可大幅提高其解编能力。

编组站综合自动化的最主要子系统是信息处理系统和驼峰作业过程控制系统。信息处理系统利用计算机和通信网完成编组计划编制和信息管理。驼峰作业过程,控制系统由高可靠的工业控制计算机构成推峰机车遥控子系统、溜放进路控制子系统和溜放速度控制子系统,并由上位管理机通过网络与各子系统相连,实现各系统间的通信、监控等功能,构成多微机的集散式组态结构。

此外,编组站综合自动化子系统还包括驼峰调车场尾部调车集中联锁等系统。

(二)编组站综合集成自动化系统(CIPS)

1. CIPS

我国驼峰自动化技术已跨入国际先进行列,而编组站整体上依然处于不同独立分系统简单堆砌在一起的落后状态。为实现铁路的跨越式发展,按照原铁道部信息化总体规划的要求,研发了以信息共享为核心、管控一体化为目标的编组站综合集成自动化系统(CIPS)。总体目标为:调度计划自动执行;调度决策指挥自动化;集中控制;提高编组站整体效率,缩短车辆在编组站作业周期;信息资源的充分利用。

CIPS是编组站综合自动化的实际应用范例,它综合应用管理技术、运输技术、信息技术、自动化技术、系统工程技术,以信息集成为核心,将编组站控制、调度、管理、运营、优化、决策一体化,形成智能闭环系统,提高整体效益,对创建我国编组站信息化与自动化的新模式进行了探索。

CIPS作为管、控一体的集成系统,分为综合管理系统和综合控制系统两大部分。

CIPS的综合管理系统负责信息的集成和信息共享平台的管理,其主要功能是:调度计划信息管理自动化;执行过程管理自动化(包括调度计划的分解与转化、进路执行过程管理、非进路执行过程管理、计划指令的自动触发、执行结果反馈信息处理、过程信息综合展现);历史数据管理。

CIPS 的综合控制系统主要以目前国内技术成熟的各种编组站过程控制分系统为基础,经进一步开发与改进,提升自动化程度,取消正常情况人工操纵介入,并保留原有手动模式作为降级处理后备手段。目前被集成到 CIPS 中的各分系统有联锁自动化分系统、驼峰自动化分系统、调机自动化分系统(包括车载信息服务、推峰速度遥控、速度防护、距离防护)、停车器自动控制分系统、电务监测及环境监控分系统等。

2. SAM

SAM 通过管控结合来集成信息和控制系统,并兼顾智能化和自动化,注重编组站和其他信息系统的信息共享。强调局站结合,把编组站工作融入铁路局运输指挥中进行统一考虑,注重车站计划在全局日班/阶段计划中的位置和作用,采用局站融合的计划编制方式,注重车站系统与货票系统等的信息共享。

SAM 总体构成如下:

①上层是铁路局计划、调度系统,负责协调编组站所需要的信息。从路网(全局)的角度规划最优的列车运营方案、列车编组计划,下达临时调整的调度命令。

②中间层是车站调度指挥与管理系统负责接收与执行铁路局下达的日班阶段计划,列车编组计划和临时调整的调度命令。编制车站的日班/阶段作业计划,将到发线、调车机、本务机、驼峰(牵出线)的使用计划及调车作业钩计划(包括解体、编组、取送车)分解到车站各个岗位中执行,并将站场、列车及车辆的动态信息实时反馈给路局计划、调度系统。

③基础层是调度集中控制与作业过程控制自动化系统,负责接收车站调度指挥与管理系统下达的作业计划,并将其分解成指令下达给相关控制设备,实现进路自动控制、驼峰溜放控制、计算机联锁控制、尾部停车器控制、调车机车遥控,并将执行结果实时反馈给调度指挥与管理信息系统。

SAM 主要实现了以下功能:
①局站一体化。
②车站作业计划自动编制与调整。
③作业计划自动优化编制。
④作业计划自动执行与集中控制。
⑤信息综合表示。
⑥统计分析计算机化,支撑运营决策。

拓展知识

《铁路技术管理规程》规定:机械化、半自动化、自动化驼峰调车场应采用道岔自动集中;简易、非机械化驼峰调车场,根据需要可采用道岔自动集中。

半自动化、自动化驼峰由控制系统、基础设备和监测设备构成。根据驼峰的站场布置和作业需要,选择、配置系统设备。

装设集中联锁设备的驼峰头部调车进路(线束溜放区除外)应符合联锁的相关规定。

设车辆减速器的驼峰,在驼峰信号机前适当地点装设车辆减速器的限界检查器。超限车辆通过时,应使驼峰信号机自动关闭,在控制台(显示屏)上发出相应的表示及音响信号,同时向峰顶发出音响信号。

驼峰溜放车组速度控制调速制式可采用点式、点连式、连续式。点式采用减速器调速方式，点连式采用减速器-减速顶调速方式，连续式采用减速顶调速方式。

根据车辆减速器和转辙机对动力供应的要求，可设置专用动力站。动力站控制方式应能自动控制或手动控制，保证不间断地向全场供应动力，并应设监测设备。

驼峰控制台或显示屏上应有信号机的显示状态、道岔位置、轨道电路区段的占用情况及邻接联锁区的有关表示。当装设驼峰道岔自动集中时，应有车组顺序和进路去向的表示。半自动化、自动化驼峰控制台或显示屏上应有自动控制设备的相应表示。

设车辆减速器的驼峰应在控制台或显示屏上表示出车辆减速器的动作状态、轨道电路区段占用情况、车辆实际速度。

设推峰机车遥控的驼峰应在控制台或显示屏上表示出机车动作状态、推峰股道、机车实际速度。

当驼峰信号机由开放转为关闭时，应以音响为辅助信号，通知峰顶调车人员。

 模块小结

本模块介绍了驼峰信号设备的布置、驼峰机车信号系统、驼峰道岔自动集中操纵、驼峰自动化的各种设备组成、功能及特点等。在学习中，以了解驼峰信号系统功能、掌握基本操作方法为重点。大型编组站的发展方向是自动化，因此，了解编组站值班员、调车区长、连接员等岗位作业过程，是掌握驼峰自动化控制系统功能的必要条件。

 课后习题

一、填空题

1. 按每昼夜解体能力，驼峰可分为_____、_____及_____三类。
2. 根据驼峰设备条件的不同可将其分为_____、_____、_____和_____四类。
3. 驼峰信号设备包括_____、_____、_____、_____、_____、_____、_____等。
4. _____用来指挥驼峰机车进行峰顶作业，指示能否溜放的信号机，每条推送线设一架，且为了保证有足够的显示距离，应设在峰顶平台与加速坡连接处的峰顶。
5. 自动化驼峰测量设备包括_____、_____、_____和_____。

二、简答题

1. 编组站作业过程是怎么样的？调车驼峰如何分类？
2. 驼峰信号设备都有哪些？
3. 驼峰机车信号系统是如何构成的？作用如何？
4. 什么是驼峰道岔自动集中设备？
5. 溜放进路程序控制系统的功能是什么？

6. 驼峰溜放过程中,未提开车钩的处理方法有哪些?
7. 简述驼峰自动化的功能。
8. 自动化驼峰测量设备包括哪些?各起什么作用?
9. 简述驼峰溜放进程自动控制的基本原理。
10. 简述驼峰溜放速度自动控制的基本原理。
11. 什么是编组站综合自动化?

三、实训题

1. 结合驼峰调车场及驼峰机车信号设备,识别驼峰信号设备、驼峰机车信号及显示。
2. 利用驼峰道岔自动集中设备,办理调车作业计划的储存、检查和修改。
3. 画出驼峰调速自动化系统组成示意图。

模块 7　铁路通信设备

模块描述

覆盖全路的铁路通信网是直接为铁路运输生产和铁路信息化服务的通信设施,铁路通信在铁路运输中的作用体现在组织运输、提高效率、保证安全和提高经营管理水平。本模块介绍了铁路典型专用通信设备的基本结构和功能,作为运输专业学生,学习中以正确使用专用通信设备完成列车、调车作业为重点。在掌握专用通信设备使用方法的过程中,努力结合接发车、调车作业标准用语,为专业课学习打好基础。

教学目标

知识目标

1. 了解铁路专用通信设备组成及工作原理。
2. 了解铁路专用通信系统主要包括哪些内容。
3. 了解 GSM-R 功能、特点。

技能目标

1. 操作专用通信设备。
2. 掌握 GSM-R 在铁路中的应用。

建议课时

6 课时

背景知识

铁路运输作业分散在铁路沿线和各车站、车场上,为了统一指挥和调度列车运行,组织运输生产和铁路建设,须有一个迅速可靠、四通八达的铁路通信系统。从电信技术和设备应用于铁路通信的角度来看,铁路通信具有以下特点:

①铁路通信是设备分散、线路分歧点多、组网难度较大的一种专用通信。铁路通信的架空明线、电缆线路等均沿铁路线设置。通信用的终端设备除了安装在铁路各管理机构外,还安装在铁路沿线的机务段、车务段、车辆段、工务段、电务段,以及沿线各车站、车场和工区。此外,铁路沿线每隔一、二公里,还设置从通信线路分歧引出的区间电话,以满足行车事故应急通信和铁路沿线维护用通信的需要。

②铁路通信是以运输为重点的通信。它的最主要任务之一是实现列车和机车车辆运行的统一调度和指挥,保证行车的安全和效率。因此,在铁路通信业务中,要确保调度电话和

站间行车电话畅通,一旦发生自然灾害或事故,使铁路通信发生故障,应千方百计首先抢通调度电话和站间行车电话。

③铁路通信是一种有线电与无线电相结合的通信。铁路运输生产是通过列车和机车车辆的运行来实现的,为了便于运行中的列车同行车的指挥机构及时联系,铁路通信应发展成为一个以有线通信为主,而又广泛应用无线通信两者相互结合的通信系统。

④铁路通信的各种业务种类繁多,设备多样化,且要求准确、迅速,分秒不断。因此,各国铁路一般建有综合性的专用铁路通信网。

单元7.1 铁路专业通信设备

任务目标

1. 铁路通信是什么?由哪些部分组成?
2. 铁路专用通信系统一般指什么?主要包括哪些内容?

任务实施

1. 下发任务目标,明确任务内容,学生课前按要求预习。
2. 教师先介绍相关设备,学生分组讨论。
3. 学生自行理解知识点相关内容。

知识准备

一、地面专用通信操作

铁路通信是专门为铁路运输生产、经营管理、生活服务等建立的一整套通信系统,是铁路实现集中统一指挥的重要手段,是保证行车安全、提高运输效率和改进管理水平的重要措施。

铁路通信主要由传输网、电话网和铁路专用通信网组成。传输系统主要以光纤数字通信为主,为信息的传递提供大容量长途通路;电话交换以程控交换机为主要模式,利用交换设备和长途话路,把全路各级部门联系在一起。

铁路专用通信系统一般是指专用于组织及指挥铁路运输及生产的专用通信设备,直接为运输生产一线服务,不与公务通信网连接,应满足指挥列车运行、组织运输生产和进行公务联络等要求,能传输电话、电报、数据、传真、图像等话音和非话音业务信息,必须保持良好的通信质量,做到迅速、准确、安全、可靠。

铁路专用通信系统主要包括调度电话、专用电话、公用电话及区间电话和站间电话等。此外还为铁路调度集中系统(CTC)、牵引供电远动系统、车辆故障检测系统、自动闭塞、电力远动系统和低速数传系统提供传输通道。下面重点介绍列车调度电话、站场广播、电视电话会议等专用通信系统。

1. 调度电话

列车调度电话供列车调度员与其管辖区段内所有的分机进行有关列车运行通话之用。

在列车调度回线上,只允许接入与列车运行直接有关的车站(场)值班员、车站调度员、机务段(或折返段)值班员,以及列车段(或车务段)值班员、机车调度员及电力牵引变电所值班员处。

列车调度电话应能使调度员迅速、方便地呼叫区段内的任何一个车站(单呼)或一批车站(组呼)或区段内的全部车站(全呼),并与他们互相通话;任何车站也可以方便地对列车调度员进行呼叫并通话。

为了更加灵活、方便地进行调度电话通信,列车调度电话必须还应能使调度员与该区段中行进的列车司机相互通话,为了适应这种情况,还需列车无线调度电话。因调度区段的划分或传输衰减的要求,也采用遥控电路组成有线和无线相结合的无线列调系统。

调度电话为共线连接,采用双向单工、总机定位受话的通话方式。

(1)总机定位受话

当车站值班员呼叫调度员时,只需摘机直接向调度员讲话。调度员讲话时需踩下踏键,送(受)话电子转换开关动作,接通送话放大器。

(2)调度员选叫分机

调度员按下被选分机的选叫键,总机发出呼叫该站的选叫信号。车站值班员摘机应答,相应用户灯亮。

调度员的操作台主要功能包括:
①单呼、组呼、全呼、会议、广播。
②呼叫转接、呼叫转移、呼叫保持。
③紧急组呼。
④强拆、强插。
⑤屏蔽、分隔。

列车调度员以单呼(车次号功能寻址/MSISDN 号码方式)、组呼、广播方式呼叫调度辖区内的机车司机。

列车调度员以单呼、组呼方式呼叫调度辖区内的车站值班员。

列车调度员组呼调度辖区范围内的机务段(折返段)运转、列车段(车务段、客运段)、电力牵引变电所等值班员并通话。

列车调度员向调度辖区范围内的车站值班员、机车司机、助理值班员、工务人员、道口人员发起公共紧急组呼。

机车司机向所属调度辖区的调度员以及相邻的车站值班员、机车司机、助理值班员、工务人员、道口人员发起铁路紧急呼叫。

2. 电话集中机

车站电话集中机是将车站值班员使用的、与行车有关的各种电话集中在一起的综合电话设备,是供值班员与站内各部门业务联系的直通电话。

电话集中机种类很多,早期生产的有 CZH 型、JHT 型等,如图 7-1 所示,近年来数字式集中电话被广泛应用。

(1)呼出。默认状态为使用主通道免提(扬声器)方式,呼出时,对应用户按键绿灯闪;使用辅通道呼出时红灯闪。

(2)呼入。当有呼入来电时,相应的用户按键的指示灯红绿交替闪烁,按下固定功能键区的"接听"键,或者按下当前指示灯正在闪烁的用户键都可以实现接听功能。默认为主通道接听。

(3)第三方呼入。当主通道在使用时,有用户呼入时的操作台使用方式为:默认使用主通道接听,主通道原有呼叫被保持;拿起手柄则使用辅通道接听,不影响主通道通话。主、辅通道都被占用时呼叫第三个号码,主通道被保持,辅通道通话不受影响,通话结束后可逐一将保持的通话转为正常通话直至挂机。

除上述外,还可具有呼出列车车次号等功能。例如呼叫 Z133,从用户按键区中按压标签为"Z"的按键,再从拨号盘拨"133"后,按压"本务司机"键,最后按压"CALL"键,实现呼叫 Z133 司机。

图 7-1　CZH-Ⅴ型电话集中机

3. 站场通信系统

(1)站场扩音对讲系统

站场扩音对讲系统包括行车作业系统使用的对讲设备及供调车作业系统使用的对讲设备。

行车作业系统指的是到发场接发列车作业和列检作业。接发列车作业由车站值班员指挥,列检作业由列检值班员指挥,分别连接有关用户进行扩音对讲。

调车作业系统指的是编组场的列车解体、溜放和编组作业,应设置以驼峰调车区长为中心,连接所属各部门用户进行扩音对讲系统。

扩音对讲设备由电话集中机、扩音机、扩音转接机、室外扩音通话柱、扬声器等部分组成,室内值班人员与室外作业人员可以互相对讲,并且室内值班人员和室外工作业人员都可以向室外扩音。

(2)站场无线通信系统

站场流动作业人员横向之间和流动作业人员与固定作业人员纵向之间均需要及时联系。为保证作业人员的安全和提高工作效率,应采用站场无线电话设备。流动作业人员携带袖珍电台与固定工作人员处设置的固定电台联系和流动作业人员相互间通话联系,可以代替站场内有线电话和扩音对讲设备,并且灵活方便,降低站场噪声分贝数,是发展站场通信的方向。

现场无线通信可根据站场具体情况以有线与无线结合方式构成,也可全部按无线方式构成。

（3）客运广播系统

客运广播系统供客运作业使用。在客运站或旅客最高峰人数大于300人的客货运站可装设客运扩音设备。扩音机应设在广播室或邻近的通信机械室内,广播室应设在便于瞭望旅客乘降及列车到发的地点。

为了便于客运服务,客运扩音设备常采用分路输出,即通过分路控制设备可以分别向候车室、各站台、站前广场等处进行广播。

4. 会议通信系统

会议通信系统是利用现代通信网络,在远程异地以电视方式召开实时、双向、交互式的电视会议的一种通信方式。它能实时传输与会者的形象、声音、会议资料和相关事物的图像,这种方式便于使用者远程商讨工作,提高工作效率。铁路会议电视系统包括音频会议系统（即电话会议系统）和视频会议系统（即电视电话会议系统）,系统拓扑图如图7-2所示。

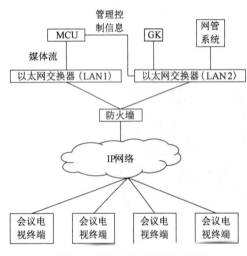

图7-2 铁路会议电视系统拓扑图

铁路会议电视系统的控制功能有：

①会议的控制可通过会议终端的管理终端或遥控器两种方式完成。

②主会场应能操作分会场的全部受控摄像机的动作,调整画面的内容和清晰度。

③主会场应能对分会场进行音量调节、静音、闭音操作。

④主会场应能对分会场进行广播、轮询操作。轮询的间隔时间和轮询的会场可以人工设置。

⑤主会场应能对会议进行延长、结束等操作。

⑥主会场应能任意选择主席控制切换方式、导演控制切换方式、语音激励切换方式等。

⑦除主会场与发言会场可以进行对话外,还允许1~2个会场进行插话。

⑧任何会场均有权请求发言,申请发言的信号应显示在比较显眼的位置。

⑨根据需求,系统能实现字幕功能,并能实时修改、叠加。

⑩会议进行中,应能实现某一会场的实时加入。

铁路会议电视系统应进行统一的管理,其管理功能有：

①用户管理,包括用户的开户/销户、终端的注册/注销、用户和终端信息的管理、用户的信息查询,以及用户的分类和分组管理、终端分类和分组管理。

②会议电视控制管理,包括会议的预约、创建、延长、取消、结束等管理。

③设备维护管理,包括故障管理、性能管理、配置管理、安全管理。

④业务统计管理,包括数据和日志的日常维护管理、业务的统计分析等。

⑤会议电视系统各会场之间应提供业务联络电话。

5. 综合视频监控系统

综合视频监控作为一种传统视频技术与现代通信技术相结合的产物,在铁路行业得到广泛应用与发展。铁路综合视频监控系统是铁路行车设备的重要组成部分,主要监控区域包括车站咽喉区、车站行车室、车站机房、信号中继站公跨铁立交桥等。铁路综合视频监控系统构建了统一的技术平台,共享一个视频传输网络,满足调度、车务、货运、客运、机务、工务、电务、车辆、公安、防灾监控、牵引供电和电力、救援抢险、应急管理等部门的多种需求,发挥了不可替代的作用。

铁路综合视频监控系统结构如图 7-3 所示,主要设备包括摄像机、视频光端机、编/解码器、管理服务器、分析服务器、数据服务器、存储设备、路由器、网络交换机及显示设备等,直接服务于铁路客货运生产,总公司、铁路局、站段等各级用户根据需要可以选择实时调用或回放各采集点视频图像,是运输安全的重要监控手段。

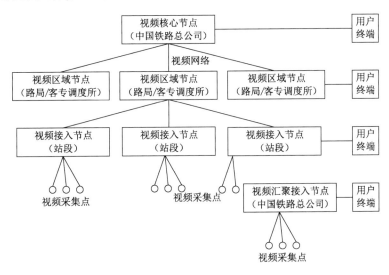

图 7-3　铁路综合视频监控系统结构图

铁路综合视频监视系统主要功能有:
①系统支持多用户同时实时监视和调看视频图像信息,为多业务部门提供监视图像。
②系统具有对监视区域的图像进行远程控制和分级管理功能。
③系统具有图像存储记录功能和多级分发功能,能够对存储图像进行检索和回放。
④监视图像信息和声音信息具有原始完整性,并能实现多画面组合和分割显示。
⑤系统具有与其他系统互联或告警联动的功能,具备视频丢失告警功能。

二、车—地专用通信操作

1. 列车无线调度电话

列车无线调度电话,简称无线列调,用于列车调度员、机车调度员、车站值班员等调度指挥人员和列车司机相互通话,对于保证行车安全、提高运输效率、及时掌握和调整列车运行发挥了重大作用。

列车无线调度电话的基本功能包括：

①实现机车司机与列车调度员、邻近的车站值班员、邻近的机车司机、配备便携电台的地面其他工作人员之间相互呼叫并通话。

②承载无线车次号校核业务。

③承载调度命令无线传送系统业务。

④承载450MHz列尾风压业务。

列车无线调度电话机车电台结构如图7-4所示，包括电台主机（含机车电台单元和GPS单元）、控制器、扬声器、送话器、控制电缆、电台天线、电台射频电缆、GPS天线等。机车电台控制盒如图7-5所示。

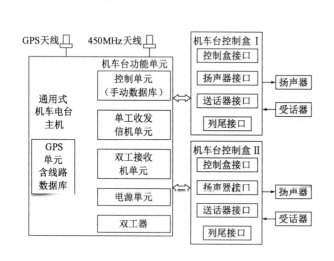

图7-4　列车无线调度电话机车电台结构图

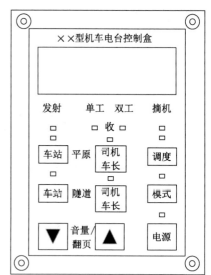

图7-5　机车电台控制盒

在铁路行车指挥工作中，无线列车调度电话是执行车机连控的重要设备。车机联控式车务、机务等有关行车人员利用无线调度通信设备，按规定时机、用语进行联络，确认行车要求，提示有关安全信息，确保行车安全的联防互控措施。

在车站接发列车过程中，执行车机联控的基本要求是必须"站站列列呼唤应答"，联控作业程序应规范，用语要准确清晰，并使用普通话。联控用语中，特快旅客列车称为"客车特××次"；快速旅客列车称为"客车快××次"；普通旅客列车客车称为"客车××次"；临时旅客称为"客车临××次"；旅游列车称为"客车游××次"；行包快运专列称为"行××次"。

以车站办理接车作业为例，自动闭塞区段列车接近第一接近通过信号机或规定的呼叫点[半自动闭塞区段（双线反方向行车时）,列车在规定的呼叫点]时：

①司机：××（站）××（次）接近。

②车站值班员：××（次）××（站）××道通过（停车）。

③司机：××（次）××道通过（停车），司机明白。

2. 机车综合无线通信设备(CIR)

机车综合无线通信设备(Cab Integrated Radio communication equipment,CIR)用于铁路无线列调通信系统,替代铁路上原有的无线列调通信机车台,为机车和地面之间提供语音和数据传输。

机车综合无线通信设备有主机、操作显示终端(MMI)、送(受)话器、扬声器、打印终端、连接电缆、天线、馈线等构成,如图7-6所示。

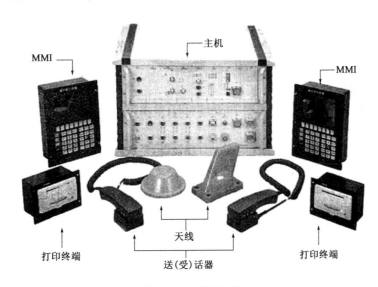

图7-6　CIR 设备组成

机车综合无线通信设备的主要功能如下。

(1)GSM-R 调度通话

系统业务包括列车调度通信、货运调度通信、牵引变电调度通信、其他调度及专用通信、站场通信、应急通信、施工养护通信和道口通信等。呼叫方式有个呼、组呼、广播、紧急呼叫等。

司机摘机并分别按下屏幕的"调度""调度司机""隧道司机""平原司机""平原车站"键进行相应的呼叫,听到回音铃后,按"PTT"进行通话,通话完毕后挂机。被呼时,7s 内可听到对方话音,摘机进入通话状态。若未摘机,则通话将被自动挂断。

(2)接受调度命令

CIR 接受调度命令后,在 MMI 上显示接收到的调度命令,同时发出阅读提示音,司机阅读调度命令后按"确认"键停止播放提示音,如果分多页显示,必须阅读完最后一页才能按"确认",否则会语音提示"请阅读完再签收"。

阅读完调度命令后可以按"打印"按键,打印终端打印当前显示的调度命令(注:未签收的调度命令不能进行打印)。司机查询调度命令后也可以按"打印"按键打印当前显示的调度命令。

(3)进路信息预告

列车在前方车站通过出站信号机后,本站接车进路一旦排定,则 CTC 将本站列车进路预告信息进行发送,由 GSM-R 网络按照车号进行自动查找发送的目的 IP 地址。

(4)GSM-R 无线车次号传输

采集处理专治接收机车安全信息综合监测装置广播的信息并对信息进行实时分析后,通过 GSM-R 机车综合通信设备发送车次信息。

(5)尾部风压动态显示

CIR 与列车装置建立连接后,CIR 每隔一段时间(随机 120～130s)自动轮询列车风压 1 次,并在 MMI 上动态更新风压数据。

当 CIR 与列尾连接失效时,CIR 会进入列尾连接故障告警状态,每隔 5s 发出一次提示音"列尾装置通信失效"。当 CIR 收到列尾装置主机发送的风压报警信号时,MMI 显示区的风压值变成红色字样并提示"××机车注意,风压××"。当风压值恢复正常或司机按下"列尾确认"键后,屏幕字样变回黑色,停止提示。

CIR 重新接收到风压信息后,自动恢复与列尾装置主机的连接。

3. 无线调车灯显设备

(1)平面无线调车设备

长期以来,铁路平面调车信号采用手信号器和灯显示方式,安全和效率难以保证,特别是雨、雾天时,长大列车作业十分困难。

铁路平面无线调车设备,又称为无线调车灯显设备,是铁路系统调车作业的重要设备,基于无线电台加装控制软、硬件,实施传送铁路车辆平面交叉编组调车连挂作业所需各种色灯信令与语言提示,是通信与信号一体化的车辆编组调度的信息与控制系统。它的运用使调车作业人员甩掉了沿用百年的手信号灯、手信号旗,大大改善了调车作业的工作条件,提高作业效率和安全性。

平面无线调车设备由三大部分组成:机车设备、移动设备、固定设备。

①机器设备。以机车控制器为核心,机车台完成调车指令的识别、显示,还有司机话盒、可转动色灯显示器、外接扬声器、调车信息记录仪(黑匣子)和打印机、传真的外围设备及机车设置编号。

②移动设备。由调车员控制盒(电台)、连接员控制盒(电台)和制动员控制盒(电台)组成。主要完成由调车人员向机车发送指令、话音以指挥机车运行,电台与控制盒是一体化,则可在送灯显信号同时传送语音提示,还可以与司机通话及调车人员通话。

③固定设备。以调车区长控制器、电台为核心,有区长台、台式话筒、外接扬声器和有录音插孔的外接录音装置,可记录调车作业中的通话情况。

平面无线调车设备的基本原理是:以无线通信为基础,采用专用或多信道共用、FSK 数字调制的无线数控、通信技术,所有控制器采用微处理机技术,应用了安全控制技术,具有"故障停车"、各频率间"串码防护""交流点灯",制动员间"联锁制动"有紧急制动、"指令强插"等功能,还采用了语音合成技术,将调车员语言指令以标准语通知司机。机车控制器采用 EEPROM 存储器,具有"运记"接口进行数据采集与交换及记录技术,可与 LKJ-2000 运行监控装置连接。

平面无线调车设备如图 7-7 所示,信号显示含义见表 7-1。

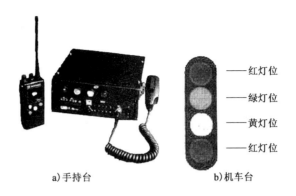

图 7-7 平面无线调车设备

平面无线调车设备信号显示含义   表 7-1

显 示	含 义	显 示	含 义
一个红灯	停车信号	黄灯长亮+语音"十车、十车"	十车距离信号
一个绿灯	推进信号	黄灯长亮+语音"五车、五车"	五车距离信号
绿灯闪数次后熄灭	起动信号	黄灯长亮+语音"三车、三车"	三车距离信号
绿、红灯交替后绿灯长亮	连接信号	两个红灯	紧急停车信号
绿、黄灯交替后绿灯长亮	溜放信号	先两个红灯后熄灭一个红灯	解锁信号
黄灯闪后绿灯长亮	减速信号		

(2) LKJ 与平面调车设备的连接

平面无线调车设备仅仅是代替了信号灯(旗),将调车人员的信号传送至机车上,并不能按照信号显示要求控制机车速度。

调车灯显接口盒提供了无线调车灯显系统与列车运行监控装置的接口,能够在调车时实现无线调车灯显信号与机车信号的切换,并使列车运行监控装置能够接收无线灯显系统的信号,实现对机车的速度控制。列车运行监控装置主机、平面调车设备及调车灯显接口盒的连接如图 7-8 所示。

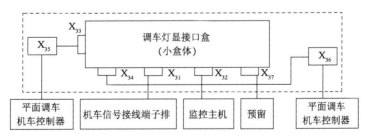

图 7-8 LKJ 与平面调车设备的连接

在调车状态下,监控装置收到平面调车信号后按平面调车信号控制,监控装置将平面调车分为两类:控制类信号和非控制类信号。控制类信号延迟一定的时间和距离后,控制某一出口限速;非控制类信号只记录不改变原限速。其中控制类信号又分为三种:紧急停车类信号;停车类信号;非停车类信号。

①紧急停车类信号:收到信号后如果速度不为 0,立即实施紧急制动。

②停车类信号：包括停车和故障停车，停车信号又分为接近连挂时的停车信号和非接近连挂时的停车信号两种情况。是否为接近连挂的判断标准为本次动车收到停车信号前是否收到过十车、五车、三车中的任意一信号。

③非停车类信号：包括推进、起动、连接、溜放、十车、五车、三车。对十车、五车、三车信号，收到信号后延迟一段距离控制一出口速度，对于收到其他信号则立即控制一出口速度。

4. 无线调车机车信号和监控系统（STP）

无线调车机车信号和监控（Shunting Train Protecting，STP）系统将地面设备和车载设备采用无线通信方式传送信息，并将获取的集中联锁车站调车作业相关信号、道岔、轨道电路区段信息进行处理，通过列车运行监控装置（LKJ），实现对调车机车信号显示和车列速度的监控，具备铁路站场调车作业的自动监控记录功能，是调车作业的重要行车安全设备。

(1) 系统组成

无线调车机车信号和监控系统结构如图 7-9 所示。

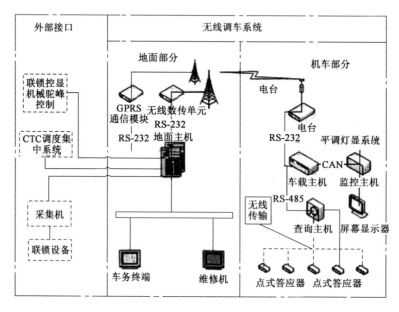

图 7-9 STP 系统结构

地面设备主要包括：

①地面控制机柜。接收联锁系统发送的站场信息，通过无线方式和机车、车务终端交换数据。

②车务终端。以图形方式显示站场实施信息；以图标方式显示机车在站场中的实时位置；以表格方式显示作业单和作业钩序。

③地面应答器。用于机车初始定位和校正机车位置。安装在站场的集中区与非集中区的分界点，站场的入口处要各装一个。站场中频繁调车作业经过的道岔处可以安装一个，用来校正机车的位置。

④数传电台。实现地面和机车的无线通信。

车载设备主要包括：

①车载主机。实现和地面的数据交互给予列车监控记录装置的数据交换。

②查询主机。和查询器天线配套使用,接收地面应答器的信息,向车载主机传送应答器信息。

③平调灯显系统接口。通过平调接口盒实现平调灯显系统和 LKJ-2000 监控系统连接,根据平调灯显系统手持终端设备发送的控制命令对机车进行控制。

(2) 系统功能

无线调车机车信号和监控系统主要功能包括以下三方面:

①安全防护功能

a. 防止调车作业时车列冒进阻挡信号机。

b. 防止调车作业时车列冒进突然关闭的信号机。

c. 防止调车作业时车列越过站场规定的停车点(一度停车位、分区点、站界等)。

d. 控制车列在尽头线、到发线安全距离前方停车。

e. 防止调车作业时超过允许的最高限速。

②显示与报警功能

a. 车载彩色显示屏上显示站场图形、信号机、道岔、区段状态。车列运行方向防护信号机状态、车列所在区段、距防护点距离、机车速度、限制速度、调车作业计划单及完成情况。

b. 必要时在彩色显示屏上显示文字提示,以及进行语音报警。

c. 调车终端、电务维护终端上显示站场图形、信号机、道岔、区段状态、站场内进路信息、股道停留车信息;显示机车位置、机车速度、限制速度、停车距离等关键数据,实时显示调车作业计划单及完成情况。

③记录处理功能

a. 实时记录并保存调车作业过程中的重要数据。

b. 通过列车运行监控记录装置可转储监控运行数据,进行地面分析。

c. 对采集数据、人工录入数据及信息加工后的目标。

d. 历史数据(调车作业的历史记录)回放功能。

e. 历史数据存储时间应不少于规定天数(一般规定为 30d)。

单元7.2 综合移动数字通信(GSM-R)设备

任务目标

1. GSM-R 系统的主要通信功能有哪些?
2. GSM-R 系统在铁路通信中有哪些方面应用?

任务实施

1. 下发任务目标,明确任务内容,学生课前按要求预习。
2. 教师先介绍 GSM-R 功能、应用,学生分组讨论。

3. 学生自行理解知识点相关内容。

知识准备

GSM-R(Global System for Mobile Communications-Railway 或 GSM-Railway)系统是专门为铁路通信设计的综合专用数字移动通信系统。它在 GSM Phase2 + 规范协议的高级语音呼叫功能(如组呼、广播呼叫、多优先级抢占和强拆业务)的基础上,加入了基于位置寻址和功能寻址等功能,适用于铁路通信特别是铁路专用调度通信的需要。主要提供无线列调、编组调车通信、区段养护维修作业通信、应急通信、隧道通信等语音通信功能,可为列车自动控制与检测信息提供数据传输通道,并可提供列车自动寻址和旅客服务。

图 7-10　GSM-R 通信基站

GSM-R 是一种基于目前世界成熟、通用的公共无线通信系统 GSM 平台,是常规 GSM 技术应用到铁路系统的技术延伸,除可以完成 GSM 的基本功能外,针对铁路列车调度、列车控制、支持高速列车等特点,还增加了一些集群调度能力,如广播呼叫、组呼等,是为铁路运营提供定制的附加功能的一种经济高速的综合无线通信系统。与传统的 GSM 网络规划相比,由于 GMS-R 服务于铁路系统,必须考虑列车高速前进所带来的信号快速衰减、频移现象,以及列车经过隧道、山谷等特殊地形条件下的覆盖,同时尽可能减少切换次数以保证系统效率等。G3M-R 能满足列车运行速度为 0～500km/h 的无线通信要求,安全性好。GSM-R 可作为信号列控系统的良好传输平台。GSM-R 通信基站如图 7-10 所示。

与传统的 450MHz、800MHz 集群通信相比,GSM-R 的优势是:增强网络性能、提供更大的语音和数据容量;全部系统统一维护管理、降低运营维护成本;提供货物追踪、移动办公、信息服务等新业务;安全性好;覆盖能力强。

GSM-R 在铁路中的应用主要包括以下方面:

①调度通信功能。包括列车调度通信、货运调度通信、牵引变电调度通信、其他调度及专用通信、站场通信、应急通信、施工养护通信和道口通信等,可以点对点呼叫、组呼和广播呼叫等。

②车次号传输与列车停稳信息的传送功能。主要是指利用 GSM-R 电路交换技术的数据采集传输应用系统来实现数据传输。

③调度命令传送功能,由调度所向司机下达的调度命令利用 GSM-R 系统进行传送,加速了命令的传递,提高了工作效率。

④列车尾部装置信息传送功能。列车尾部风压数据反馈传输通道纳入 GSM-R 通信系统,可以方便解决尾部风压数据传输的问题。

⑤调车机车信号和监控信息系统传输功能。利用 GSM-R 系统实现地面设备与多台车载设备之间数据的传输。

⑥列车控制数据传输功能。利用 GSM-R 可以实现车—地之间无线数据的双向传输,提高

了数据传输的安全性、快速性。

⑦区间移动公务通信。在区间流动作业或固定作业的人员与车站、调度、司机及相互之间进行联络通话。

⑧应急指挥通信话音和数据业务。发生自然灾害或突发事故时,在突发事件现场与救援中心之间,以及现场内部基于 GSM-R 所建立起来的语音、图像、数据通信系统。

⑨铁路紧急呼叫。铁路紧急呼叫为具有最高优先级的组呼,包括列车紧急呼叫和调车紧急呼叫两种呼叫。紧急呼叫的接收方不能自己退出,除非呼叫发起方主动拆除呼叫。

 知识拓展

我国铁路现有的无线通信技术以 GSM-R 数字移动通信技术为主,能够满足列控安全数据传输、调度通信等基本应用需求,但不能满足车—地之间大数据量通信的需求。铁路下一代移动通信业务按应用类别可分为铁路运输管理业务和旅客信息服务业务两大类,承载铁路新业务。其中铁路运输管理业务主要有:

①语音通信。作为 GSM-R 的备用和补充,满足列车调度通信、车站(场)通信、站间通信、行车相关工种专用通信等要求。

②数据通信。包括铁路电报、调度命令无线传输、列车进路预告、无线车次号校核、列尾风压信息、调车数据传输等。

③列车安全视频监控。通过车—地之间的视频传输,地面控制中心实现对驾驶室、设备间、车厢等重点区域监控,满足列车安全管理的需求。

④列车状态检测与远程故障诊断。列车向地面监测中心传输电流、电压、轴温、列控设备状态等关键参数,地面监测中心集中处理、分析收到的数据,实现对列车状态监测和远程故障诊断功能。

⑤防灾预警。主要包括自然灾害监测、铁路基础设施监测、异物侵限监测等。

⑥列车安全预警。包括列车追踪预警、列车接近通知、列车防护报警、道口报警等,利用无线通信技术为列车和作业人员提供安全保障。

⑦铁路物联网。将铁路基础设施与互联网连接,在铁路系统、合作企业、个人用户之间实现信息互联共享,形成铁路物联网。

⑧票务服务。通过车—地之间票务信息无线数据传输,实现列车售票电子化,满足旅客票务查询、补票、购买返程票或联程票的需求。

⑨应急通信。满足应急情况下车—地之间数据通信、语音通信、视频通信的业务需求。

⑩客运综合信息。用于发布列车到发预告、引导显示、查询、广播、时钟等信息。

 模块小结

本模块介绍了铁路典型专用通信设备的基本结构和功能,作为运输专业,学习中以正确使用专用通信设备完成列车、调车作业为重点。在掌握专用通信设备使用方法的过程中,努力结合接发车、调车作业标准用语,为专业课学习打好基础。

课后习题

一、填空题

1. 铁路通信主要由_____、_____和铁路专用通信网组成。
2. 铁路专用通信系统主要包括_____、_____、_____及区间电话和站间电话等。
3. _____系统是专门为铁路通信设计的综合专用数字移动通信系统。

二、简答题

1. 说明调度电话、车站集中电话的主要功能及操作方法。
2. 说明视频综合监控系统的主要功能。
3. 说明无线列车调度电话的主要功能。
4. 说明机车综合无线通信设备的主要功能。
5. 说明无线调车灯显设备的主要功能。
6. 什么叫 GSM-R？它与 GSM 有何不同？
7. 与传统的 GSM 网络相比，GSM-R 有什么特点？
8. 铁路下一代移动通信业务中铁路运输管理业务主要有哪些？
9. 为何高速铁路通信要采用 GSM-R？GSM-R 对于铁路有何重要作用？
10. 简述 GSM-R 的应用。

三、实训题

练习使用列车无线调度电话执行车机联控。

参 考 文 献

[1] 贾毓杰.铁路信号与通信设备[M].北京:中国铁道出版社,2010.
[2] 魏宇.铁路信号与通信设备运用[M].北京:中国铁道出版社,2013.
[3] 谢正媛.城市轨道交通通信信号设备运用[M].北京:人民交通出版社股份有限公司,2017.
[4] 洪立新.铁路信号与通信设备运用[M].成都:西南交通大学出版社,2013.
[5] 刘瑞扬,王毓民.铁路车号自动识别系统原理及应用[M].北京:中国铁道出版社,2003.
[6] 铁道部运输局.铁路列车调度指挥系统[M].北京:中国铁道出版社,2006.
[7] 束汉武.铁路运输信息系统及其应用[M].北京:中国铁道出版社,2008.
[8] 关振东.信息化与铁路运输[M].北京:中国铁道出版社,2004.
[9] 程建成.中国铁路调度集中系统(CTC)的发展与展望[J].铁道运输与经济,2004,26(13):6-8.
[10] 成都铁路局.铁路行车非正常情况应急处理操作手册[M].北京:中国铁道出版社,2007.
[11] 中国铁路总公司.铁路技术管理规程[M].北京:中国铁道出版社,2014.

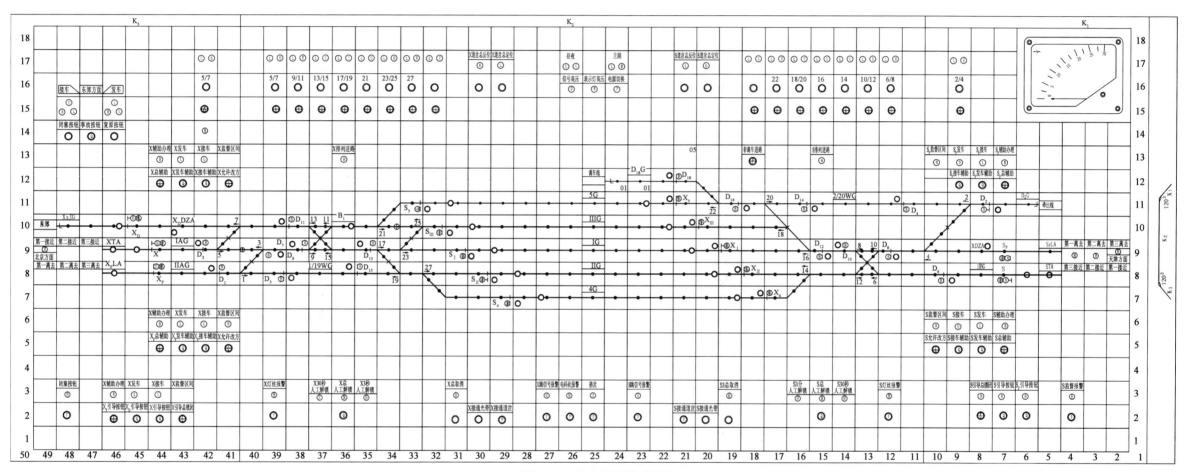

附图2　6502电气集中控制台示意图

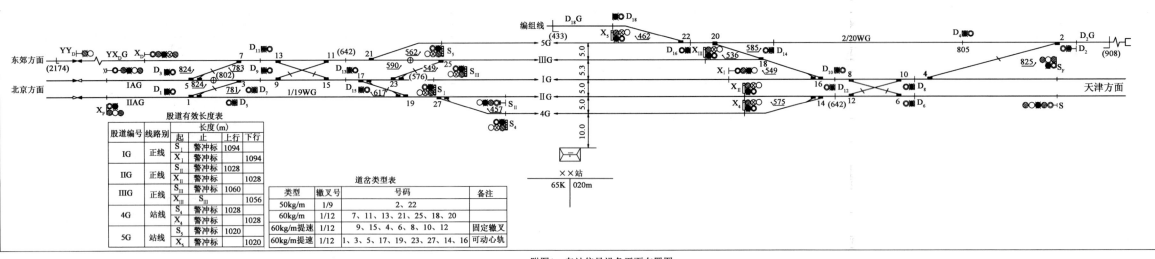

附图1 车站信号设备平面布置图